現代社会学叢書

# インナーシティのコミュニティ形成
＊神戸市真野住民のまちづくり＊

**Community Formation in Inner City Area:**
Community Planning of Mano People in Kobe

今野 裕昭 Konno Hiroaki

東信堂

## 東信堂『現代社会学叢書』刊行の趣旨

　21世紀を射程に入れて、地球規模、アジア規模そして日本社会の大きな社会的変動が刻々とすすみつつあります。その全貌について、あるいは特定の局面についてであれ、変動の諸要因、方向などを解き明かす社会科学的パラダイムの形成がいま切実に渇望されております。社会科学の一分肢である現代社会学もまた新しい飛躍が期待されています。

　しかし、現代日本の社会学には、混乱と一種の沈滞がみられます。それを流動化、拡散化、分節化、私化、商品化状況と見ることもできましょう。この事態を一日も早く脱却し、社会科学としての社会学の確立、発展のための努力が払われなくてはなりません。

　そうした中で、東信堂といたしましては、それに応えるべく斬新な社会学的研究の成果を『現代社会学叢書』として、逐次刊行していく企画をたてました。形式は、単著、共著、編著、共編著とさまざまになりましょうが、内容的には、理論的にも実証的にも、これまでの実績を、一歩でも二歩でもこえる著作の刊行を目指しております。各著作ともに明確なポレミィークとメッセージがふくまれ、またリアリティを持った主張がふくまれるものとなるように心掛けたいと考えます。この叢書が地道でも堅実な研究の発表の機会として、誠実な社会学関係の研究者に、とりわけ優れた博士論文などを執筆した若い研究者に、広くその成果を公表できる場として活用されるなら非常に幸いです。

　このため当社としては当面下記の諸先生方に、編集参与として新しい研究の発掘、指導、ご推薦などを賜り、ゆるやかであっても、レフェリー的役割を果たして下さるようお願いし、内容の向上のため、なにほどかのお力添えを得ることができるようにいたしました。幸い諸先生方から多くのご指導をいただき、いよいよ本叢書の刊行ができる段階に達しました。

　叢書は、その性格からして、刊行は不定期となりますが、質の高い業績を集めて刊行し、斯学界のみならず、社会科学全体の発展と、現代社会の解明のために資し、いささかなりとも学術的・社会的貢献を果たす所存です。本叢書の刊行の意図をご理解の上、大方の多様かつ多面的なご叱正とともに厚いご協力を、ひろくお願いいたします。簡単かつ卒辞ながら、刊行の辞といたします。

　1998年11月3日

　　　　　　　　　　　　　　　　　　　　　　　株式会社 東 信 堂

編集参与(敬称略)
　編集参与代表　北川隆吉
　　飯島伸子、稲上毅、板倉達文、岩城完之、奥山真知、川合隆男、北島滋、
　　厚東洋輔、佐藤慶幸、園田恭一、友枝敏雄、長谷川公一、藤井勝、舩橋晴
　　俊、宝月誠

# はしがき

　インナーシティは、大都市の都心部と周辺郊外地に挟まれた、都心を取り巻く市街地の一部で、人口・産業の流出によって活力が衰退・低下している地区を指す。

　大都市インナーシティが現在抱えている最大の問題は、低成長期の産業構造の転換がもたらした地区の地場産業の衰退・転出、急激な人口減少と高齢化という地域の衰退、低所得者層の滞留、そして、家屋・施設の老朽化にある。こうしたインナーシティ再生のための課題の一つは、地域住民の自発的な共同の仕組みづくりにある。インナーシティの問題状況の改善には、地域住民のコミュニティが日常的に存在することが不可欠であり、都市住民のコミュニティ形成のプロセスを解明することがさし迫った課題である。

　都市コミュニティ研究における1990年代（平成に入ってから）の課題の一つは、地域コミュニティ形成のプロセスを具体的に解明することにあった。

　戦後日本経済の高度成長期以降、地域開発の波のなかで、地域社会がもつ共同性への関心は、地域の人びとから急激に薄れてきた。旧来型の地域共同体的な小地域社会が解体の方向にむかうなかで、住民自身の手による地域課題の自律的な解決能力は、急速に失われてきた。他方で、高度成長期以降の開発は地域問題の一層の深刻化をもたらし、住民は、新しいコミュニティを形成して、共同で地域課題の処理にあたる必要に直面してきている。

　こうしたなかで、都市コミュニティ形成の研究は、1980年代までに一定の成果をあげてきた。1970年代・80年代を通じた都市コミュニティ研究のほと

んどは、大都市郊外の住宅団地の実証的研究に集中してきた。そこでは、新しいコミュニティ組織として、新中間層が主導するボランタリーなアソシエーションがもっぱら注目されてきた。地域コミュニティ形成の理論化を正面からはかってきた代表的な研究者である奥田道大は、住民運動論と交差するなかにコミュニティ形成を捉え、80年代の末（平成期のはじめ）には、経済の低成長期に入ってからのコミュニティ形成の特徴を次のように結論している。80年代のコミュニティ形成は、異質な人びと・異質な組織が共存しうる、公権力に対しては作為阻止型のコミュニティを、その理念として指向するところへと成熟度を高めており、社会組織面では、ボランタリーなアソシエーションタイプの組織が既存の地域住民組織と連携する形での、重層的な構造が小地域のなかに成立している。そして、こうした「新しいコミュニティ」の構造へと至るプロセスを、集合行動の理論を下敷きにして、市民参加という体制側の取り込み施策の下でたえず地域共同体への回帰という危険性をはらみながら、普遍的な価値志向へと至る過程であると説明している。

　奥田のコミュニティ形成論は、地域住民組織とボランタリー・アソシエーションとが接合して「新しいコミュニティ」へと移行する方向を、組織体のレベルで示している。しかし、そのプロセスの説明は抽象的であり、一般化されすぎていて、住民個々人の視座に即した移行のプロセスが具体的に示されないことに問題がある。現実には、地域課題の解決をめざすボランタリーな集団の活動を、既成の地域集団の構造のなかに乗せきれず、活動が地域全体にいま一つ広がって行かない、行き悩んでいるという小地域がたくさんある。小地域社会のリアリティに即した、ボランタリー・アソシエーションと既存の地域住民組織との葛藤、既存の住民組織にボランタリズムが浸透するメカニズムの実証的な把握が、90年代の課題であったといえる。

　90年代のコミュニティ形成論のもう一つの課題は、大都市インナーシティ型のコミュニティ形成の解明にあると思われる。80年代までの地域コミュニティ形成論は、小地域の地域課題の解決に際してボランタリーなアソシエーションが卓越する、大都市郊外でのコミュニティ形成の経験に基づくもので

あった。そこでは、大都市インナーシティでのコミュニティ形成の経験は看過されてきた。大都市下町は既成の地域住民組織が卓越する世界であり、そこでの「新しいコミュニティ」形成の経験は、郊外型のそれとは明らかに異なった面をもっている。

　本書は、大都市インナーシティのコミュニティ形成の事例を継続的にたどるなかから、80年代の終わりまでに明らかにされた上述の課題を、できるだけリアリティのなかに実証的に解明しようとしている。修復型の「まちづくり」を住民主体で行ってきたことで知られている、神戸のインナーシティ長田区真野地区の住民運動・まちづくりを素材に、住民のコミュニティ形成のプロセスを、地域社会論と住民運動論が交差する地平のなかに解明することをめざしている。新しい地域コミュニティが真野のなかに形成されてくるプロセスを、実証的に分析するなかで明らかになったのは、ボランタリーなアソシエーションの活動のなかにコミュニティの形成過程を見てきたこれまでの郊外型コミュニティの形成とは異なる、インナーシティ型のコミュニティ形成のプロセスである。

　本書の第1章から3章では、まず、阪神大震災時のいくつかの小地域の事例から、都市社会の危機的な状況下では、従前の地域コミュニティの存在がいかに大事かを指摘している。その上で、平常時の都市小地域住民にとっての地域コミュニティの大事さを、都市社会学の生活構造論や都市的生活様式論のなかに論じた。次いで、都市社会学者たちのこれまでのコミュニティ研究のアプローチを理論レベルで整理し、従来の地域共同体に代わる「新しいコミュニティ」の実現が問題になっていて、これまでのコミュニティ形成論の積み残しが次の2点にあることを明らかにした。既成の地域住民組織とボランタリーな集団とが接合する構造の解明、および、インナーシティ型コミュニティ形成の解明である。

　この課題設定の下に、第4章から6章で、真野地区の住民運動・まちづくりを素材に、組織面からインナーシティ型のコミュニティ形成のプロセスを明らかにした。まず、神戸のインナーシティの状況を検討し、修復型の「まち

づくり」が展開される歴史的な必然性を、真野と東京墨田区のインナーシティ京島との対比で明らかにした。その上で、コミュニティ形成の観点から真野の住民運動・「まちづくり」の展開とそれに対応する組織構造の変容を分析した。その結果、小地域のなかに諸地域集団の対等でゆるやかな連合のシステムができあがることが、自治会一元化構造をもつ地域共同体的な「支配的文化」を打ち破るために、新しいコミュニティ形成に必須の要件として必要である点、そのためには自治会運営の民主化、自治会の相対化が必要である点、そして、こうした仕組みを可能にする鍵は、地域行事やイベントを実行委員会方式で積み上げて諸集団の協議会方式をつくることのなかにあることが、明らかになった。

さらに、第7章から9章で、こうした住民組織の変容をもたらした諸要因になっている、真野の住民の生活構造、「支配的文化」のエートスと世代交代によるその変容、「まちづくり」への住民個々人の対応、住民のコミュニティ活動への参加行動とコミュニティ意識との関連を、実証的に分析している。真野のような住・工・商混在型のインナーシティでは、住民たちの間に、職工や零細町工場経営者からスタートして中小企業自営業者までに事業を広げる人を成功者と見るエートスがもたれていて、自他ともに成功者とみなされる象徴が、地域集団組織の役員を引き受けることにある点が明らかになった。他方、新しいコミュニティの形成過程で、リーダー層の世代交代につれて、こうした伝統的なエートスの構図がもつ「支配的文化」が、弱まってきていることが確認される。また、まちづくりをめぐる協議会方式での住民組織が、行政(「公」の領域)と住民個々人(「私」の領域)との中間に位置する「共」の領域を創出する担い手である点、コミュニティ活動に積極的対応ができるコミュニティ意識(コミュニティ形成に関わる住民意識)が、地域の友人ネットワークの保持と地域団体での活動のなかから生じてくることが、明らかになった。

第10章と11章では、インナーシティ型コミュニティ形成の組織面での分析に再度戻っている。10章では、コミュニティ形成への住民の内発的な主体性を保障する構造的な要因を、一般に、住民主体の「まちづくり」といわれる

真野と行政主導の「まちづくり」といわれる京島との対比で検討した。そこで得られた主要な知見は、次のような点である。行政と住民個々人とをつなぐ「共」の部分を支える「まちづくり推進会（協議会）」は、本来ボランタリーな組織であり、その委員構成のあり方、さらには事務局体制に行政が入るか否かが、「まちづくり」の住民主体性に大きく影響する。住民とコンサルタントだけで協議会の運営がなされるためには、住民の側に十分な力量が必要であり、また、行政による協議会権限の一定のオーソライズが必要である。公共のコミュニティ関連施設の住民による自主管理の積み上げが、住民の地域自治の力量を高める。

　結論として、第11章において、既存の地域住民組織の枠組みが強く、ボランタリーなアソシエーションの活動の余地がほとんどない下町インナーシティでは、もともと存在している既成の地域組織のなかから、コミュニティ形成がはじまることを強調している。地域住民組織相互のあり方の仕組みを変えるコミュニティ形成のプロセスは、「既成の地域組織の内部を民主化」し、「地域組織間のゆるやかな連合」を組む方向のなかに追求され、「諸地域団体の協議会方式をつくり上げていく」活動のなかにあること、そして、これを可能にするもう一つの要因として、「若い世代に、同世代仲間のネットワークをつくり出す」ことがポイントになるという点を再度確認した。こうしたコミュニティ組織が、生活環境の「共」の領域を支えている。

　インナーシティ型のコミュニティ形成の解明は、これまでの郊外型コミュニティ形成の理論では十分に展開されてこなかった、ボランタリーなアソシエーションのコミュニティ活動と既存の住民組織との接合部分の説明を、補完する意味で重要であることを論じた。ボランタリーなアソシエーションが接合する既成の地域住民組織の側も、運営が十分民主化され、ゆるやかな連合の仕組みがもたれるほどに成熟していなければ、新しいコミュニティ形成には至らない。この分析枠組みの重要性について、都市コミュニティ形成への二つの道である、インナーシティ型の真野と郊外型の横浜市ドリームハイツ団地の事例のなかで提示した。

最後に「むすび」の部分で、真野住民のコミュニティ形成を内在的に分析するなかから得られた知見をもとに、従来のコミュニティ施策・コミュニティ論が抱える課題を論じている。取り上げたのは、自治的コミュニティへの志向、テーマ型と地域組織型の接合、地域コミュニティの範域設定、信頼される地域リーダーの役割、社会的弱者への目線、「しがらみ」のない自由な個人（市民）という前提と「よりしろ」を背負った住民のコミュニティといった問題である。

本書にまとめられたつたない諸論考は、私が真野の住民のコミュニティ形成を昭和60年頃（1980年代半ば）から継続的に調査して得てきたデータに基づいているとはいえ、真野の多くの方がたからのご教示によって非常に多くのことに気づかされた賜物である。お名前をあげ出すと、どこで切ってよいかわからなくなるが、真野に最初に入ったときから快く受け入れてくださった、故毛利芳蔵さん、故岸野賢治さん、故山花雅一さん、そして、いまなお叱咤し続けてくださっている宮西悠司先生はじめ、真野の多くの先達、そして仲間たちに、心からの謝意を表したいと思う。また、京島の方がた、および、ドリームハイツに関わってこられた方がたからも、多くのご教示をいただいている。記して謝意を表したい。

本書は、平成13年に筑波大学に提出した学位請求論文〔博士（社会学）〕がもとになっている。論文審査をいただいた筑波大学社会学研究室の先生方に、感謝を申し上げる。

なお、本書の一部の章について原文となった論考には、次のようなものがある。

- ○「都市の住民運動と住民組織」（『東北大学教育学部研究年報』34集、1986年3月）
- ○「大都市衰退地区におけるまちづくりと住民の対応」（『秋田大学教育学部研究紀要』42集、1991年2月）
- ○「都市コミュニティ形成と住民意識に関する一考察」（『社会学評論』第43巻第3号、1992年12月）

○「大都市インナーエリアまちづくりの社会経済的背景」(『白鷗大学論集』第9巻第2号、1995年3月)
○「まちづくりにおける住民主体と行政主導」(『宇都宮大学教育学部紀要』第45号第1部、1995年3月)

出版には平成13年度日本学術振興会科学研究費(研究成果公開促進費)の交付を受けている。また、末筆ながら、本研究の出版をお誘いくださり、厳しい出版事情の下で4年も待っていただいた、東信堂の下田勝司氏に厚くお礼を申し上げる。

　2001年7月

今野裕昭

目次／インナーシティのコミュニティ形成——神戸市真野住民のまちづくり——

はしがき(i)

図表一覧(xiv)

## 第Ⅰ部 都市コミュニティ ……………………………………… 3

### 第1章 なぜ都市コミュニティが大事か ……………………… 5
——阪神大震災で明らかになったもの——

 (1) 地域コミュニティの成熟度と救助、救援、復興 ………… 6
 (2) 地域コミュニティの重要性をめぐる議論 ……………… 9
 (3) 生活構造と都市的生活様式 …………………………… 11
 (4) 平常時でもなぜ都市コミュニティが必要か …………… 13

### 第2章 地域社会への眼差し ……………………………… 17

 1 社会学者の地域社会の捉え方 …………………………… 17
  (1) 主要な社会関係と地域 ………………………………… 17
  (2) 地域社会の多様なレベル ……………………………… 18
  (3) 都市コミュニティ像の二つの転換 …………………… 21
  (4) 包括的コミュニティから限定的コミュニティへ ……… 22
  (5) 同質的コミュニティから異質的コミュニティへ ……… 24

 2 都市コミュニティの変動と研究者の関心 ……………… 27
  (1) 実体としての小地域社会の解体 ……………………… 27
  (2) コミュニティ喪失論、存続論と解放論 ……………… 29
  (3) 都市コミュニティ研究者の関心 ……………………… 32
  (4) コミュニティと行政の関係 …………………………… 35

 3 新しい都市「コミュニティ」 ……………………………… 38
  (1) 「新しいコミュニティ」の自治性への強調 …………… 38
  (2) 理念としてのコミュニティ …………………………… 39
  (3) 「コミュニティ」モデル ……………………………… 40

4　本書の課題······················································· 45
　　(1)　コミュニティの四つの構成要素 ····················· 47
　　(2)　本書で明らかにしたいこと ·························· 49

第3章　コミュニティ再生の課題 ······························· 51
　　　　——都市コミュニティ形成論の課題——
　　(1)　奥田道大のアプローチ　································ 51
　　(2)　サバーバニズム型コミュニティ　····················· 52
　　(3)　郊外型コミュニティ形成の社会組織 ··············· 53
　　(4)　郊外型コミュニティ形成のプロセス　·············· 55
　　(5)　組織論の現在的課題 ··································· 57

## 第Ⅱ部　インナーシティ型コミュニティ形成の社会組織——神戸市長田区真野地区—— ······· 63

第4章　大都市インナーシティ「まちづくり」の
　　　　社会経済的背景 ············································· 65
　1　はじめに············································································ 67
　2　神戸のインナーシティとインナーシティ問題······················· 67
　3　真野、京島の沿革···························································· 69
　4　高度成長期における両地区工業の特色······························ 73
　5　産業空洞型インナーシティ················································ 76
　6　「まちづくり」の課題 ························································· 81

第5章　ゆるやかな連合の仕組みの確立··························· 85
　1　はじめに············································································ 85
　2　住民運動の舞台······························································· 89
　3　住民運動の質的転換························································ 97
　　(1)　公害追放運動のスタート　············································· 97
　　(2)　運動成功の要因　························································100
　　(3)　公害追放運動の経過と緑化運動 ··································103

(4) 地域福祉・医療の運動 …………………………………106
　　(5) 学習重視の運動スタイル ………………………………107
　　(6) 「まちづくり」運動 ……………………………………109
　　(7) 「まちづくり」の背景と特徴 …………………………112
　4　運動の空間的拡大と推進母体組織の変遷………………………116
　　(1) 苅藻防犯実践会の性格変容 ……………………………118
　　(2) 尻池南部地区自治会連合協議会の性格変容 …………119
　　(3) 推進母体団体の移行 ……………………………………121
　　(4) 組織運営の民主化 ………………………………………122
　　(5) まちづくり推進会と自治会連合のコンフリクト ……124
　　(6) コミュニティ活動の資金 ………………………………127
　5　住民組織の性格と地域集団類型論………………………………131
　　(1) 運動の成功・持続要因 …………………………………131
　　(2) 活動面での要因 …………………………………………132
　　(3) 住民運動の組織構造 ……………………………………133
　　(4) 組織面での要因——真野の自治会の特性 ……………134
　　(5) 組織と行政の関係 ………………………………………136
　　(6) 個々人の活動への関わり ………………………………137
　　(7) 真野モデルの住民運動論上の位置づけ ………………138

第6章　震災とコミュニティ構造の変容……………………………143
　1　震災前の「まちづくり」と推進会 ……………………………143
　　(1) 「まちづくり」の進展 …………………………………144
　　(2) 「まちづくり」の組織 …………………………………146
　　(3) 真野同志会——小地域の統合推進役 …………………147
　2　真野地区復興まちづくりの経過…………………………………149
　　(1) 震災後3年間の経過 ……………………………………151
　　(2) 復旧・復興方針の転換 …………………………………154
　3　コミュニティ構造の変化…………………………………………158
　　(1) 真野地区ふれあいのまちづくり協議会の立ち上げ ……158

(2) 真野地区の地域構造の特質 …………………………159
　　(3) 小地域の仕組みの3年間の変化 ……………………159
　　(4) 復興・まちづくり事務所定着の意味 ………………161
　4 小地域の超高齢化にむけての体制づくり……………………163
　5 ま と め ……………………………………………………166

# 第Ⅲ部　真野に暮す人たち ………………………………………169

## 第7章　まちづくりに見る下町の地域文化…………………………171
　1 インナーシティ住民の生活構造…………………………………171
　2 下町の地域文化……………………………………………………175
　　(1) まちづくりのリーダーたちと地域集団の序列 …………175
　　(2) 下町住民のエートス ………………………………………177
　　(3) 真野の地域文化と若い世代 ………………………………179

## 第8章　インナーシティの「まちづくり」と住民の対応…………183
　1 はじめに……………………………………………………………183
　2 真野住民を取り巻く環境…………………………………………184
　　(1) 町工場と商店の衰退 ………………………………………185
　　(2) 長屋の老朽化 ………………………………………………187
　3 路地裏のお年寄りの救済――まちづくり推進会が抱える問題 ……188
　4 住環境の更新・整備への住民の対応……………………………191
　　(1) 持ち家、仕事の関係で真野から動かない ………………191
　　(2) 持ち家、事業は一代でいずれは他出 ……………………195
　　(3) 持ち家、勤め人で子どもを呼び戻したい ………………197
　　(4) 持ち家、退くに退けない …………………………………199
　　(5) 借家、立退かざるをえなくなる …………………………200
　　(6) 借家、退くに退けない年金生活のお年寄り ……………201
　　(7) 借家の自営事業者 …………………………………………204
　　(8) 対応の規定要因 ……………………………………………206

(9)　「まちづくり」を困難にする要因 …………………………208
　5　まちづくり組織と住民……………………………………………208

第9章　コミュニティ形成と住民の意識……………………………211
　1　問題の所在…………………………………………………………211
　2　住民意識類型とコミュニティ形成………………………………212
　3　調査の概要…………………………………………………………217
　4　住民の対応と構造的規定要因……………………………………218
　5　住民の対応と社会関係的要因……………………………………222
　6　社会関係的要因と住民意識タイプ………………………………229
　7　むすび………………………………………………………………233

## 第Ⅳ部　インナーシティのコミュニティ形成 ……………235

第10章　自治能力 ……………………………………………………237
　　　　──まちづくりにおける住民主体と行政主導──
　1　はじめに……………………………………………………………237
　2　産業空洞型インナーシティ………………………………………238
　3　「まちづくり」の推移と組織体制 ………………………………240
　4　地域基盤と後継者のネットワーク………………………………247
　5　公共施設の管理・運営……………………………………………252
　6　むすび──行政主導と住民主体 …………………………………253

第11章　インナーシティ・コミュニティの形成過程………………257
　1　インナーシティの特徴……………………………………………257
　2　インナーシティのコミュニティ形成……………………………259
　3　生活環境の「共」の領域を支えるコミュニティ組織 …………264
　4　コミュニティ再生の二つの道……………………………………267
　　(1)　地域集団の二つの型 …………………………………………267
　　(2)　テーマ型の地域組織型への接合 ……………………………268

(3)　地域組織型のテーマ化 …………………………………271
　　(4)　真野とドリームハイツの組織的側面 ………………272

## むすび ……………………………………………………………… 275
　　──コミュニティ施策・コミュニティ論の再構築にむけて──
　　(1)　コミュニティ施策の課題 ……………………………275
　　(2)　地域課題の自覚化 ……………………………………276
　　(3)　テーマ型と地域組織型との接合 ……………………277
　　(4)　地域コミュニティの範域 ……………………………278
　　(5)　地域集団のゆるやかな連合 …………………………279
　　(6)　信頼される地域リーダーの役割 ……………………281
　　(7)　社会的弱者への目線 …………………………………281
　　(8)　「しがらみ」のない自由な個人という前提 …………282
　　(9)　「よりしろ」を背負った住民のコミュニティ ………283

## 参考文献 ………………………………………………………………285
　事項索引 (297)
　人名索引 (303)

## 図 表 一 覧

表1-1　従前コミュニティの成熟度と災害対応 (7)
表1-2　焼失地区別の死者数比較 (8)

図2-1　実態としての地域社会と分析概念としての地域社会 (20)
表2-1　都市部・農村部の人口動態 (27)
図2-2　地域社会のモデル (41)
表2-2　地域社会モデルの調査設問 (42)
表2-3　奥田道大の地域社会モデル (42)

表3-1　奥田道大による住民運動と組織との対応 (53)
図3-1　能動型コミュニティの運動展開の側面 (56)

表4-1　真野地区、京島地区の工業の推移 (70)
表4-2　産業別就業者数割合 (製造・金融・保険・サービス業) (76)
表4-3　真野地区の工業 (製造業)・商業 (小売業) の推移 (78)
表4-4　京島地区の工業 (製造業)・商業 (小売業) の推移 (78)
表4-5　真野地区、京島地区の人口推移 (79)
図4-1　真野地区の一街区、住宅の権利関係 (80)

図5-1　神戸市長田区真野地区 (89)
表5-1　真野地区自治会編成 (90)
図5-2　真野「まちづくり」の地区構成 (91)
表5-2　真野地区　世帯数・人口推移 (指数) (92)
表5-3　真野地区　年齢階級別人口構成比 (92)
表5-4　世帯および高齢者世帯構成比 (93)
表5-5　15歳以上就業者の産業分類別構成比 (93)
表5-6　従業上の地位別就業者構成比 (93)
表5-7　産業分類別事業所数 (真野地区) (94)
表5-8　真野地区に多い業種 (工場数、出荷額の上位3位) (94)
表5-9　工場数、従業者数、製造品出荷額 (真野地区) (95)
表5-10　真野地区　ブロック別製造業事業所数推移 (指数) (95)

| | | |
|---|---|---|
| 表 5-11 | 真野地区住民運動年表 (98・99) | |
| 表 5-12 | 通勤圏 (主人) 神戸市のコミュニティに関する総合実態調査 (1986 年実施) 結果 (101) | |
| 表 5-13 | 現住居への入居時期 (真野) (101) | |
| 表 5-14 | 住宅所有形態 (真野) (101) | |
| 表 5-15 | 真野地区住民運動の各時期の主要なでき事 (103) | |
| 表 5-16 | D電機製鋼と公害防止協定に関する経過報告 (抜粋) (104) | |
| 表 5-17 | 生活環境についての評価 (平均値) (105) | |
| 表 5-18 | 住民調査による緑化可能箇所リスト (105) | |
| 表 5-19 | まちづくり学校プログラム (108) | |
| 表 5-20 | 真野まちづくりの3目標と2原則 (昭和55年) (110) | |
| 表 5-21 | 真野地区「まちづくり構想」計画テーマのまとめ (111) | |
| 表 5-22 | 真野地区地区計画の骨子 (まちづくりのルール) (112) | |
| 表 5-23 | 住宅の種類 (真野) (112) | |
| 表 5-24 | 世帯の年間総収入 (113) | |
| 表 5-25 | 昭和56年度全世帯アンケートによる市政への要望事項 (114) | |
| 表 5-26 | 真野地区住民運動の推移と運動推進母体組織 (116・117) | |
| 表 5-27 | 昭和44年度苅藻防犯実践会活動内容 (118) | |
| 表 5-28 | 尻池南部地区自治連合協議会決算報告支出の部 (119) | |
| 表 5-29 | 苅藻福祉防犯実践会と尻池南部地区自治連合協議会の昭和48年度の主な活動 (120) | |
| 表 5-30 | 昭和49年度 苅藻福祉防犯実践会 役員の属性 (122) | |
| 表 5-31 | 昭和58年度 尻池南部地区自治連合協議会 委員の属性 (122) | |
| 表 5-32 | 灘生協スーパーの進出に対する対応 (125) | |
| 表 5-33 | 真野地区まちづくり推進会活動母体と地区内住民組織 (126) | |
| 表 5-34 | 苅藻福祉防犯実践会 昭和57年度決算報告書 (127) | |
| 表 5-35 | 尻池南部地区自治連合協議会 昭和57年度決算報告書 (128) | |
| 表 5-36 | 昭和59年度給食収支決算書 (129) | |
| 表 5-37 | 第3回チャリティ寒餅つき決算報告 (129) | |
| 表 5-38 | 神戸市の真野地区での用地取得状況 (135) | |
| 表 6-1 | 真野まちづくり年表 (145) | |

表6-2　真野まちづくり推進会役員の職業属性(146)
表6-3　真野同志会会員属性(148)
表6-4　真野地区震災復旧・復興の主要な経過(152)
図6-1　真野地域の仕組みの変化(160)
図6-2　災害対策本部─復興・まちづくり事務所の対外位置(162)
図6-3　復興まちづくりの課題(164)
図6-4　真野地区　推進会とふれまち協議会の委員構成(165)
図6-5　推進会、ふれまち協議会、復興事務所　主要活動メンバー役員兼職状況(165)
表7-1　真野住民の社会関係(172)
表7-2　真野の親子二代の学歴(180)
表8-1　真野の工場(184)
表8-2　真野周辺の大規模工場従業員数(推移)(185)
表8-3　真野の失業率(推移)(185)
表8-4　真野の商業(推移)(186)
表8-5　高齢者単独世帯創出のメカニズム(187)
表8-6　真野の生活保護世帯率、65歳以上一人暮し老人世帯率(188)
表8-7　真野における長屋の権利関係(208)
表9-1　「まちづくり」事業への対応選択のメカニズム(220・221)
表9-2　住民意識と「まちづくり」事業への対応(224〜227)
表9-3　住民意識型と社会関係条件─二つのケース─(231)
表10-1　真野地区、京島地区の「まちづくり」(241)
表10-2　まちづくり構想(計画案)─真野地区、京島地区─(243)
表10-3　まちづくり検討会、まちづくり推進会の構成(244)
図10-1　「まちづくり」を支える地域の構造(247)
表10-4　年間の地域行事(学区、連合町会レベル)─真野地区、京島地区─(248)
表11-1　ドリームハイツ「地域のつどい」の協働関係(270)
図11-1　真野とドリームハイツの小地域の仕組み(273)

# インナーシティのコミュニティ形成
## ——神戸市真野住民のまちづくり——

# 第Ⅰ部
# 都市コミュニティ

# 第1章　なぜ都市コミュニティが大事か
―― 阪神大震災で明らかになったもの ――

　神戸市長田区真野地区、ここは地域コミュニティの成熟度が全国でもっとも高いところの一つといわれている。真野は、昭和40年代初頭(1960年代中頃)から30年におよぶ、コミュニティ形成の歴史をもっている。平成7年(1995年)1月17日未明に発生した阪神・淡路大震災のとき、小地域社会が被災住民の救助・救援を行い、その後の復興まちづくりを支援する経過のなかで、このコミュニティの真価がいかんなく発揮され、その成熟度の高さが全国から注目された[1]。

　阪神・淡路大震災、その後の復興まちづくりの経験のなかからわれわれが得た大きな教訓の一つに、災害緊急対応期ほど、普段平常時からの小地域におけるコミュニティ活動が大事だという点がある。震災時の救助・救援にあたって、従前小地域のなかにコミュニティ活動があったところほど、近隣住民の互助による活発な救助・救援が行われ被害も最小限に押さえることができたことは、この間のさまざまな研究が示してきた。町内会・自治会があっても、慶弔や募金への協力程度の活動しか行っていなかったところでは、震災後ライフラインが復旧しある程度落ち着くまで、町内の活動は真空状態だったというところが多い。反対に、真野地区のようにコミュニティ活動の成熟度が高かったところでは、食事や物資の地区全戸への配布といった、卓抜した救援活動を行っている。従前のコミュニティ活動の成熟度の違いは、ライフライン復旧後、今日の復興まちづくりの段階に入ってからも、たとえば、区画整理事業地区での換地やインナーシティエリアでの長屋の共同建替

えなどの進捗度合いの面で見ても、温度差が出た人びとが軋轢のなかで合意をつくり出していく上に、5年たったいまでもなお影響し続けている。

(1) 地域コミュニティの成熟度と救助、救援、復興

震災直後に何が起こったのか。家が潰れた、下敷きになった人を引っ張り出す、救助・救出をしなければならない。電気、水道、ガスといったライフラインが止まっているから、水と食事をなんとかしなければならない。救援活動である。そしてライフラインが復旧し、とりあえず落ち着くと、避難所の人を住宅に戻さなければならないから、住宅を中心に復旧・復興活動がなされなければならない。行政自体も麻痺していたから、とくに当初は、これらのことを誰かがやらねばならなかった。

自身も被災した神戸のコミュニティ研究の第一人者である倉田和四生は、震災前にコミュニティ活動が活発であったところと、そうでなかったところの3ヵ所を取り上げて、震災直後の緊急対応期から応急対応期まで(発災後約6ヵ月間)に焦点をあて、震災対応へのコミュニティの活動がそれぞれどう違ったかを明らかにしている[2]。その分析をまとめたのが、表1-1である。

西宮市の仁川百合野は、地区としての交流がまったくなされていない住宅地のタイプである。34人も亡くなる大規模な地滑りがあり、二次災害としてさらに地滑りの進行が心配されていたにもかかわらず、各戸バラバラに対応する形のまま、4月に入るまでこれといったまとまった対応はなされなかった。二番目の仁川3丁目は、子ども会・老人会を中心に町にはいくらか交流が見られた住宅地のタイプである。ここでは、自治会長一家が個人的に非常に頑張ったこともあるが、一方、住民の間にも近所の自発的な助け合いが見られ、被災者を近隣の家が迎え入れる形で、結局避難所にいった人はいなかった。

三番目が真野地区で、従前からまちづくりの経験をもち、震災時に運命共同体化したといわれる地区のタイプである。ここでは水道が復旧するまでの発災後1ヵ月半くらいの間に、表のような四つくらいの大きな活動が地元住

表1-1 従前コミュニティの成熟度と災害対応

| 場　所 | 従前コミュニティの状況 | 被　害 | 発災後の経過 |
|---|---|---|---|
| 西宮市 仁川百合野 (住宅地区) | 自治会は存在するがほとんど活動していなかった（慶弔、寄付のみ）。近所づきあいは少ない。 | 大規模な地滑りで14戸37人が埋もれ、うち34人が死亡。 | ①リーダーが不在で組織活動の真空状態が生まれ、住民は各個バラバラに救助活動。自治会は2カ月半なす術を知らず。②1人の住民ボランティア（高校教師）が「百合野通信」を出し、情報提供サービス開始（パニックを防ぐ）、3月末まで。③4月新自治会役員を選出し、「地滑り対策委員会」を構成し復興活動開始。 |
| 西宮市 仁川3丁目 (住宅地区) | 自治会は慶弔、寄付以外、活動はなかった。子ども会、老人会が活発に活動し、高齢化にともない老人会は自治会と密接な関係に。近隣づきあいもある程度あった。 | 83世帯 (200人) 中、全半壊25世帯、死者4人。 | 自治会長の強い義務感で自治会長一家が、①全戸の安否確認 ②救出 ③プリントの全戸配布による情報の提供（3月末まで）。④夜間巡回（自治会の総意として動くには意見がまとまらなかった。2月半ばから約1ヵ月）を行う。近所の助け合いがみられ、寝る場がなければ自分の所に来なさいと誘い合い、避難所にいった人はいない。 |
| 神戸市 長田区真野 (住商工混在) | 昭和40年代の「公害反対」から「緑化」50年代の「高齢者福祉」「まちづくり」と、約30年にわたる住民運動の歴史があり、小学校区規模でのコミュニティが実体化していた。 | 2,500世帯 (5,000人) の15%が全壊。全半壊あわせて約7割。死者19人。火災焼失43戸。 | ①住民の初期消火活動の成功で、0.35haの焼失に止める。②マンションビル倒壊で生き埋め19人。地元住民だけで3日間かけ10人生存で救出。③発災3日目に地元住民が「小学校災害対策本部」(16ヵ町の自治会長会議) を立ち上げ、1日5,000食の食料配布（1ヵ月半）。④地元住民ボランティアによる「建物レスキュー隊」、対策本部による家屋修理の業者斡旋、共同建替えへの支援。 |

(倉田和四生 1995；1996a；1996b；1997より作成)

民の手でなされている。とくに大きな意味をもっていたのは、発災後3日目に住民が立ち上げた「災害対策本部」が、地区住民全員分の食事を神戸市から受け取って各戸に配布するために、対策本部―各町自治会町―班長・民生委員―住民というピラミッド型の体制を、地域のなかに1週間目くらいでつくり上げたという点であろう。震災直後、区役所に食料と毛布を取りにいった自治会の役員たちは、早い者勝ちの混乱のなかで若者にお年寄りが突き飛ばされるのを見て、「地域のお年寄りは地域で守らないかん」と強く思ったと言う。

倉田和四生は直観的にではあるが、3地区について、地域社会の住民の交流の程度を10段階で評定している。一つ目の地区が1、二つ目の地区が3、三つ目の地区が9とされている。従前のコミュニティの成熟度いかんで、コミュニティの対応はこんなに違う。とくに従前活発にコミュニティの活動をしていたところでは、災害弱者を出さないように動いているという点を見て取ることができ、普段のコミュニティ活動の大事さを指摘できる。

　神戸では長田区で広域に火災が発生し、全焼地区が広範に出た。震災時全焼した鷹取東(第1)地区にかかる野田北部地区で、復興にずっと携わってきた建築家、森崎輝行が、長田区の焼失地区3ヵ所を取り上げて、面積と死者数の比率をとったのが表1-2である[3]。千歳大池地区は、火がまわってきて住民はまず小学校に逃げ、さらに中学校に逃げて、地元に住民がいなくなった。「公園で一旦自然鎮火の方向に向かった。その時住民が力を合わせて、家屋解体など消火活動をやっていれば、全焼しなかっただろう」と、のちに住民は述懐している。久仁塚6丁目(二葉6)では、長屋4軒分を市が買い取ったオープンスペースがあって、住民がここを拠点に協同して延焼を食い止めた。住民は逃げなかった。死者数も約1,000人に1人と、少なくて済んだ。野田北部地区も、公園で住民が延焼を食い止めている。ここで、死者が多かったのは、焼死ではなくて圧死であった。ここからも、住民が協同で立ち向かえる、従前のコミュニティの大事さが裏付けられる。

　地域コミュニティの重要性は、その後の復興・生活再建のなかにおいても、見て取ることができる。たとえば、高齢者の生活再建を見てみよう。都市直下型の震災の被害は、下町のインナーシティに滞留する高齢者に集中した。

表1-2　焼失地区別の死者数比較

|  | 面積 | 世帯 | 世帯／ha | 死者数 | 死者あたり世帯数 |
|---|---|---|---|---|---|
| 千歳地区 | 17.5 | 1,644 | 93.94 | 86 | 19.1世帯 |
| 久仁塚6 | 5.9 | 759 | 128 | 8 | 94.9世帯 |
| 野田地区 | 13 | 1,031 | 79.3 | 41 | 25.1世帯 |

(森崎輝行 1995：105頁より転載)

これら老夫婦二人暮しや一人暮しの高齢者のなかには、企業社会や家族とのネットワークはすでに切れてしまい、その生活補完にもっぱら近隣のネットワークだけが作用していた人たちが多かった。しかし、震災後、避難所や仮設住宅、復興公営住宅住まいでそれまでの近隣からも切断されたことで、生活再建の過程に近隣のネットワークからの生活補完の力も働かないという状況のなかに、これらの人びとは置かれてきた。地域コミュニティがしっかりしていた真野では、第6章で見るように、仮設住宅に出たお年寄りを地域に戻す条件づくりに動いたという具合に、「災害対策本部」はこれら高齢者にたえず目線を置いていた。緊急対応期に家に留まっていたある老夫婦二人暮しの高齢者は、自治会の役員・民生委員の手で神戸市からの食事を毎日届けられ、「皆から忘れられてへんということが、何よりの心の支えですわ」と語っているが、これが原点にあったのである。

　さらに、倒壊した家屋を再建する面でも、地域コミュニティの重要性は見られた。とくに大きな被害が出たインナーシティの下町では、従前の狭小な住宅が狭い敷地に目一杯建っていたため、現行法の建蔽率で再建するとさらに狭くなり、住居にならない。そこで、隣接する数戸で共同建設をしなければならない。多くの地区で、建築家のコンサルタントが入り、共同建替え・再建を進めてきたが、下町に特有な住宅の権利関係（地権者、家屋所有者、住人）の複雑さ、隣接する住民が抱える経済的条件の多様さ（老夫婦家族や老人一人暮し、身障者を抱えた家族など）により、なかなか前進しないのが普通である。共同建替えというのは、ある意味で、他人の財産に手をつけるという話であり、最後のところお互い誰かが譲歩しなければ進まないが、このとき「あんた少し我慢してよ」と言えるのは、行政でもなくコンサルタントでもなく、地域コミュニティのリーダーである、信頼されている自治会長くらいのものだという現実がある。

(2)　地域コミュニティの重要性をめぐる議論

　震災のような社会の危機的な状況のときに、地域コミュニティの重要性・

必要性が、目に見える形ではっきりと立ち現われてきている。しかしながら、近隣つきあいの煩わしさをできるだけ最小にすることこそが、近代的な生活だと信じ込んできたわれわれ現代人は、平常時にコミュニティが大事であることには、思いいたさないことの方が多い。

地域コミュニティはなぜ大事か。このことについて従来の地域社会学は、正面きって論じてはこなかったように思える。地域社会学では、地域や地縁（住縁）の絆がなぜ大事かを、さまざまな協同を問題にするときの自明の前提とはしているが、正面きって論じてはいない。たとえば中野卓は、『地域生活の社会学』(1964年)のなかで地域社会学の課題を、有賀喜左衞門が言うところの生活組織の解明に置いている[4]。しかし、なぜ地域社会が大事かについて改まって論ずることはしていない。また、高橋勇悦の『地域社会学』(1977年)のなかに示されている蓮見音彦の見解では、地域を対象に社会学の方法はいかに成り立つかが問われている[5]。蓮見は、地域という場における社会現象の相互関連を捉えることが、地域社会学の意義であるとする。同時に他方で、地域に生じる社会問題の解明と解決法を、地域社会の構造と変動を明らかにすることを通じて追求する、地域社会論の分野が成立する可能性も論じている。しかし、ここでも地域は所与の前提とされ、人びとにとっての地域社会そのものの意味は、自明の前提として問われることがなかったといってよい。

昭和50年(1975年)頃から「地域社会の社会学」の関心は、構造分析を主体とする地域社会学から、地域社会論に焦点が移行した。地域を対象とした社会学の方法や地域社会の構成が問題にされるよりは、むしろ関心が、社会変動、すなわち戦後の地域社会の動向と社会問題に移る。この時期の地域社会論での問題のたて方を見ると、たとえば蓮見音彦は『地域社会論』(1980年)のなかで、1977年のときの見解をさらに一歩進めて、政策矛盾が反映するさまざまな社会問題を地域のなかに見ることができるとしている[6]。しかし、こうした地域社会論の視角からの分析も、システムとしての社会がどう動くかのレベルの分析が主で、生活者個人の視点から、個人にとって地域とは何かが論点とされるものではない。ここでも、地域社会の重要性は、所与のものとし

て扱われている。

　このように、地域社会学、地域社会論での問題のたて方では、地域社会の人びとの共同性のなかにコミュニティを捉えるということで、個人にとってのコミュニティの重要性は前提とされている。しかし、そこではコミュニティの形態が分析の対象となり、なぜコミュニティが重要かが改めて論じられるわけではない。コミュニティの大事さを問題にしてきた領域は、むしろ、都市社会学のなかで発達してきた生活構造論や生活様式論であったといえよう[7]。個人の視点からでないと、地域社会の意味・重要性は十分には見えてこない。

### (3)　生活構造と都市的生活様式

　都市社会学者たちは地域社会を分析するにあたり、地域社会の骨格となる基本的な仕組みである社会構造を、地域のなかに詰まっているさまざまな集団の累積体として捉え、同時に社会構造を、階級・階層の観点からも捉えてきた。たとえば、高橋勇悦は『地域社会論』のなかで、家族や、自治会、行政協力集団などの地域集団、企業、同業組合などの経済集団、学校、宗教団体などの文化集団といった、さまざまな集団を地域社会を構成する要素とし、これらの集団が住民の生活にどんな関わりをもちながら相互に依存する関係のなかにあるのかをもって、社会構造としている。さらに、地域社会の社会構造を見る上で重要なもう一つの観点として、階級・階層の側面を取り上げている[8]。上層、中層、下層農家とか、資本家、新旧中間層、労働者といった階級・階層のカテゴリーの構造は、政治勢力の動向と結びつき、支配─被支配の権力構造と結びつくという意味で、社会構造の重要な側面である。

　こうした集団の累積体としての社会構造の側面は、第三者が地域社会全体を見渡したときに見える網羅的な仕組みで、地域社会のなかの個人から見れば、個々の住民はこれらさまざまな集団にそれぞれ所属・参加しながら生活を送っていることになる。しかし、その所属のし方は、性別や年齢によってかなり違ってくる。したがって、地域社会の仕組みは、地域の住民すべての

人に同じように見えるとは限らない。個人の視座から見た、地域社会のなかに生活している人が自分に即して見えるこの仕組みを、都市社会学者たちは生活構造と呼び、個々人がもつ社会関係のネットワークと集団参加をその内実として捉えてきた[9]。

　個々人は日々、自分の生活問題を解決するために、物質的資源ばかりでなく人びとのつながり(労力とサービスを提供してくれる相互扶助のシステム)という資源をも含めて、使える諸資源を総動員している。人間は一人では生きられない。必ず他者と共同生活をする部分をもつが、この一人で生きられない部分をどのように処理するか、どんな種類の相互扶助システムを動員するかで、都市の住人と農村の住人とでは異なっている。倉沢進は、生活問題や地域課題処理のための、都市と農村で異なるこのシステムを、都市的生活様式と村落的(農村的)生活様式と名づけた。

　もともと倉沢は、生活様式を都市化という視点から捉えている。都市と農村を区別するものは何かという発想が出発点にある。シカゴ学派の社会学者ワースは「生活様式としてのアーバニズム」(1938年)という論文のなかで、都市的生活様式を、匿名的・一時的な社会関係の卓越、血縁的関係の弱体化、パーソナリティの寛容さと非個性化などに定式化している。これに対し倉沢は、ワースの生活様式の規定のし方とは別の規定のし方があるということで、問題処理の相互扶助システムとして生活様式を捉える視角を見出し、昭和52年(1977年)に「都市的生活様式論序説」として打ち出している[10]。一人ひとりの人間が生きていくために諸資源をどのように配置し、それを活性化して自分の生活を送ってゆくのかというパターンを、生活様式と捉える見方である。その上で、村落的生活様式を、決して専門家ではない素人の住民たちが集まって、地域課題を処理・解決してしまう相互扶助システムが卓越する、自家処理能力が高いシステムだとする。これに対して都市的生活様式は、自家処理能力が低く、専門のサービス機関に全面的に依存し、お金で必要なサービスを買って生活を成り立たせているシステムだと規定した[11]。

　生活構造と生活様式の関係については、社会学のなかでも、理論的にまだ

十分に確定しているとは思えないが[12]、とりあえず、生活構造が「個人が都市社会のなかでとり結び、所属している社会関係・社会集団の組み合わせのし方」[13]であるのに対し、生活様式は「個人が社会財を整序し、それによって生活問題・地域課題を解決・処理するパターン」と理解するのが適切のように思われる。社会学は人びとの間の共同性をめぐって社会を捉えようとするから、人びとのつながりの相互扶助システムが第一義的に問題とされる。したがって、都市生活に顕著な専門サービス機関群との関わりは、生活構造のなかには含まれない。むしろ生活様式のなかに含まれる議論になる。

　地域の住民みんなに共通する生活問題である地域課題を解決するときに、地域の諸資源を整序化して総動員するというこの視角は、昭和60年頃(1980年代半ば)に社会運動論のアプローチとして擡頭してきた資源動員論のなかで発展してきた[14]。資源動員論は、社会的資源の動員を個人の視座から捉えるのではなく、組織レベルに焦点を置き、動員から目標達成への運動過程を、運動を規定する内的・外的な条件を変数にして包括的に説明しようとする。このアプローチからの知見は、共通目的の実現という公共財の供給(オルソン問題)とフリーライダー問題などよく知られた一連の命題をもたらし、本書で扱う地域住民の活動の分析にとっても必要な枠組みを提供している。

(4) 平常時でもなぜ都市コミュニティが必要か

　現代社会では、都市の生活が専門サービス機関への依存を極端に大きくしているばかりでなく、農村部においても、専門サービス機関への依存を要する領域が急激に拡大してきている。都市的生活様式が、村落的生活様式を駆逐してきている。震災のときに神戸で明らかになった点は、災害で行政はじめ専門サービス機関群も被災してしまったとき、住民は自身の手で相互扶助システムを構築せざるをえなかったということである。村落的な生活様式の部分を多く残していた下町などでは、相互扶助システムが作用して、被害も最小限に防げた。住民が専門サービス機関からサービスを購入し、地域コミュニティの近隣づきあいの煩わしさを極小化するのが近代都市だと思って

きたわれわれは、実は砂上の楼閣として生活を成り立たせていたにすぎないことが露呈した。神戸では現在、震災後の復興まちづくりのなかで、超高齢化社会の現実をふまえて、地域コミュニティを福祉コミュニティとして再構築する動きが広範に見られはじめている。老夫婦二人きりや一人暮し老人が多い下町では、地域の資源を動員して生活問題を解決・処理していくしか方法がない場合が多い。煩わしさをいとわず地域コミュニティをつくり上げることが、普段の生活でも大事だということがはっきりと見えてきている。都市の専門処理システムがもつ限界、きめの細かさの不足は、住民の自発的な共同――コミュニティ――による補完を必然的に必要としている。複雑化する専門サービス機関への依存度が増大するなかで、一次的な絆に基づく共同生活の様式を復権することが、必要な時期にきているのである。

　相互扶助システムは、家族・親戚の絆、近隣の絆、職場の絆、友人の絆をめぐってつくられている。これら一次的絆の上での物やサービスの交換は、自分のもてるものは惜しみなく相手に与えるという、利他主義の原理で物やサービスを相手に送り出してやるという点で、物やサービスを等価交換で売り買いする功利主義的な交換の対極にある[15]。とくに家族・親戚の絆による交換は、純粋な利他主義の原理でなされることが多く、家族のなかでの子どもや老人といった、等価交換で提供するものを生産する能力がない社会的弱者の立場にあるものが、生き延びていく上で不可欠の交換である。核家族化や家族生活の社会化が進展し、家族や親戚の一次的絆に基づく生活扶助システムの機能が弱体化した現代社会にあって、こうした利他主義での交換の地平を地域コミュニティのなかに構築していくことが一つの展望となっている。こうして平常時の生活における都市コミュニティの重要性は、都市的生活様式の特質の脆弱さのなかにこそ、見出すことができる。

〔注〕
1) 塩崎賢明ほか 1995、酒井通雄編 1995、大震災と地方自治研究会編 1996、広原盛明 1996、浦野正樹編 1996、横田尚俊 1999 をはじめ、阪神・淡路大震災関係の本は、必ずどこかで真野地区のことにポジティブに触れている。他方、藤原書店編

集部編 1995は、共生の階層構造の視点から、運命共同体化した町会を批判的に捉えている。真野の小地域社会の震災対応の詳細については、阪神復興支援NPO編1995、真野地区復興まちづくり事務所編 1997、今野裕昭 1995および『阪神・淡路大震災の社会学』1巻と3巻に所収の論文（今野 1999a；1999b）を参照されたい。

2) 倉田和四生 1995；1996a；1996b；1997。

3) 森崎輝行 1995。

4) 中野卓編 1964：I章。

5) 高橋勇悦ほか編 1977：1章。

6) 蓮見音彦・奥田道大編 1980：11-12頁。蓮見においてはこの視角からのアプローチが農村にも適用されていることを、『苦悩する農村』(1990年）のなかに見ることができる。

7) 生活構造論の視点からの問題のたて方の例として、たとえば、金子勇『都市高齢者と地域福祉』(1993年）がある。このなかで金子は、生活構造論の視点から、役割縮小過程のなかに置かれた都市高齢者の福祉にとって、役割回復の残された可能性が地域の絆のなかにあるという立場から、地域の重要性を説いている。おそらく、高齢者の役割という個人の観点からだけでなく、高齢者の生活補完という社会システムとしての観点からしても、家族機能が弱体化した現代の企業型社会のなかでの高齢者福祉の可能性は、地域のなかにあるといえるであろう。

8) 高橋勇悦 1980：94-102頁。

9) 金子勇 1993：67-76頁は、生活構造に関する諸説を簡潔に整理している。

10) 倉沢進 1977。

11) 倉沢進 1984。

12) 森岡清志 1984は、個人があらゆる生活問題を解決するために社会財を動員する側面を生活構造と捉え、地域に共通する生活問題に限定した共同処理システムを生活様式と捉えている。これに対し金子勇 1993：72頁は、地域課題に限定せず、もっと広く個人の生活問題を解決するための処理パターンとして生活様式を捉える立場から、反論を加えている。本書での私の見解も金子と同じ立場をとる。

13) 安田三郎 1964。

14) 長谷川公一 1985は、資源動員論の主要な成果と意義、その理論的課題を整理している。

15) 鈴木栄太郎 1957：285-294頁は、対極をなす二つの交換を、農村と都市の社会関係として、与貰の関係と売買の関係に捉えている。この対極をなす交換は、経済人類学者たちによって詳細が明らかにされ、利他主義のそれは総合的互酬性、功利主義のそれは均衡的互酬性と呼ばれている（たとえば、Service 1966: ch. II、

Sahlins 1965；1968：ch. V。また、山内昶 1994: IV章は、分与と共生の視点からこれを捉えている)。

# 第2章　地域社会への眼差し

　本書で私は、インナーシティ型の神戸市真野地区のコミュニティが、どのように形成されてきたかを内在的に明らかにしようと思う。そのために、真野地区が地域社会のどのレベルに位置づけられるかの検討からはじめたい。まず、社会学者たちが、地域をどう捉え、分析概念としてのコミュニティをどう規定してきたのかを検討する。次いで、日本社会の現実をふまえて、新しいコミュニティを研究者たちがどう捉えてきたのかを見るなかから、真野地区の位置づけを行い、本書の課題を確定する。

## 1　社会学者の地域社会の捉え方

### (1)　主要な社会関係と地域

　日本を代表する社会学者の一人である鈴木栄太郎は、昭和32年(1957年)に『都市社会学原理』を著した。このなかで彼は、都市住民の「正常人口の正常生活」という観点から、日常生活においてわれわれを取り巻いている社会関係の主要なものとして、「家族・親戚」との関係、「職場の同僚」をはじめとする仕事の関係での人間関係、「学校時代の友人」、「近隣」、「趣味の友達」との人間関係の、5種類の関係をあげている。それぞれを絆にして、「世帯」(家族)、企業集団や労働組合などの「職域集団」、学級、教職員集団さらにはPTAなどの「学校集団」、自治会、婦人会、子ども会、氏子集団などの「地区集団」(地域集団)、クラブ、サークル、遊び仲間などの「生活拡充集団」(一般に余暇集団と

呼ばれるもの)が形成され、われわれは普段主にこの5種類の集団のなかで生活している[1]。

鈴木栄太郎による社会関係のこうした分け方の萌芽は、すでに戦前、彼の『日本農村社会学原理』(1940年)のなかでもたれていた[2]。そして、日本の農村研究、都市研究に限らず、この分け方はかなりの普遍性をもっている。たとえば、アメリカのコミュニティ研究者ウェルマンは、都市住民の社会関係に与える工業化(産業化)、都市化、官僚制化の影響を論ずるにあたり、個人を取り巻く一次的な絆として、近隣の絆、親族集団の絆、利害グループの絆、職業上の絆の四つをあげて整理している[3]。ウェルマンのこの分け方は、鈴木栄太郎と同じような観点からの分類に拠っている。

鈴木栄太郎のこうした捉え方を、個人中心の視座からでなく、ある一定の地理的な範囲である、地域の視座から捉えなおしてみると、次のように言うことができる。

地域に住む人びとは、自己の生活を成り立たしめるために、地域のなかにあるさまざまな社会関係、集団、組織を使って、あるいは新しく社会関係や集団、組織をつくって、生活に必要な諸々のニーズを満たしながら生活している。このさまざまな社会関係、集団、組織を、農村社会学者、有賀喜左衛門は生活組織と呼んだ[4]。鈴木栄太郎の言う家族親戚・世帯、職場の同僚など・職域集団、学校の友人・学校集団、近隣・地区集団、趣味の友人・生活拡充集団が、生活組織にあたる。つまり、地域のなかには、こういったさまざまな社会関係、集団がいっぱい詰まっていると見ることができる。

(2) 地域社会の多様なレベル

地域社会は、鈴木栄太郎のこの主要な5種類の社会関係のうち、主に「近隣」の関係(住縁、地縁の絆)によってつくられている社会の側面(全体社会のなかの部分社会である、農村部落とか都市の町内)を指すといえる。しかし、地域社会の語は、研究者によっても、また、使われている時期によっても、さまざまな意味合いをもって使われてきた。このことが地域社会の語を、はなはだ

やっかいな用語にしている。

　空間的な広がりという点で見ても、最小のところでは農村部落や都市の連合町内会・自治会ないし小・中学校区範囲の社会（いわゆる近隣住区）を地域社会と指すレベルから、市町村範囲を地域社会とするレベル、農村一般や一つの都市圏を地域社会とするレベル、さらには、地方ブロックや行政が言う定住圏を指して地域社会というレベルまで、地域社会の語は人によってさまざまなレベルを指して使われてきた。

　また、社会学者が一般論として地域社会の社会構造を語る場合、地域社会に詰まっている家族・親戚、近隣、職場、利害グループの絆に基づく社会関係や集団の総体として、社会構造を捉えるのが普通である。しかし、都市部の連合自治会や小・中学校区くらいでの地域社会の社会構造といった場合には、そこに見られる地縁（住縁）の絆によってつくられた地域集団の累積体を指して、地域社会の構造とする使い方もしている。

　こういった具合に、使う人、使う場合によって、地域社会の意味は一定しない。

　いまここで、社会学者たちによってさまざまに使われてきた地域社会の語を、①実体の空間的な広がりの軸と、②分析概念の内実に何を考えるか（社会構造を構成する要素に何を見るか）という軸との、二つの軸の掛け合わせで整理して見ると、図 2-1 のようになるであろう。

　空間的な広がりがもっとも大きな範域での地域社会は、広域地域での地域（region Ⅱ）である。この範域での地域は、戦後日本の国土開発が進み、住民の生活実態が市町村を越える広域な範域で有機的に結びつくようになってきたり、昭和 50 年代後半（1980 年代）に行政の定住圏構想が出された段階になってはじめて、社会学者にとっても分析の対象になってきた。次に大きな範域は、従来社会学者が、地域社会の一般論として、農村社会とか都市社会と論じてきた、市町村単位くらいの農村とか自然都市[5]の範域での地域（region Ⅰ）である。そして、もっとも小さな範域が、一つの農村部落や都市部の小学校区くらいの近隣住区である。このもっとも小さな範域を、ここでは「小地域」と名

20　第Ⅰ部　都市コミュニティ

図中ラベル：

- 広域地域（例：地方圏、定住圏）region Ⅱ
- 都市社会・農村社会（市町村範域ないし自然都市）region Ⅰ
- 小地域社会（農村部落および小学校区くらいの近隣住区）local community
- 家族・親戚、職業、利害グループの絆
- 社会学者の分析概念としての「地域社会」の射程
- 住縁（地縁）の絆
- 自然村（農村）研究者の視点
- 都市研究者の視点
- 家族・親戚、職業、利害グループの絆
- 住縁（地縁）の絆

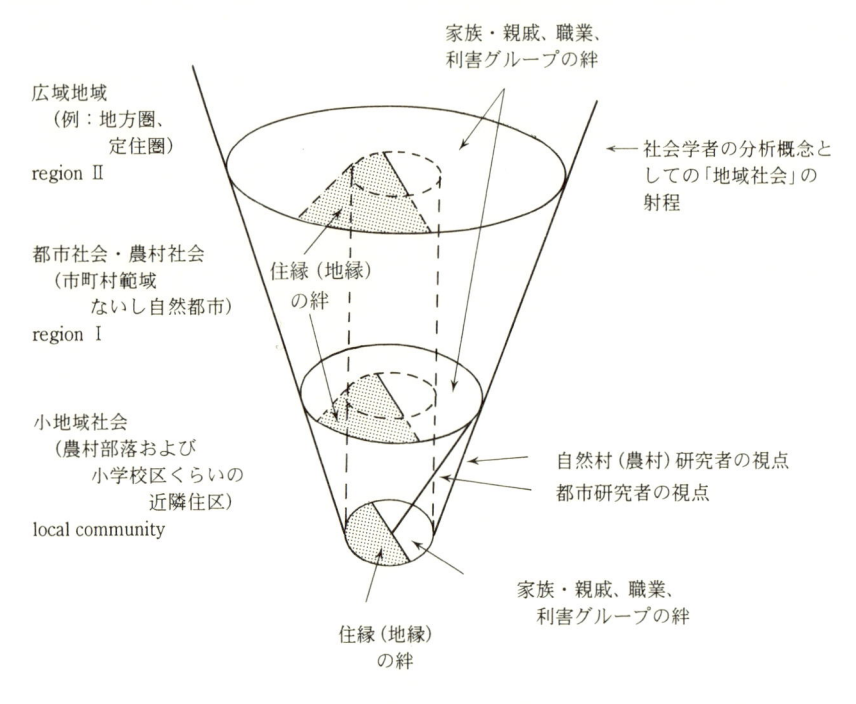

図 2-1　実態としての地域社会と分析概念としての地域社会

づけておこう。このレベルでの小地域社会が、「地域コミュニティ」（local community）と呼ばれるものに相当すると見てよい。

　広域地域の地域社会と市町村・自然都市レベルの地域社会を分析するとき、社会学者たちは、地域の社会構造の内実を、住縁（地縁）の絆に基づく集団だけでなく、家族・親戚、職業上のさらに利害グループの絆に基づく集団も詰まった、総体的なものとして扱うことを共通の前提にしてきた[6]。

　ところが、「小地域社会」レベルでの実証的な研究においては、農村社会学者と都市社会学者では、その社会構造に対する扱いが異なっていた。農村では、鈴木栄太郎の5種類の集団の累積体として「小地域社会」の社会構造が把握されてきたが、都市では、少なくとも実証レベルでは、「小地域社会」を「都市コミュニティ」として、5種類の関係のうち住縁の絆に基づく集団にのみ

焦点を当てて捉える傾向が強かった[7]。両者の間には、社会構造の内実に何をとるかにズレが見られる。このことが、地域社会の概念に混乱を引き起こしてきた一因にもなったといえる。

　農村では、部落（集落）が、鈴木栄太郎の言う自然村[8]として、自律的な単位でありえたので、分析単位を家（家族）に置き、部落レベルで「地域社会」を捉える形で、「地域社会」が実証的に論ぜられてきた。少なくとも経済の高度成長期前期くらいまでの農村では、農村社会学者は、「小地域社会」での実証をもって農村社会一般の地域社会論とするのに、やぶさかではなかった[9]。それほどに農村部落は、かなりの自律性をもった世界であり、研究者が捉えるのにコンパクトな世界であった。

　しかし、都市社会学者は、都市の「小地域社会」の部分を見ただけでは、巨大な都市世界は把握できない。農村と違って、都市の「小地域社会」はそれのみでは自律性をもちえず、「小地域社会」の住民は、都市全体のなかで有機的な結びつきをもたなければ生活が成り立たない実態がある。その上、都市部の研究にあっては分析単位を個人に置くことが一般的であったためか[10]、町内や小・中学校区範域くらいでの「小地域社会」の捉え方は当初されなかった。都市という大衆社会的状況に置かれた個人という形で、都市全体のレベルに「地域社会」が設定され、比較的抽象度の高いレベルで問題を設定するのが一般的であった。

### (3) 都市コミュニティ像の二つの転換

　戦後日本の都市社会学者のコミュニティ研究には、研究者が抱いているコミュニティ像という点で、二つの大きな転機が見られた。一つは昭和40年代後半（1970年代）の時期で、次項に見るような「包括的コミュニティから限定的コミュニティへの転換」である。この転換は、すでに1960年代に、アメリカの地域社会学者の手によって提起されていた。二つ目は、平成期（1990年代）に入ってからのことで、「同質的コミュニティ像から異質的コミュニティ像への転換」である。

日本の社会学者たちが、「地域社会」や「共同社会」あるいは「基礎集団」の語をもってあててきた「コミュニティ」の語は、アメリカの社会学者マッキーバーの著書『コミュニティ』(1917年)以来、多くの地域社会の研究者たちによって地域コミュニティの意味で捉えられてきた。コミュニティはアソシエーション(機能集団)と対置される語としてマッキーバーによって使われたが、コミュニティの概念は当初、その内包が非常に広くとられる形で意図されていた。マッキーバーによればコミュニティは、人びとの間に分離されていない共同関心に基づき自然発生的に生まれる社会で、その特徴は、①地域性と地域感情(われわれ意識、役割意識、依存意識)を基礎とする、②人びとの社会関係のすべてがそのうちに見出され、生活の一切を包括する、③共同生活によって、他の社会から区別できる共通の習慣、伝統や社会通念が成立している、という点にあるとされる[11]。このように、マッキーバーの当初のコミュニティ概念では、地域性の下に生活の一切を包括する点、すなわち人びとの社会関係のすべてがそこに包括される点が強調されていた。

　こうした包括的なコミュニティ概念は、当初、リンド夫妻の『ミドルタウン』(1929年)やウォーナーたちの『ヤンキーシティ』(1941年)において、実証的研究のなかに展開されていた。そこでは、生業・職業、家族生活、教育、余暇、地域活動への関与など、あらゆる生活の分野が相互に連関するものとして示される、ホーリスティック・アプローチといわれる構成がとられている。しかしながら現代都市にあっては、生活の分野を相互に連関するものとして全体として捉えることはもはや難しい。1960年(昭和35年)前後に、アメリカの都市社会学のコミュニティ概念には大転換が生ずる。コミュニティ概念の古典的な包括的規定は、この時期に新たな限定的規定に転換することを迫られた。

(4)　包括的コミュニティから限定的コミュニティへ

　中村八朗は、従来の包括的なコミュニティ概念の要点を、①一定の地理的境界が確認できる、②この境界が内部の住民生活の自足性の単位となってい

る (＝住民はその内部で自己の生活を完結できる)、③内部住民は他と区別しうる共通の文化をもち共属意識を抱いている、④以上の3側面が相即関係を保ち一つの統合された全体としての実体性をもっている、の4点に整理した上で、とくに④の点を重視していたと見ている。その上で、しかしながら、都市では、コミュニティ概念のキーポイントである統合された全体としての実体性が、すでに失われているとしている[12]。都市社会では、諸部分の連鎖的構造関連が失われている、ないしは、捉えられなくなっていると見るのである。

　産業化されコミュニケーションが発達した、都市化された社会におけるコミュニティを、一つの統合された全体として包括的に捉えることはもはやできないという認識は、マッキーバーももっていて、「現代においてはコミュニティはたとえどんなに大きくとも自己充足的とはならない」とか、「社会的利害関心は分化しており地域社会感情の性格は変化している」[13]と1950年頃に述べている。しかし、1960年 (昭和35年) 前後になると、アメリカのコミュニティ研究者、カウフマンやサットン、コラヤ、レイスなど[14]によって、より明確に表示されるようになる。たとえばレイスは、それまでもたれていた包括的なコミュニティを「システムとしてのコミュニティ」と称し、「システムとしてのコミュニティ」は一定地域内を小宇宙とみなすものであり、したがって全体社会を扱うのと同様な分析上の困難を伴っていると断じている。カウフマンやサットン、コラヤは、諸個人あるいは諸家族が、共住を契機に共通に直面する問題の解決をめぐって相互作用過程にあるとか集合行動をとっている場合、その面をコミュニティと限定する新しい見方を提示するようになる。鈴木栄太郎の見方から言い換えれば、地域で共通に直面する、個人では処理できないニーズを解決するためにとり結ぶ社会関係でつくられた社会の部分が、コミュニティということになる。中村八朗はこうした1960年前後のアメリカ都市社会学者のコミュニティ概念の転換を、コミュニティ概念の包括性の放棄とみなし、限定的コミュニティへの転換と位置づけている[15]。

　さらに、鈴木広は、契機を地域に限定せずもっと広くとったところで、限

定的コミュニティを規定している。彼は、包括的コミュニティの特徴を、①集団生活の状態を指す、②その生活が地域の範囲内で展開している、③生活の必要に対応する諸機関、諸組織がつくられ機能している、④メンバーは生活に必要なほとんどを地域の範囲内で充足できる、⑤「われら」意識、「参与」感覚、独自の生活様式、文化がある、⑥一つの体系的実体である、という6点に見ている。そして、包括的概念の②〜⑤の各要素のいずれかが独立に取り出されて強調されたものが、限定的なコミュニティであるとしている[16]。たとえば、地域の側面に限定したものが②の強調であり、③の組織のみに焦点を置くと近隣関係や地域住民組織、市民運動、地域政治といったものになり、④の生活機能の完結性を重視したものが収容所や病院、刑務所であり、⑤の意識を強調するものがアカデミック・コミュニティやプロフェッショナル・コミュニティということになる。大都市でどこが地域の境界かわからず、コミュニティが崩れて形態としてあいまいになっているときに、はっきり把握できるものについてまず把握しようとする方法的な概念が、限定的コミュニティの概念だとしている[17]。従来のコミュニティがもっていた地域性と共同性という特質のうち、必ずしも地域性に捉われない規定のし方になる。

包括性を放棄し、共通する地域の問題の解決をめぐって成立する地域に限定した限定的コミュニティの下では、一定範囲の地域内に起こる社会現象のすべてがコミュニティに含まれるのではない。家族関係とか地域の企業内の労使関係などはコミュニティ的現象とはいえなくなる。こうした限定的コミュニティは、共住を契機とする現象に限られる。この意味で、鈴木栄太郎の社会関係の分類・限定のし方に基づいて、主に「近隣」の関係によってつくられている社会の側面を地域社会とする規定のし方と共通するといえる。

(5) 同質的コミュニティから異質的コミュニティへ

昭和60年代中葉(1990年)以降、日本の都市コミュニティ研究者の間で、第二のコミュニティ像の転換が見られはじめている。代表的なコミュニティ研究者の一人である奥田道大は、昭和63年になると、それまでの地理的空間の

なかに累積する社会関係をコミュニティとする規定から離れ、「さまざまな意味での異質・多様性を認め合って、相互に折り合いながら築いていく洗練された新しい共同生活のルール、様式」[18]をコミュニティとする、新しいコミュニティ定義に到達している。社会運動論の視点を取り込んだ立場から、地域の力量、コミュニティの能力のなかに、コミュニティの特質を見出そうとする規定のし方である。

　こうしたコミュニティ像の転換の背景には、従来のコミュニティ研究が、地域的な統合をもっぱら問題としてきたことからくる行き詰まりもあった。地域的な統合、連帯を問題にするがゆえに、コミュニティの内部を同質的なものとみなしがちであった。しかし、コミュニティ内部を同質的なものとみなすコミュニティ像をもったままでは、流動性が増大した都市社会、外国人労働者の流入によってエスニック・コミュニティが形成される現代の都市社会を捉えきれなくなってきている。西澤晃彦1996(平成8年)は、戦後日本の都市社会学が「地域」の秩序の再組織化を問題の焦点にしてきたがゆえに、町内会研究やコミュニティ研究は都市コミュニティを均質な人口とみなしてしまい、閉鎖的な「地域」を過剰に独立させて論じ、「住民」の「地域」への同一化を過度に強調してきた点を鋭く剔出している。その結果コミュニティ研究は、地域とは異質な外部社会とか地域の内部にある特異性・外部性を除去することで、内部における対立や階層化を論じにくくしている[19]と批判するのである。

〔注〕
1) 鈴木栄太郎 1957(1969)：4-6章。
2) 鈴木栄太郎 1940(1968)：[1968版] I巻56-57、97-99頁、112頁。
3) Wellman 1979：p.1202。
4) 有賀喜左衛門 1968。
5) 都市の実体は、空間的に行政都市の市境を超えて広がった、一つのまとまりをもって存在している。この都市としてのまとまりの範囲を、鈴木栄太郎は自然都市と名づけている。(鈴木栄太郎1957：39-40, 245, 429-430頁)。
6) 昭和30年代(1950年代後半)にはじまった都市の総合的研究は、都市生活のあ

らゆる部門が相互に関連するものとして、構成が組まれている。
7) たとえば、高橋勇悦は『地域社会論』のなかで地域社会の社会構造を論じ、地域に見られる諸集団の一覧表を掲げているが、住縁(地縁)に基づく地域集団のほかに、経済集団や文化集団、政治・行政集団に至るまで広くあげている(高橋勇悦 1980：95 頁)。しかし、都市地域の社会構造の変容を捉える項では、地域集団、とりわけ町内会に絞っての解説になってしまっている(同書：89-93 頁)。
8) 鈴木栄太郎 1940：[1968版] I 巻 56-59、128-133 頁；II 巻 7 章。鈴木栄太郎は、農村に見られるさまざまな集団の成員の分布が濃厚に累積する範域を、第二社会地区と呼び、これを自然村と名づけた。いわゆる農村部落にあたる。鈴木の自然村概念については、鳥越皓之の明快な解説がある(鳥越皓之 1985：77-82 頁)。
9) こうした立場からの研究は、村落の「いえ」「むら」理論として展開されていた(鳥越皓之 1985：4 章は、この理論をわかり易く論じている)。もっとも、経済の高度成長期以降の農村社会では、一方で兼業化の進展で経済的により広域な労働市場に組み込まれ、他方で補助金政策を通じた農業政策の影響が枠組みとしてますます強くなり、農村部落をコンパクトに捉えることはもはやできず、このレベルの分析だけでは農村社会も理解できなくなっていた。たとえば、蓮見音彦は、農政を一方の柱にする構造分析によって、農村社会の変容を分析している(蓮見音彦 1970；1990a)。
10) 日本の都市社会学の源流をなしたシカゴ学派の都市社会学が、都市の住民が都市的環境にいかに適応しうるかを問題とし、個人を分析単位に置いていたことが、そもそもの出発点である。シカゴ学派の都市化のテーゼに関しては、鈴木広の要を得た解説がある(鈴木広 1973：2 章；1984：11-19 頁)。
11) MacIver 1917。邦訳書の訳者付論 I、II のなかで、中久郎はこれらの点を適切に要約している。
12) 中村八朗 1973：76-77 頁。
13) MacIver and Page 1950：pp.9, 295-296.
14) Kaufman 1959, Sutton and Kolaja 1960, Reiss 1959.
15) 中村八朗 1973：79-80 頁。
16) 鈴木広 1986：136-137 頁。
17) 同上：138 頁。
18) 奥田道大 1988：1 頁。
19) 西澤晃彦 1996：52-53 頁。

## 2 都市コミュニティの変動と研究者の関心

### (1) 実体としての小地域社会の解体

　日本の社会で急速な産業化(工業化)、都市化が全国的な規模で進展したのは、戦後の経済高度成長期(昭和30年～48年)であったことは、よく知られている。高度成長期には、表2-1のように、都市が急成長した時期であったが、それは同時に、全国でそれまでの小地域社会が解体していった時期でもあった。

　高度成長期には、農村部のオジ、オバといった傍系の家族員にはじまって、次三男が、都市部の工場労働者として、関東、中京や阪神などの大工業地帯に大量に移動した[1]。急膨張した都市部では、公共施設といった社会的共同消費手段の不足など、過密の問題が生じ、産業公害の問題が深刻になり、昭和40年代(1965年)に入ると住民運動が多発した[2]。住民運動が起こった小地域では、本書で取り上げる真野地区のように、運動が「新しいコミュニティ」形成へと発展するところもあったが、これは全体として見れば小数で、多く

表2-1　都市部・農村部の人口動態

| | 戦前 | 戦後復興 | 経済の高度成長前期 | | 経済の高度成長後期 | | 経済の低成長期 | | | | |
|---|---|---|---|---|---|---|---|---|---|---|---|
| | 1940年 | 1950 | 1955 | 1960 | 1965 | 1970 | 1975 | 1980 | 1985 | 1990 | 1995 |
| 総人口(千人) | 73,114 | 83,200 | 89,276 | 93,149 | 98,275 | 103,720 | 111,940 | 117,060 | 121,049 | 123,611 | 125,570 |
| 都市部(人口10万人以上)人口比率 | 29.4 | 25.7 | 34.9 | 40.5 | 46.2 | 51.6 | 54.9 | 56.4 | 57.7 | 58.9 | 59.6 |
| 人口集中地区人口比率 | − | − | − | 43.7 | 48.1 | 53.5 | 57.0 | 59.7 | 60.6 | 63.2 | 64.7 |
| 人口10万人未満市町村人口(千人) | 51,619 | 61,817 | 58,118 | 56,584 | 52,872 | 50,201 | 50,485 | 51,038 | 51,209 | 50,864 | 50,721 |
| 人口3万人未満市町村人口(千人) | 44,453 | 50,752 | 37,049 | 33,163 | 31,055 | 28,108 | 26,866 | 26,807 | 29,415 | 29,411 | 24,967 |
| 人口減少府県数 | − | 1 | 7 | 26 | 25 | 20 | 5 | 1 | 1 | 19 | 12 |

(資料:国勢調査)

の都市部の小地域では、かつてあった地域共同体的な旧来からの町内が、なし崩しに消失する一方であった。都市中心部の下町では、流動的な新住民が増大し、いわゆる下町の長屋のつきあいは急速に失われていった。また、郊外のニュータウン、新興住宅地では、まったく新たに地域社会、コミュニティをつくっていかなければならなかったが、なかなか新しいコミュニティはつくれないところも多かった。

一方、農村部はどうだったかというと、若い者が抜けて行ってしまうことによって、高度成長期には過疎問題が生じていた。

労働力として、農村部から人手を引き抜いてしまうので、農業生産は、その分機械を導入する方法が政策としてとられた。農村にまず入ってきたのが耕耘機で、昭和30年代半ば(1960年頃)に全国にどっと普及がはじまり、40年代(1960年代後半)に入るとバインダー、田植機が導入され、昭和50年代(1970年代後半)になるとトラクター、コンバインがとって替わり、稲作作業機械化一貫体系と称されるものが確立した。

機械が導入され、余った人手が都市に流れていったと同時に、農業機械に金がかかるだけでなく生活様式が都市化したことで、農家の家計経済もますます現金が必要になり、農家は農外所得を必要としてきたのが高度成長期であった。こうしてこの時期、農家の兼業化が進んだ。農民は、農閑期には関東、中京、阪神方面に出稼ぎに出るようになる。やがて、昭和40年代も半ば(1970年頃)になると、近い場所に工場が進出してくるようになり、通勤兼業へと切り替わってきた。地方に工場が進出してきた背景には、高度成長期の交通網の整備や地方の方が人件費が安いということもあるが、それ以上に、都市部で、工場用地が過密になりもう土地がなくなってきたことと、公害がひどくなり分散せざるをえなくなってきたという事情があった。

この兼業化が進んだことが、農村の小地域社会を崩壊させる最大の原因になった[3]。兼業化が進むと農家は通年で忙しくなり、かつてあった農繁期、農閑期のリズムはなくなってしまった。農閑期に集落全体でまとまってやっていたムラ仕事(共同作業)も、各家ごとにやっていた年中行事も、すっかりな

くなり、部落行事、地域のお祭りも大幅に縮小した。こうして、小地域のまとまりが悪くなってきたのが、高度成長期以降の農村部だった。

　経済の高度成長の波が過ぎると、高度成長期を通じて解体してきた、都市部や農村部での旧来の地域共同体的な小地域社会に対して、生活を補完する場としての「新しいコミュニティ」を再生する必要が生じてきている。

### (2)　コミュニティ喪失論、存続論と解放論

　小地域社会の連帯そのものが崩壊するのと平行して、高度成長期を通じて、小地域住民の生活行動圏も広域化してきた。鈴木広は、こうした都市化の文脈から、「包括的機能を有する地域社会として現実に存在している町や村落共同体が、境界があいまいとなって実体性を失ってきたから、現実に存在している一部分であるコミュニティ（原発反対の住民組織やまちづくり協議会など）の方に認識の焦点が移行してきたことは事実である」と指摘している[4]。地域社会の境界があいまいになり実体を失ったことをどう見るかについて、1980年前後（昭和50年代半ば）にアメリカの地域社会研究者たちの間で、コミュニティ喪失論、存続論、解放論の三つの立場の整理がなされている。

　ウェルマンとライトンは、都市化や産業化の社会変動が親族、近隣、同僚、知人友人などといった個人を取り巻く一次的な社会関係のネットワークに与える影響という、コミュニティの基本的な問題について社会学者たちがどう見てきたかを、三つの立場に整理してみせた[5]。

　一つは、「コミュニティ喪失論」といわれるものである。この立場は、官僚制的な産業社会が発達した都市社会にあっては、社会的分業の共同の連帯性は大衆社会状況のなかで弱まり、一次的社会関係は非個人的になり、一時的で分節的なものになるとする。古くはテンニエスの『ゲマインシャフとゲゼルシャフト』（1887年）にはじまり、ワースの「生活様式としてのアーバニズム」（1938年）に代表されるシカゴ学派の都市社会学が、この立場の典型とされる。シカゴ学派の研究は、貧困、犯罪、移住、郊外化などの現象を「コミュニティ喪失」との関連で分析している[6]。また、R．ステインの『コミュニティ

の蝕』(1960年)も、基本的にこの立場からの枠組みに拠っている。

二つ目は、「コミュニティ存続論」といわれている立場である。「コミュニティ喪失論」を批判するもので、産業社会の都市化のなかで、近隣や親族の連帯という一次的な絆が貧困層や少数民族の間で活力を持続していることを、経験的に示してきた。人間は本来群居性の存在であり、どんな状況下でもコミュニティをつくる傾向があることを主張している。家族・親族や近隣・職場以外での友人とのインフォーマルな集団が都市住民の生活にとって重要であることを示したアクセルロッドの「都市構造と集団参加」(1956年)や、ヤングとウィルモットの『東ロンドンの家族と親族』(1957年)、ガンスの『都市の村びとたち』(1962年)などが、この立場の代表的なものといえよう。

三つ目がウェルマンたちの主張で、「コミュニティ解放論」と呼ばれるものである。この立場は、地域コミュニティのなかに見られた連帯は、いまや地域を超えて拡散したさまざまな絆のネットワークのなかに解放されていると見る。産業化・都市化の下で住民の移動性が増大することは、地域コミュニティの絆を弱める。しかし他方で、交通手段や電話といったコミュニケーションの発達が拡散した一次的な絆の維持をたやすくし、従来の地域コミュニティの連帯が弱まる代わりに、人々の連帯は複合的でまばらに編み込まれた社会的ネットワークのなかに拡散する。ウェルマンの論文「コミュニティ問題―東ヨーク住民の親密なネットワーク」(1979年)は、カナダのトロントの地域調査のなかからこれを明らかにし、個人が広げる対人関係のネットワークをコミュニティと捉えている。都市住民の生活実態に着目して、近隣の絆から解き放たれるべきと主張するが、ここで問題にされているのは、地域的な連帯の探求ではなく、一次的な諸絆の個人にとっての機能である。こうした立場から書かれた早い時期のものにボアセベンの『友達の友達』(1974年)があるが、社会的ネットワークの分析は、関係性の構造や活動のフローを説明することに主眼があり、連帯よりは「つながり」そのものを直接に見据えている。住民は、まばらに編み込まれたこうしたネットワークのなかで、特定のダイアディックな絆を通じて必要な資源を獲得している。村落や都市下町に

見られる葬式組などのような、地域コミュニティのなかで制度化された成員相互の扶助ではなく、個人を中心にした一次的社会関係システムが必要に応じて扶助活動を活性化するというもので、このシステムがコミュニティだとするのが解放論の見方である。ここにはネットワーク論の見方と資源動員論の見方が含まれている。

「喪失論」「存続論」ともに、一次的な絆を地域の範囲内のみでの住民の連帯のなかに捉えようとしてきたがゆえに、とくに「喪失論」では、人々の連帯が弱まるとしか見えなかった。「喪失論」「存続論」の立場からは、一次的な絆に基づく連帯と親族や地域集団のなかでの制度化された相互扶助が問題とされてきた。絆そのものが地域を超えて構造的に変質しており、相互扶助は制度化されずその都度個々の絆を動員してなされるようになっているという、「解放論」の立場が獲得したような点は、「喪失論」「存続論」では問われなかった。

社会学ではM．ウェーバー、E．デュルケーム、G．ジンメル以来、産業化、都市化、官僚制化を、近代社会の社会変動に本質的に含まれた方向と見てきた。都市や農村の地域社会を対象とする多くの研究者は、産業化、都市化が社会のなかで、人びとの第一次的な社会関係に与える影響に注目してきた。都市化は、人間関係の省略[7]、個人の生活の孤立化・分断化をもたらし、地域社会を解体する。「解放論」が捉えたような、絆が地域を超えて拡散する現象が都市化なのであり、そこでは「小地域」としての地域コミュニティの境界がはっきりしなくなるという現象も、実態として進行してきた。このことは日本においても、高度成長期以降にとくに顕著な現象である。

たとえば、野沢慎司たちは、東京都墨田区の実証的な調査から、自営業者層とホワイトカラー層の近隣関係を対比し、住民構成にホワイトカラーが多くなればなるほど、近隣関係が、地域集団を通したフォーマルなものから個人個人をベースにしたインフォーマルなものへと、選択的になされるようになってきたことを見出し、住民は生活の必要に応じた地域を超えるネットワークをつくっていくことを明らかにしている[8]。たしかに、平成5年(1993

年)に行った筆者の墨田区京島の調査でも、自治会、婦人会といった制度化された近隣関係を基盤にする活動は、いまや高齢者たちがその担い手となり、活力がなく、若い者の関心はまったくここにないという状況が出現している[9]。問題は、ホワイトカラー層も含む都市住民が、生活のどの場面で地域コミュニティを必要とし、どの場面で地域を超えるネットワークを必要としているのかということではないかと思うが、ともかくも、野沢たちの調査結果は、先のウエルマンたちのコミュニティ解放論を支持するものであり、都市部においてこの現象が明らかに進行していることは確かである。

### (3) 都市コミュニティ研究者の関心

戦後日本の都市社会学のなかで、都市コミュニティはどう扱われてきたのだろうか。戦後、日本の都市を分析してきた代表的研究者に、シカゴ学派都市社会学の影響を受けた、磯村英一、倉沢進、鈴木広などがいる。また、構造分析の手法から都市社会にアプローチした研究者に、蓮見音彦、布施鉄治などをあげることができる[10]。これらの人びとはいずれも、自然都市ないしは行政都市レベルでの地域(図2-1のregion Iのレベル)を考察の対象にする立場をとってきた。そこでは、地域社会の側面を問題にするとき、都市行政あるいは都市という広域の地域社会に「市民」としての個人を直接に対峙させる構図が用意され、両者の中間に位置する地域住民組織への関心が薄かったように見える。都市社会の研究のなかで、小地域レベルでの地域社会(図2-1のlocal communityのレベル)を実証的な分析の対象にしてきた町内会研究者、都市コミュニティ研究者は、むしろ少数派であった。

小地域社会レベルに焦点を置く都市コミュニティ研究者の関心の中心的な集約点は、時代的に、①町内会・自治会→②小地域のなかのボランタリー・アソシエーション→③小地域内外でのパーソナル・ネットワークへと、大きく変化してきた。

戦後まもなくの時期、都市コミュニティ研究者の関心は、①町内会・自治会(地域住民組織)に集中した。そこでは地域コミュニティ=町内会と捉えら

れ、一方で、近江哲男が提起した町内会=日本文化型論をふまえつつ、日本的な集団形成のし方、日本的な住民自治の形態が問題になった。近江は、日本の小地域レベルでは、町内会、婦人会のような全戸加入がタテマエの地域包括的地域集団は形成されても、ボランタリーなアソシエーションは育たなかった点を指摘し、町内会=日本文化型論を唱えたが、この包括的な集団組織のなかに日本的な住民自治が問題にもされた。他方でこの時期、戦後社会の民主化という実践的課題の下に、中村八朗の発見に代表されるように、町内会・自治会の体質の民主的な変質が問題にされてきた[11]。

やがて高度成長期に入ると、都市の急膨張によって旧市街地の郊外にニュータウン、団地が形成され、昭和40年代後半(1970年代)になると、都市コミュニティ研究者の関心が、新しい小地域社会での社会関係、集団関係に移った。この時期、コミュニティ研究の焦点は、小地域のなかに叢生したボランタリーなアソシエーションに移り、従来の町内会研究は後退した。その背景には、地域秩序の再組織化にとって町内会がもつ統合力の限界が見極められたこともあるが、研究者の関心そのものが郊外地域にシフトしたことがあった。郊外の小地域で発見されたものは、数多くの活発なボランタリー・アソシエーションの活動であった。こうした活動のなかに研究者は、新しいコミュニティ形成の可能性を求め、住民自治の原点を求めたのである。

町内会研究の代表的な研究者といえる近江哲男は、小地域での地域集団としての町内会を、集団レベルの視座から分析することに徹していた。また、中村八朗も、小地域社会を集団レベルの視座から捉えながらも、その分析は町内会のみに焦点化してきた。一方、奥田道大、鈴木広たち都市コミュニティ研究者は、分析の視座を個人に置き、都市住民を取り巻く社会関係としての生活構造の解明を、コミュニティとの関連ではかった。しかし、そこでの地域集団は、個人にとっての帰属(参加)集団として位置づけられるに留まり、個々人の背後にある所与の前提として置かれていた。

集団視座、個人視座いずれからのアプローチにおいても、小地域社会を地域諸集団のシステムとして、総体的に把握する視点は弱かったといえる[12]。

都市理論の面では、都市住民の生活を取り巻く全集団を捉えているが、小地域社会レベルでの実証では、地域集団以外の諸集団は抜け落ちる。さらに、都市の「小地域社会」レベルの研究は、「小地域社会」を住縁の絆に基づく地域組織のみの累積として狭く捉えてきた。とくに集団視座からの研究が、諸地域組織を町内会・自治会だけに狭く捉えて代表させてきたことが、その背後にある「小地域社会」の豊かさの部分を見落とすことになったといえる。のちほど本書5章の真野の地域住民組織の分析で明らかにするように、このことに問題があったことは否めない。たしかに、都市の「小地域」の単位町内会・自治会範囲での町内レベルでは、多くの場合、そしてとくに下町の町内にあっては、婦人会、子ども会、老人会などの諸地域団体(いわゆる地域公認の団体)や民生児童委員、保護司などは、いまなお町内会の統率の下にあり、町内の諸団体は、町内会長・自治会長の下にある[13]。こうした構造を「町内会一元化体制」と呼ぼうと思うが、この実態をふまえて多くの実証研究者は、町内会を見ることによって、町内が見えたと断じてきた[14]。多くの研究者の関心は、町内会の起源(歴史)や町内会の比較研究に留まり[15]、町内会以外の地域集団も含めた「小地域社会」の全体的な構造を実証的に解明することは、ほとんどなかったといってよい。しかし、このことは、「小地域」がもつ多様性を見落とすことにもなってきた。現実には、たとえば真野の小地域は、大都市の下町であるがゆえに、閉鎖的な「地域」の統合度合いが高いが、それでも内部には多様性もあり、異質なもののシビアな対立もある。こうした小地域がもつ多様性は、本書全体を通じて明らかにしたいことの一つでもある。

平成期(1990年代)に入ると、研究者の関心は、③都市住民のパーソナル・ネットワークとしてのコミュニティに移ってきている。Ｃ．Ｓ．フィッシャーが『友人に囲まれて住まう―町と都市におけるパーソナルネットワーク―』(1982年)のなかで明らかにした、人口量と密度で測られる都市度が高い場所に住むものほど、選択的な友人のネットワークの量が大きくなるという発見を出発点に、一部の研究者たちが、パーソナル・ネットワークの日本的特質を検証しはじめている[16]。 都市生活の実態においても、80年代以降、大

都市の中心部では自治会など集団としてのコミュニティは後退し、国際化したこともあって都市のなかにエスニック・グループのコミュニティが次つぎと形成された。こうしたなかで、研究者の関心は小地域のなかの異質性にむかい、異質なものをも含むパーソナル・ネットワークがにわかに注目を集めてきている[17]。研究者の視点が、集団としての地域コミュニティのレベルから、ネットワークとしてのコミュニティのレベルへと、大きく変化してきた背景には、理論レベルでコミュニティ解放論が擡頭してきたことにも見られるように、都市化の進展によってコミュニティが広がる現象(かつての町(ちょう)範囲から町を超えて広がる実態)が、現実にもあったからといえる。

(4) コミュニティと行政の関係

もう一点言及しておかなければならないことは、地域コミュニティは、地域住民の日常生活の場であると同時に、行政との関係において、市町村と住民の間にある中間集団だという点である。中間集団としてのコミュニティは、住縁に基づく限定的なコミュニティに絞り込んで、行政との関係に着目した方がよく見える。地域コミュニティがもつこうした側面への注目は、昭和48年(1973年)のオイルショック後、低成長への転換期だった昭和50年代に、地域主義、地方の時代が叫ばれ、コミュニティ施策が推進されたことがあって、とりわけ顕著なものになった。

中田実は、「新たな地域共同への展望」(1991年)のなかで、昭和46年(1971)からの自治省のコミュニティ政策と第三次全国総合開発計画(昭和52年)下の定住圏構想を整理し、「国─地域圏(定住圏)─市町村─コミュニティ─住民」のヒエラルキーのなかに、コミュニティを市町村と住民の間の中間集団として位置づけている。

こうしたコミュニティは、自治省のコミュニティ政策のなかで、昭和46年のモデルコミュニティ指定にはじまり、昭和58年(1983年)からはコミュニティ推進地区指定の形で推し進められてきた。そこでは、小学校区範囲くらいが、コミュニティの範囲として想定されてきた。中田はこの一連のコミュ

ニティ施策の取り組み状況を、都道府県・市町村単独のものも含めて精査し、施策の内実が、昭和50年代後半 (1980年代) 以降、変化してくることを指摘している。当初は不足する住民共同利用施設の整備段階であったものが、50年代後半以降は長期的な地域発展を展望する段階に入り、町並・景観・環境保全や地区計画策定など対応する施策も多様化する。そこでは、ハード・ソフト両面の統合的な推進が必要となり、住民参加と住民協議を前提にする方向が強まってくる[18]。この段階になると、とりわけ市町村の事業との接合が必要になり、中間集団としてのコミュニティの重要性が顕在化してくる。

しかし、こうした行政のコミュニティ施策が推進する〈コミュニティ〉づくりは、地域生活条件の急激な悪化への「上からの対応」としてなされているのであって、住民による自治への真の主体形成ではない点を、中田は鋭く見極めている。中田は、都道府県―広域市町村―行政市町村―合併前の旧町村―町内会・集落という系列のそれぞれのレベルにおいて地域社会が設定でき、それぞれに「地方自治」があるとしている。わけても草の根のレベルを重視し、行政や資本と対抗しうる真の地方自治の主体となる「生活地自治体」の形成を、第一義的に町村以下のレベルにあるコミュニティに求め、地域住民組織の実態を克明に分析している[19]。地域社会の本質を「土地の共同」に捉える立場から、現代のコミュニティ段階では、これまでの資本による土地の私的所有にとって代わって、新しい質をもって再編される土地の共同管理 (利用のあり方) をめぐり土地の共同が展開されていることを明らかにし、分析視角として住民による地域共同管理の概念を提唱している。

〔注〕
1) 昭和30年代には若年労働力が都市部産業に吸引されたが、やがて涸渇の状態になり、40年代に入ると、共働き家庭が増加しはじめたことに象徴されるように、産業労働力は中高年・婦人労働力に切り替えられた。(蓮見音彦・奥田道大編 1980：56-57頁)
2) たとえば、蓮見音彦・奥田道大編 1980：巻末資料1、飯島伸子編 1993：環境問題関連年表 (233-248頁) などを参照されたい。

3) 兼業化によってムラの解体が進むメカニズムについての実証的な研究として、今野裕昭 1992 を参照されたい。
4) 鈴木広 1986：139 頁。
5) Wellman and Leighton 1979, Wellman 1979。
6) Show and Mackey 1942, Thomas and Znaniecki 1918-20 など。
7) 高橋勇悦 1984：47-49 頁。
8) 野沢慎司 1992。
9) 今野裕昭 1994：40-46 頁。
10) 磯村英一 1959、倉沢進 1968、鈴木広 1986、蓮見音彦編著 1990b；1993、布施鉄治編著 1992。
11) 近江哲男 1958、中村八朗 1971。
12) 中村八朗 1973、近江哲男 1984、奥田道大 1983、鈴木広編著 1978。このなかで、奥田道大は 1980 年代末に至ると、ネットワークとしてのコミュニティという言い方で、小地域内諸集団の連携を射程に入れるようになることを、指摘しておく（奥田道大 1988）。
13) 各地域団体は、形の上でも、住民の会費からなる町内会の財源から少額とはいえ補助金を受けていることが、その象徴ともいえる。
14) ここでは生活組織としての小地域社会の側面から論じてきたが、都市小地域社会の研究が町内会・自治会にもっぱら焦点をあててきた背景には、もう一つ重大な観点がある。それは、町内会・自治会が自治論の分野からもアプローチされてきたことに由来している。中田実がコミュニティを市町村と住民の間の中間集団とみなしているように、行政が小地域住民と接点をもつのは、公式には町内会・自治会を通してという形でスタートしている。本書では第 10 章で、コミュニティの「自治能力」の問題として、この側面を扱うことになる。
15) 中村八朗 1973 のほかに、町内会の研究の代表的なものとして、倉沢進・秋元律郎編著 1990、鳥越皓之 1994、吉原直樹 1989、岩崎信彦ほか編 1989 があげられる。1990 年代のものは自治の観点からの町内会論になってくる。このなかでとくに鳥越は、小地域社会の全体的な把握を志向するなかに自治会を位置づけている。
16) 中国、四国地方の都市間で都市度と友人ネットワーク量とに相関を見出し、フィッシャーの命題の日本都市への妥当性を論じた大谷信介 1995、全国 5 都市を対象に分析している森岡清志編著 2000 などがある。また、1995 年に『都市問題』(86-9) は、「都市における人間関係—パーソナル・ネットワーク論の視点から—」を特集している。これらの研究の問題点は、パーソナル・ネットワーク論の分析が現在のところ個人の友人ネットワーク以上の領域には広がらず、これが都

市の諸集団や諸機関とどう関連しているのかの射程を見出せない点にある。
17) たとえば、東京でのエスニック・コミュニティを明らかにした奥田道大 1991（：306-309頁）。また、阪神大震災後の復興過程の研究のなかから、エスニック・コミュニティに焦点をあてた研究成果が多く出現してきている（文貞實 1999、麦倉哲ほか 1999 など）。
18) 中田実 1991：88-94頁。
19) 中田実 1993。

## 3　新しい都市「コミュニティ」

### (1)　「新しいコミュニティ」の自治性への強調

　日本でコミュニティの語は、当初研究者の間でのみ使われていて一般にはあまり馴染みのない言葉であったが、行政がコミュニティ施策を推進してきたことによって、昭和50年代（1970年代後半）頃から日常用語化してきた。コミュニティ施策推進の背景には、開発によって、従来行政の下請け機構として機能してきた小地域社会が崩壊してきているという、行政側の危機感があったことはいうまでもない。この時期、すでに見たように地域研究者の側でも、旧来の町内会研究からコミュニティ研究への関心の転換があった。そこでは、「コミュニティ」づくりという言葉が使われてきた。ここでいう「コミュニティ」とは、従来の小地域社会の次にくる「コミュニティ」の意味であるが、行政が意図する＜コミュニティ＞と研究者が捉えようとする「新しいコミュニティ」とは、必ずしも一致していない。研究者にとっては、住民の主体性、自治性が、最大の焦点であった。
　すでに町内会一元化構造のところで見たように、日本の都市の小地域社会のなかには、自治会、婦人会、老人会、子ども会、PTA、民生委員協議会など、さまざまな集団・グループが存在している。問題は、これら集団の勢力配置がどうなっているのかという点である。渡戸一郎は西尾勝の所論に拠りながら、小地域社会の基底を支えているほとんどの地域組織は行政の枠組みのなかに編成されており、旧来の小地域のなかには「行政と連結した諸組織の

ネットワーク」に支えられた、行政が小地域を支配する「支配的文化」がある点を指摘している。町内会・自治会とその系列下にある各種団体、自治会長が推薦に関与する民生児童委員・保護司といった行政委嘱員の体制、そして、社会福祉協議会の三つが、小地域のなかでの「支配的文化」を構成している[1]。

多くの研究者は、昭和40年代半ば(1970年代)以降経済の高度成長によってもたらされた都市の急激な社会変動のなかで、こうした「支配的文化」が掌握できないボランタリー・アソシエーションがたくさん出現してきた点に着目しており、このボランタリー・アクション(都市ボランタリズム)のなかに、「支配的文化」の官僚制組織がもつ人間疎外的な業績主義に対抗しうる、個人の主体性を見出そうとしてきた[2]。渡戸一郎は、多様なボランタリー・アソシエーションの、各アソシエーションを超えた人的ネットワークがどれだけ豊かに形成されているかが、地域における住民の共同の質と広がりをつくり出すと見ている[3]。たしかに大都市のとくに郊外住宅団地などでは、小地域社会のレベルでも、「支配的文化」が掌握できないボランタリー・アソシエーションが、たくさん生まれたところも多い[4]。しかし、大都市旧市街地の下町では、いまなお「支配的文化」が強いところが多いし、地方都市では、全市にまたがってのボランタリー・アソシエーションは簇生しても、小地域の範囲で地域性を要件とするボランタリー・アソシエーションが多く生まれたとは言えないように思う。こうした大都市下町や地方都市の小地域社会にあっては、住民の主体性はどこに見出せるのであろうか。ともあれ、研究者が捉えようとする「新しいコミュニティ」には、主体性や自治性の要素が強く内包されていることを見ることができる。

(2) 理念としてのコミュニティ

鈴木広はコミュニティを、「包括的⇔限定的」の軸と「規範的(あるべき姿)⇔実態的(あるがまま)」の軸との掛け合わせで分類し、次の四つのコミュニティ像を示している[5]。

①町、村落共同体の全体といった、包括的機能を果たす地域社会として現

実に存在している集団。
② 戦時下の町内会、農村の共同労働慣行、原発反対の住民組織など、現実に存在する限定された一部分。
③ あるべき町内会、あるべき近隣関係、あるべき地域生協といった、社会のある限られた部分について理想的と考えられるあり方。
④ キブツや人民公社の理念、「新しき村」や自治省のモデルコミュニティといった、包括的機能を果たす理想としてのあるべき地域社会。

このように「新しいコミュニティ」には、理念としてのコミュニティの部分が含まれている。

コミュニティの理念のなかには、住民の地域帰属意識の価値志向の面で、普遍主義原理に基づいた平等主義的な結合を獲得している点が含まれている。この価値志向は、特殊・閉鎖的でローカルな住民意識を乗り越えて、身分や出身階層といった帰属原理を否定したところに生じる。都市社会学者たちは市民意識を論ずる際、この理念的なコミュニティ意識の原理を、北西ヨーロッパの都市共同体成員の意識のなかに見てきた[6]。この意識は、近代西欧市民社会の市民意識の原型となるものである。すでに近江哲男(1963年)は、市民意識の内容を次の5点に同定している[7]。①都市共同体成員としての意識—正統的概念、②市民社会成員としての意識—西欧近代社会の社会意識、③地方自治体の住民としての自治意識・市政関与意識、④愛市精神・地域社会帰属意識、⑤市民性・市民気質・市民感情。

(3) 「コミュニティ」モデル

こうした普遍主義的な地域社会帰属意識をもつ住民がつくる、「新しいコミュニティ」の内実をいち早く定式化したのは、奥田道大であった[8]。奥田は1971年に、コミュニティ形成の視角から都市の住民類型の析出を試み、住民がコミュニティ活動を自分たちの手で主体的に行うかそれとも行政に依存するかの、主体的(積極的)かそれとも没体制的(消極的)かという軸［行動体系の主体化―客体化］と、コミュニティに関わる住民の価値志向意識(態度)が特

第 2 章　地域社会への眼差し　41

```
              主体的行動体系
              (地域性、積極性)
                    │
        「コミュニティ」│「地域共同体」
            モデル   │   モデル
普遍的価値意識          │          特殊的価値意識
(普遍性、  ─────────┼─────────  (特殊性、
 広い視野)            │            狭い視野)
         「個我」モデル│「伝統型アノミー」
                    │    モデル
                    │
              客体的行動体系
              (非地域性、消極性)
```

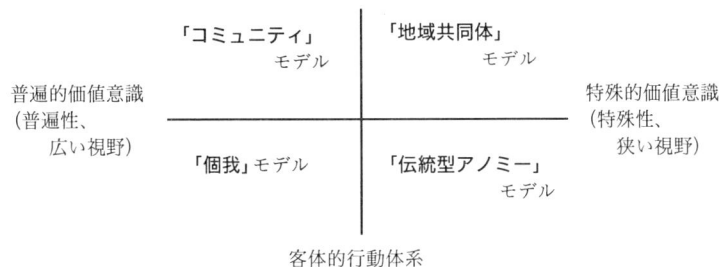

(奥田道大 1971：139 頁；1993b：13 頁)

**図 2-2　地域社会のモデル**

殊的(閉鎖的・排他的な地元意識態度)か普遍的(より広域な地域全体を考えられる「開かれた意識」態度)かという軸[普遍―特殊]の、二つの組み合わせから、①「地域共同体」、②「伝統的アノミー」、③「個我」、④「コミュニティ」の 4 類型の意識―行動モデルを設定している[9](図 2-2)。

　彼によれば、「地域共同体」は、人びとの地縁的結びつきと一体感情に裏づけられた、比較的まとまりのよい内部集団・社会であり、外部には閉鎖的な性格をもっている。この「地域共同体」は、都市化などの全体社会の大きな流れによってしだいに後退していく。「地域共同体」が解体して現実的有効性を失うと、人びとが地域帰属感を失い、地域に無関心になってしまう状態である「伝統的アノミー」が生じる。しかし、「伝統的アノミー」は、「地域共同体」に代わるモデルが未だ見出せない過渡的な状態であり、その後に「個我」が現われる。「個我」は、人びとが自己の権利を意識し、その獲得を要求する。その意識は、出身とか居住歴に規定された特定の地域にこだわらない、開かれた生活感覚という意味で普遍的であるが、地域への関心は自分の「住まい」の選択に付随するものであり、非地域的である。これに続いて、人びとが普遍的な意識をもち、地域への関わりも積極的な「コミュニティ」が出現する。「コミュニティ」は、地域の人が地域全体を考える「開かれたもの」、新しく

**表2-2 地域社会モデルの調査設問**

| |
|---|
| 一般に、地域生活について、次の4つの意見があります。率直にいって、あなたのお考えに近いものを選んで下さい。<br>①この土地にはこの土地なりの生活やしきたりがある以上、できるだけこれにしたがって、人びととの和を大切にしたい。<br>②この土地にたまたま生活しているが、さして関心や愛着といったものはない。地元の熱心な人たちが、地域をよくしてくれるだろう。<br>③この土地に生活することになった以上、自分の生活上の不満や要求をできるだけ市政その他に反映していくのは、市民としての権利である。<br>④地域社会は自分の生活上のよりどころであるから、住民がお互いにすすんで協力し、住みやすくするよう心がける。 |

(奥田道大 1971：141頁)

「つくられるもの」のイメージが強く、「新しいコミュニティ」意識の特性は、主体性(地域性)と普遍的志向に特徴づけられている[10]。

「コミュニティ」では、現実に地域のすべての住民がこの内実をもっているわけではなく、現実の地域にはここでの各モデルの人びとが交差し合っている。奥田は、この4類型を具体的な調査票におろして対象者住民一人ひとりがどの類型にあたるかを確定する質問文として、表2-2のような設問を工夫した。次いで、各類型にみあう地域集団類型を確定するという手法で、表2-3

**表2-3 奥田道大の地域社会モデル**

| 地域社会モデル | | ①「地域共同体」モデル | ②「伝統型アノミー」モデル | ③「個我」モデル | ④「コミュニティ」モデル |
|---|---|---|---|---|---|
| i | 分析枠組 | 特殊化－主体化 | 特殊化－客体化 | 普遍化－客体化 | 普遍化－主体化 |
| ii | 都市化の論理との対応 | 後退的 | 逸脱的 | 適応的 | 先行的 |
| iii | 住民類型 | 伝統型住民層 | 無関心型住民層 | 権利要求型住民層 | 自治型住民層 |
| iv | 住民意識 | 地元共同意識 | 放任、諦観的意識 | "市民"型権利意識 | 住民主体者意識 |
| v | 住民組織 | 「旧部落・町内会」型組織 | 行政系列型(行政伝達型)組織 | 対行政圧力団体型(要求伝達型)組織 | 住民自治型組織 |
| vi | 地域リーダー | 名望有力者型リーダー | 役職有力者型リーダー | 組織活動家型リーダー | 有限責任者型リーダー |

(奥田道大 1971：142頁より転載)

のような地域社会モデルを構成し、八王子市の5地区の住民意識調査データで上記四つのパターンの検証を行った。その結果、それぞれの地域に卓越するモデルタイプがあることを確認し、モデルの有効性を示している[11]。その後、多くのコミュニティ研究者が類似の枠組みを使用してきており、奥田のこの4パターンは、かなりの妥当性をもつと考えてよいであろう。

　奥田はさらに、この4パターンを社会運動論(住民運動)のなかで位置づけるという理論的な作業を行っている。コミュニティに移行するか共同体に留まるかへの分岐は「個我」の段階であり、「地域共同体」→「伝統型アノミー」→「個我」と移行してきた地域社会も、現実には「個我」→「コミュニティ」へと単純には移行せず、「個我」→「地域共同体」へと戻るケースも多い。理論的には「個我」→「コミュニティ」＝「地域共同体」、「個我」→「地域共同体」→「コミュニティ」といった、さまざまな形でのコミュニティへの道をたどるものとされる。その上で、行政のコミュニティ戦略に取り込まれることのない、住民の主体的コミュニティ形成への運動論の視角からすれば、「個我」→「コミュニティ」のパターンに視点を定めることの必要を主張している[12]。しかし、運動モデルとしての奥田のこうした図式は、段階移行を蓋然性として主張するに留まり、移行過程のメカニズムが実証的に十分に実証されないという点に問題が残った。奥田がとったような、いろいろな段階にあると考えられるいくつかの地域コミュニティを共時・横断的に比較する手法ではなく、1ヵ所のプロセスを継続的・通時的に分析しなければ、移行過程のメカニズムは十分に実証できないのではないかと私は思っている。住民運動には、それぞれにかなりの地域性・歴史性があり、これを捨象してしまうとリアリティが欠落してしまい、抽象的な一般論しか言えなくなるように見えるのである。

　奥田が「新しいコミュニティ」への展望を住民運動と関わらせながら肯定的に捉えているのに対し、奥田とは角度の異なる平面で同じようにコミュニティ意識を理論化している鈴木広は、これを否定的に捉えている。鈴木はコミュニティ意識の類型を、自己と他者の利害の整合面での「相互主義」と「利

己主義」の軸と、共同体の契機としての地域性という面での「地域的開放性」と「地域的閉鎖性」の軸との掛け合わせのなかで、①「地域的相互主義」、②「地域的利己主義」、③「開放的利己主義」、④「開放的相互主義」の四つのパターンに類別している。鈴木は、①が破壊されたときには②、③へと移行すると見ているが、「新しいコミュニティ」に相当する④の「開放的相互主義」への移行をユートピア的タテマエとして断念しており、②か③のいずれも自己中心主義に帰結するほかないと現実を否定的に捉えている[13]。しかし、現実には、より開放的で新しい相互扶助の関係をつくり出している小地域があることに、留意する必要がある。

真野地区を実態分析した場合、先の鈴木広のコミュニティ像でいうと、真野の小地域社会が「包括的機能を果たす現実に存在する地域社会」にあたり、住民が立ち上げた「まちづくり推進会」が、「現実に存在する限定された一部分」からスタートして、「社会のある限られた部分についての理想と考えられるあり方」に現在到達している。真野の地域社会が、「推進会」をテコに、「現実に存在する地域社会」から出発しつつも「包括的機能を果たす理想としてのあるべき地域社会」への移行を明らかに展望してきており、かなり成熟度が高まっている段階にあるといえる。本書は、こうした真野という都市社会の一部を、「地域コミュニティ」に限定して論じ、地域集団の側面に重点を置く「都市コミュニティ」の変容過程、すなわち、「新しい地域コミュニティ」の形成過程を明らかにすることを課題にしている。

〔注〕
1) 渡戸一郎 1990：187-188頁。
2) たとえば、大森彌 1982、渡戸一郎 1990 など。
3) 渡戸一郎 1990：199-200頁。
4) たとえば、倉沢進編 1990：5章は、昭和40年代半ばに竣工した東京の都心に比較的近い大規模集合住宅団地のなかに、いかに多くのボランタリー・アソシエーション、ネットワークが生まれているかを示している。
5) 鈴木広 1986：138-139頁。
6) 鈴木広は、市民意識の理念型を、マックス・ウェーバーの中世都市共同体の分

析のなかに見出し、解説している (鈴木広 1986：155-156頁)。
7) 近江哲男 1963。この時期、市民意識が問題とされた背景には、都市社会学においてアメリカの先行研究が郊外化と新中間層が担う郊外的生活様式 (サバーバニズム) の定着を問題としていたことと、日本でも新郊外地域に増大した新中間層住民の意識が問題にのぼってきた状況があった。
8) 奥田道大 1971。
9) 奥田は、自治意識に関する軸を、地域の住民が自分たちの手で主体的に行動するかどうかという行動体系のレベルでとった。これに対し、同じ時期に、倉沢進 1971 は意識のレベルだけで軸をとり、東京都小金井市の調査のなかから、奥田と同じような住民意識類型を導出している。倉沢は、先の近江 1963 の市民意識の五つの項目間の相互関係を位置づけることから出発し、近代市民意識のサブシステムをなす自治意識 (市政関与意識の強弱) の軸と、その自治意識のインデックスとなる地域社会帰属意識・愛市精神 (特殊主義的価値志向と普遍主義的価値志向) の軸との掛け合わせのなかから、「伝統的地域人」、「伝統的無関心」、「観念的市民」、「本格的市民」という四つの住民意識類型を設定し、コミュニティを担う人間像を「市民」に求めている。
10) 奥田道大 1993b：13-17頁。
11) 奥田道大 1971。
12) 同上：173-175頁。
13) 鈴木広 1986：XVIII章。

# 4　本書の課題

　社会学者たちによる分析概念としての地域社会、コミュニティの設定のし方を見てきたが、ここで、本書で神戸市長田区真野地区のコミュニティ形成を分析するにあたっての、私のスタンスを確認しておきたい。
　まず、コミュニティを住民の人びとの「共同性」と「地域性」のなかに捉える点を、前提として置く。その上でもう一度、「地域」「地域社会」「小地域」「小地域社会」の用語を整理してみよう。
　「地域」は、農村社会や都市社会、さらにはより広域な地域 (たとえば、近年では定住圏に示されるような地方圏) で、鈴木栄太郎の 5 種類の社会関係および

これに基づく集団がいっぱい詰まっているばかりではなく（＝単なる社会関係の側面だけでなく）、次項で見るように、行政・民間のサービスや土地、住宅、施設などといった物理的生活環境、および、住民の意識、行事などの活動をも含む、総合的な実体である。このレベルでの「地域社会」の構造は、鈴木栄太郎のいう5種類の社会関係およびそれに基づく集団がいっぱい詰まったものと捉えられる。

「小地域」は、農村部では、自然村範囲での鈴木栄太郎の5種類の社会関係および集団が詰まったものに、土地、住宅や物的環境、および、住民の意識、行事などの活動が含まれた、総体的な実体であり、都市部では、いわゆる近隣住区、すなわち小学校区くらいの範囲で、5種類の社会関係・集団が詰まったものに住宅や物的環境、住民の意識、行事などの活動が加わった総合的なものを意味する。「地域コミュニティ」と呼ばれている「小地域社会」の社会構造は、鈴木栄太郎の5種類の社会関係およびその集団の累積体として把握できる。都市における「小地域社会」のうち、とくに近隣関係や地域集団など、住縁（地縁）の絆で結ばれた側面での、都市住民の社会関係のなかにつくられる共同社会を「都市コミュニティ」と呼んでいる。とくに都市部の研究においては、地域社会の語よりもコミュニティの言葉が従来から意識的に使われてきた。

本書で考察の対象にする神戸市長田区真野地区は、一つの小学校区であり、「小地域」のレベルにあたる。後述のように、真野は内発的なまちづくりを行ってきており、小学校区単位でのまとまりをかなり強くもっていて、神戸市に対してかなりの主体性をもった小地域といえる。また、住民のネットワークは地区外にも拡散しているとはいえ、近隣の連帯が小地域のなかにかなり強く見られる。そこで本書では、研究の焦点を一義的に、都市の「小地域社会」の内部に置くことにする。

さらに、真野の小地域社会を捉えるとき、これを包括的コミュニティと見るか、限定的コミュニティと見るかの問題がある。産業化、都市化が進展するにつれて都市行政は住民の生活にますます重みを大きくしてくるが、こう

した行政と住民の関係を分析するのに分析概念として限定的コミュニティを使うことは、まことに都合がよいという点がある。行政と住民をとり結ぶ平面が、限定的コミュニティ概念の基本部分をなしているからである。この意味で、行政と「小地域社会」との関係の側面を捉えるのに、この概念の使用は大いに寄与している。しかし他方で、この分析概念は、個々の住民と地域コミュニティ、個々の住民と行政、あるいは、地域のなかの住民を捉えるには、視野をあまりにも狭めすぎているのではないだろうかという疑問ももつ。限定的コミュニティでは都市生活を十分に捉えることにはならない。なぜなら限定的コミュニティへの収斂は、反面、包括的コミュニティ概念の内実をなしていた社会学的に重要な多くの事象を、捨象することでもあるからである。真野のような大都市の下町では、包括的にコミュニティを捉えることのできる部分がまだ残っているし、包括性を強調する統合された全体を重視して下町をできるだけ包括性のなかで捉えることは、生活に密着してコミュニティを捉えるために、なおも必要ではないのかという予感がある。

　そこで、本書においては、「小地域社会」を地域問題の解決をめぐる限定的なコミュニティの意味で捉えることを基調としつつも、従来なされてきた以上に、できるだけ住民の生活、意識をも含めてコミュニティを捉える立場を強調したいと思う。このことが、地域住民組織を、町内会・自治会のみならず小地域内の地域集団すべてを射程に入れた一つのシステムとして捉えることを可能にもする。

### (1) コミュニティの四つの構成要素

　社会学が焦点をあてている人間関係の側面に限定せずに、広く一般にいう小地域、コミュニティを考えた場合、コミュニティは、基本的に「もの」、「人びと」、「心」、「行事」の、四つの要素から成り立っていると考えられる。鈴木広は諸学説を検討した結論として、実態としてのコミュニティの構成要素に、モノ（自然的人為的な環境や施設）、ヒト（組織体、個人の人間関係とその活動）、ココロ（文化や市民意識などのコミュニティ意識）の三つをあげている[1]。また、金

子勇は、鈴木広に倣って物財、関係、意識の三つを基礎としつつも、これに行事(イベント)を加えている[2]。ここでは、これら研究者の所論をふまえて、もの(物的資源)、人びと(組織)、心(住民のコミュニティ意識)、行事(地域活動)の四つを、コミュニティの構成要素と押さえておく。

都市におけるコミュニティ形成を検討するここでは、「物的資源」は、集会所や公園、生活道路、医療施設や児童・高齢者の福祉施設、文化施設など、社会的共同消費手段がその中心となり、行政のコミュニティ施策のターゲットとなってきたものを指している。地域づくりの観点から見れば、物的な面での地域環境の整備の側面で、お金のかかる話が多い。たとえば、地域のみんなで何かやろうという場合、話し合いの場所が必要になってくる。地域で集会所を建設するといったときに、行政が補助金を出すというような制度は、行政からのコミュニティ施策の一つとなる。話がもっと広がってくると、保育所をつくるとか、高齢者のための福祉施設をつくるというような要望に発展してくる。

「地域活動」はまさにコミュニティ活動であり、組織を通じて小地域の人的、物的資源を動員する生活様式の部分に相当する。地域の課題に即して自分たち自身で問題を処理したり、要望を行政に対して働き掛けて実現する、場合によっては心の痛みをわかち合う集会やイベント、さらに、自分たちの日常のまとまりを維持するための楽しみをわかち合うイベントや地域行事の実施も、地域活動に含まれる。

「組織」は、住民のコミュニティ活動のベースになる人間関係のネットワークや組織、集団、地域公認の団体の側面であり、小地域の社会構造、生活構造の部分に相当している。まちづくり・地域づくりという点では、地域の人と人とのつながりという意味での、人びとづくりになる。近隣関係とか、地域の団体やボランティア・グループとかの、人と人とがつながるための組織づくりの側面を指す。こういった、人と人とのつながりがないと、一人ひとりバラバラに地域のことを思ってみても、大きな力にはならない。地域づくりには、情報の共有と組織をつくっての一緒の活動が大事な要素となる。

そして、心である「コミュニティ意識」は、コミュニティ活動を担っている人たちの、また、コミュニティ活動のフォロアーである住民一般の、連帯意識やコミュニティ活動に関わる成熟した市民意識を指す。

### (2) 本書で明らかにしたいこと

真野地区は、内発的な住民主体のまちづくりが、全国の都市でももっとも進んだ地区の一つとして、専門家の間でも広く認識されている。以下本書では、まちづくりを、地域住民が組織的(集団的)な活動を通して自分たちの生活環境の向上をはかる活動と規定して使用したい。真野では、のちほど見ていくように、親睦を深める地域行事ばかりでなく、衛生・公害の問題からはじまり、地域の緑化、地域福祉、そして、「神戸市まちづくり条例」に基づく都市計画と関連したハードな面での「まちづくり」へと、活動の焦点を発展させてきた。本書では、これら一連のソフト、ハード両面での活動をまちづくりと表記し、ハードな住宅改良・都市改造の活動を「まちづくり」と表記していく。

本書の課題は、「新しいコミュニティ」をめざし、戦後の経済高度成長期以降、一連の住民の活動を通して地域の力量を高めてきた、真野地区のコミュニティ形成のプロセスを明らかにすることにある。

その際、本書でのアプローチの特徴として、まず、真野地区(約40ha)を一つの「小地域社会」と捉え、この小地域社会を対象に設定する。そして、真野のコミュニティを捉える際、行政とコミュニティという従来一般にとられてきた視角からではなく、

①小地域社会内部の内発性に着目し、

コミュニティを自治会や行政の施策でつくられた集団に代表させるのではなく、

②諸地域集団のネットワークと捉える視座から、

できる限り、

③背景としての小地域(地域集団以外の集団や小地域の物的資源、住民の意識を

も含めた総体として捉えられるもの)をも射程に入れる。
こうした特徴のなかで、真野のコミュニティ形成を主に組織の側面に焦点をあてながら見ていくところに、基本的な視角を置きたい。
　本書で私は、神戸市のインナーシティである真野地区のコミュニティ形成がどのようになされてきたのかを解き明かすことに、もっぱら焦点をあてる。真野は昭和30年代後半からの町工場の公害が引き起こした住環境の急激な悪化で、地区から出られる人は出てしまい、とり残された者が共同性を残しているわけで、そのコミュニティ形成は特異だとの指摘も多々ある。しかし先駆的な真野が直面し乗り越えてきた課題は、真野以外のどこの地区でもコミュニティ形成のなかで、形は変えても本質は同じものとしていずれ直面するだろうと考える。部分のなかに、その特異性・歴史性とともに全体の普遍性が反映する面が必ずあると思っている。

〔注〕
1) 鈴木広 1986：142-143頁。
2) 金子勇 1993：106-107頁；1989：60, 246-247, 261-263頁。

# 第3章　コミュニティ再生の課題
――都市コミュニティ形成論の課題――

　コミュニティ形成に焦点をあてて、実証のなかから理論化をはかった優れた都市社会学者に、奥田道大をあげることができる。奥田は大都市周辺部のコミュニティ形成を考察し、サバーバニズムの視角のなかでコミュニティ・モデルを提示し、都市のコミュニティ形成のプロセスそのものに問題を絞り込み、コミュニティ形成をめぐるモデル化をはかっている。ここでは、奥田のコミュニティ形成論を検討し、平成期に入ってから(1990年代以降)の都市コミュニティ形成論の課題を明確にする。

## (1)　奥田道大のアプローチ

　奥田道大のコミュニティ形成理論の全体は、奥田1983；1985；1993a；1993bの4冊のなかに、その集成を見ることができる。彼のコミュニティ形成論の最大の特徴は、コミュニティ理論と住民運動の組織化過程がクロスする領域の面で捉えられている点にある。この意味で、実証作業のなかで実体として問題にされているコミュニティは、共同性と地域性を特質とする「限定的コミュニティ」である。

　奥田は、大都市周辺部の郊外地域(サバービア)で、旧来の地域共同体タイプとは異なる新中間層住民主導の新しいコミュニティを発見し、郊外地域でのコミュニティ形成のモデル化をはかるところから出発している。そして、郊外型コミュニティタイプのモデルを出発点に、他タイプを設定し相対化する形で、とりあえず、郊外型に能動型(運動型)コミュニティ系の「コミュニ

ティⅠ(新中間層主導型)」タイプと「コミュニティⅡ(新中間層以外の異質なものも含めたコミュニティ)」タイプの二つを設定した。このほかに、大都市中心部の「都心型コミュニティ」タイプと「インナーシティ型コミュニティ」タイプの二つがあるとし、計4類型の存在を確認し、設定している[1]。この4タイプの基本からのバリエーションも存在するとされていて、コミュニティⅠタイプの段階で「順応型コミュニティ」[2]、また、インナーシティ型のなかに「準都心推移地域」タイプと「住商工混成地域」タイプ[3]、さらに、農村部でのコミュニティ形成にもつながると考えられている「混住化地区コミュニティ」のタイプ[4]といったサブタイプの存在が示唆されている。 基本的な4タイプのなかで奥田が十分に実証し理論化しているのは、郊外型のⅠとⅡの二つのタイプであった。都心型とインナーシティ型については、奥田 1985;1993a;1993bでの中心的なテーマとして取り扱われてはいるものの、十分な実証と理論化がなされていない。奥田がコミュニティ形成過程のモデル化に成功したのは、もっぱらサバーバニズム型である郊外型のコミュニティの場合についてであった。

(2) サバーバニズム型コミュニティ

　サバーバニズム型コミュニティとして、奥田はまず、郊外地域の新中間層住民が主導するコミュニティ形成(コミュニティⅠ)を見出した。これは、旧来の順応型系のコミュニティとは異なる、新しいタイプのものである。新中間層が標榜するこのコミュニティⅠタイプは、すでに本書第2章の「新しい都市『コミュニティ』」のところで見たように、主体的行動体系(コミュニティへの積極的な関わり)と普遍的価値指向(広い視野)がクロスするところに住民の特徴が見られる。

　奥田のオリジナリティは、主体的行動軸と価値指向軸の組み合わせのなかで「コミュニティ」を捉えて見せたばかりでなく、さらに一歩進めて、地域への関わりが消極的な客体的行動体系と普遍的価値志向に特徴づけられた「個我」タイプから「コミュニティ」タイプへの移行プロセスを、仮説レベルでは

あるが詳細にモデル化している点にある[5]。一方で、「個我」タイプの小地域社会から「地域共同体」タイプのそれに回帰する方向(順応型コミュニティ)と、他方で、「個我」タイプから「コミュニティ」タイプへと発展してゆく方向(能動型コミュニティ)との分岐を、モデル化したわけであるが、その際、これを住民運動の文脈のなかで捉えた点がユニークであった。

### (3) 郊外型コミュニティ形成の社会組織

奥田は、住民の運動のプロセスのなかに新しいコミュニティを見出したが、住民運動とそれを担う小地域のなかにある組織体との内的関連を、歴史的な射程のなかで位置づけている。いま、奥田の見取り図を表に整理すると、表3-1のようになる[6]。

戦後昭和30年代中頃(1960年頃)までは住民運動以前の段階であり、公共施設の陳情・請願を担っていた組織形態は、町内会・部落会など既成の地域集

表3-1 奥田道大による住民運動と組織との対応

| 時期 | 住民運動 | 運動の性質 | 対応組織 | 行政への対応 |
|---|---|---|---|---|
| 昭和30年代中頃まで | 運動以前 | 全戸加入の地域ぐるみの体制(日常的運動組織)<br>・自助的コミュニティ活動 | 既成の地域集団(町内会・部落会)<br>・官僚制的組織 | 作為要求型(公共施設の陳情・請願)<br>・行政の下請け機構化 |
| 昭和40年代(高度成長期) | 住民運動 | 大都市郊外での新中間層主導のコミュニティ形成(コミュニティ・モデルⅠ) | 小集団(ボランタリー・アソシエーション)<br>・反官僚制的組織 | 作為要求型(発生期)<br>作為阻止型(展開期)<br>・行政との対抗関係 |
| 昭和50年代、60年代(低成長期) | 地域づくりまちづくり | ・新中間層コミュニティ形成からこぼれ落ちそうなものへの配慮<br>・共同性の契機を基礎に連携(新中間層と低所得層、住宅団地と農村部)、分業・対抗的相補性<br>・小地域に内発的な「自治」規範の形成<br>・能動的コミュニティ、複合主体のコミュニティ形成(コミュニティ・モデルⅡ) | 非定形的な運動的組織としてのボランタリー・アソシエーションと定形的な日常的活動組織(既成の地域集団)との重層的で持続的な組織モデル | ・対抗的分業・相補性を基礎とする行政と住民の協働関係<br>・行政と住民の間の中間領域(公的領域)の構築<br>・こぼれ落ちそうなものへの配慮はこの中間領域でなされる |

(奥田道大 1983:Ⅸ章を中心に作成)

団であった。これらは全戸加入の地域ぐるみ体制をタテマエとする官僚制的組織であり、研究者たちは運動論として組織論を問題にしてきた。

昭和40年代(1960年代後半)の住民運動の発生にともない、官僚制的組織を批判する小集団(ボランタリー・アソシエーション)中心の運動主体重視が、もう一つの組織のあり方として登場してくる。住民運動自体は、発生期には施設充実を求める作為要求型であったが、展開するにつれて作為阻止型に発展することが指摘されている。「産業優先の車社会のための歩道橋はこの地域には要らない(=住民こそが主人公)」[7]というように、公害、自然環境・文化財、財産権、生活環境の観点から、施設建設を拒否するのが作為阻止型である。奥田は、昭和40年代高度成長期のこの時期に都市の新中間層主導で形成されたコミュニティを、「コミュニティⅠ」タイプと名づけている。

やがて昭和50年代(1970年代後半)経済の低成長期に入ると、住民運動が地域づくり・まちづくりの段階に入り、運動の持続性を保障する新しい組織が模索される段階に入る。この時期に形成がめざされるコミュニティを奥田は、「コミュニティⅡ」タイプと名づけている。「コミュニティⅡ」においては、新中間層住民主導の「コミュニティⅠ」からこぼれ落ちそうな低所得層や少数派住民への配慮が、共同性の契機をさぐる作業のなかでなされることが特徴だと見られている[8]。こうした複合主体のコミュニティ形成のなかで、小地域に内発的な「自治」規範が形成される。この段階においては、内発的まちづくりと行政との連携が問題とされ、行政と住民の協働を前提とした分業的・対抗的相補関係に基づく「共」の領域の創出が課題とされる。ここでの組織のあり方として、ボランタリー・アソシエーションである運動的組織(非定形型)と日常団体としての活動的組織(定形、地域集団)との二重構造をもった、持続的で重層的な組織モデルのあり方が示唆されている[9]。

この二重構造をもった組織モデルの総括が、1988年(昭和63年)の論文「コミュニティ施策の新展開・序論―東京都Ⅰ区の事例を中心として―」のなかに、一つの構想として展開されている。

この論文のなかで奥田は、大都市においてコミュニティ活動を支える中心

組織 (組織モデル) の推移を、「地区包括型」→「住民自治協議会型」→「人とネットワーク型」の3段階に総括している。「地区包括型」は、従来の町内会・自治会を町内を代表する組織とする町会一元化構造の体制であり、「住民自治協議会型」は、町内会・自治会といった単一の集団・組織が担うのではなく、地区内のコミュニティ関連集団・組織を横並べした地区横結型の「地区協議会方式」を意味している。

「人とネットワーク型」は、地区協議会方式が抱えている問題である、第一次ベビーブーム世代以降の新世代のネットワーク型個別サークル・クラブの活動との接点をはかる方途として提案されているものであり、平成期(1990年代)以降のコミュニティ形成の現代的課題といえる。奥田は、大都市の都心・下町と山の手との中間的、境界的性格をもつとされる、東京都板橋区のコミュニティ施策のなかに、この構想を託している。そこでは、柔らかい組織としての地区住民自治協議会と、協議会を構成する自治会やPTA、子ども会、あるいは地区青少協、地域生協などの団体からの役員が構成する市民生活会議あるいはコミュニティ・フォーラムとでも名づけられる、「人」中心のネットワークとの二重構造・複合構造をつくることが提唱される。フォーラムのネットワークは、特定の小地域の範囲を超えてつくられてもよい。この「人」中心のネットワークのなかに、市民サロン的なまちづくりセンターを拠点にするサークル・クラブの代表者を包摂することによって、コミュニティ活動の全地域化の可能性を見ている。すでに奥田は、1980年の論考[10]のなかで、丸山地区の「住民協議会」をプレイス型、相模原市の「さがみ市民会議」をネットワーク型として対比していたが、両者を接合する形がここにきて構想されているといえる。

### (4) 郊外型コミュニティ形成のプロセス

大都市周辺部の郊外地区で生じたコミュニティ形成過程を、地域共同体に回帰する順応型コミュニティと新しいコミュニティへと発展する能動型コミュニティの二つの系に峻別した上で、奥田はそのプロセスを図3-1のよう

```
        価値指向的運動（能動型コミュニティ）
                  ↑
体制側の                        → 地域共同体への回帰
 取り込み⇒                         （順応型コミュニティ）
（市民参加）   規範指向的運動
                  ↑
            組織的行動への動員化
                  ↑
            行動要素としての
           状況的便益（状況的用具）
```

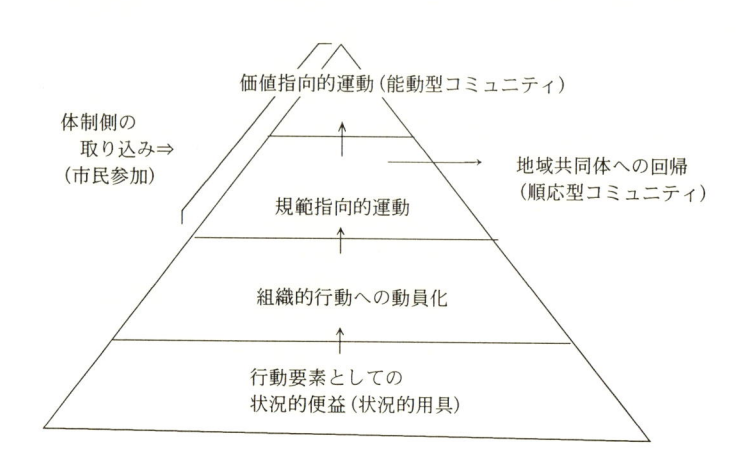

**図3-1　能動型コミュニティの運動展開の側面**

(奥田道大 1983：76 より作成)

に見ている。

　地域共同体への回帰とコミュニティ形成との分岐を、奥田はスメルサーの図式[11]に則り次のように説明する[12]。コミュニティ形成の運動過程が「状況的便益」の段階から「組織的行動への動員化」を経て「規範指向運動」へと発展したとき、市民参加という体制側の取り込みの圧力の下で、一方では地域共同体への回帰へと進み、他方で、「価値指向運動」に発展するものも出てくる。後者の「価値指向運動」に発展するものが、能動型コミュニティである。

　状況的用具とは、行為者が手段として使用できる入手可能な状況的便益であり、環境についての知識とか、人びとをどれだけ動員できそうかの知識とか、行動の結果についての予測可能性といったものが含まれる。こうした状況的便益を動員して組織的行動を起こし、規範指向運動の段階に発展する。規範指向運動は、体制的価値秩序を所与の前提とした住民の自己回復の運動であるが、体制そのものの全面的変革や新しい価値を指向するのが目標ではなく、現存する価値への信念を運動の正当性として保持することによって、現存の制度化された規範のうち、不整合な部分の刷新や新しい規範の創出を求める性格のものであるとされる。次の段階の価値指向的運動は、根本的に

構造変革をしようとする運動であり、価値規範そのものを変革、創造しようとする集合的な企てになる。

昭和40年代(1960年代半ば)の住民運動は、ほとんどが規範指向運動の段階で、50年代半ば(1980年代)以降の「まちづくり」運動が、価値指向運動の段階だと考えられる。多くの住民運動は要求が実現すると、規範指向運動の段階で体制に順応し、地域共同体へ回帰してしまう(順応的コミュニティ)が、能動型コミュニティの系においては価値指向的運動に移行する。奥田はこの系として神戸市長田区丸山地区の住民運動を例に取り上げ、ボランタリー・アソシエーションの運動体が既成団体と連携に入る段階がくることを示し、たえず地域共同体への回帰の分岐をはらみつつも、価値指向的運動が螺旋状に進むモデルを提示している[13]。そこでのキーポイントは普遍的な価値指向であり、新中間層の運動が普遍的な価値指向運動に発展することを、国立市の歩道橋反対運動を例に示している[14]。

### (5) 組織論の現在的課題

郊外型コミュニティの形成過程を理論化した奥田の功績は大きい。しかし、奥田のコミュニティ形成の組織論が、都市小地域の実態との緊張関係を十分にもっているのは、昭和60年(1985年)頃までの時期についてであるように思われる。この時点で、コミュニティ形成論の課題とされていたのは、次の3点にあったと見られる。

①新しいコミュニティ概念を提示し、異質なもの同士の間でのコミュニティへの新たな価値づけの追求。
②ボランタリー・アソシエーションの組織と地域公認の団体組織との、組織面での連携。
③人とネットワークの視点からの住民と行政のパートナーシップ(「共」の領域の追求)。

奥田自身は平成期に入ると、インナーシティでのコミュニティ形成を、「ブレンド・コミュニティ」の名称の下に[15]アジア系外国人を含む異質的コミュ

ニティの形成の問題と捉え、これを平成期(1990年代)の課題として新たに位置づける形で①の課題にさらに踏み込んでいる[16]。③の課題については、住民と行政のパートナーシップとして実践が行われているが、このフォローは十分な成果としては、未だ出ていない[17]。さらに、②の組織論的課題は平成期に入っても十分に総括されているとはいいがたい。本書でとくに問題としたいのは、②の組織論的側面での課題である。

この課題について、すでに奥田は、「人」中心のネットワーク型(人とネットワーク型)の概念を提起しており、郊外型コミュニティの「コミュニティⅠ→コミュニティⅡ」から入っていたので、新中間層が主導する運動の「組織」と行政の下請け機関である自治会を基盤とした「組織」との、有効な連携を課題としていた。

この「人」中心のネットワーク型は、地域に関心をもたない新世代の叢生したクラブ・サークルをコミュニティ活動に網羅するための、一つの構想として提案されているものであるが、問題は、それ以前に、二重構造のもう一つの層である協議会方式が、地域に十分根づいているかどうかの点検が必要であろう。住民と行政が協働する都市型の「自治」形成運動の展開が期待される、「地区協議会」の形成は、住民個々の私的生活領域と公的領域を担う行政との間の、共の部分である中間領域として位置づけられているが、その内実として奥田は、①町内会を有力組織として、他の集団と同列に位置づける、②町内会は(交渉能力などのノウハウをもっているので)諸集団の連絡調整の主体的役割を担ってもよいという2点を指摘し、関東の方が地区協議会から町内会はずしの傾向が強く、関西では比較的うまくいっていると言っている[18]。しかし現実には、関西においても協議会が必ずしも住民サイドで動いているわけでもなく、行政のコミュニティ施策のサイドから見れば理念的な処方箋はそうかもしれないが、現実には、調整ではなくてケンカしいしいの話で進んでおり、問題は地域のなかでどう同列に位置づけするかの手順にあると思われる。言い換えれば、地域公認の団体以外のコミュニティ関連集団・組織の活動を、どう地域の仕組みの上に乗せてゆくか、その接合の手順こそが問題

といえよう。

　ここには、二つの課題が含まれているように思う。一つは、いま指摘したボランタリーなアソシエーションがいかに既存の地域の仕組みに乗れるかの問題であり、もう一つは、ボランタリーなアソシエーションの活動がどうコミュニティ活動と結びつくかの問題である。

　前者についていえば、おそらく、到達した協議会方式に包摂される団体は、いずれもコミュニティ活動を行っている団体であろうが、そのなかには小地域の「支配的文化」を構成する地域公認の団体とボランタリーなアソシエーションの２種類の諸集団があり、この２種類の諸団体が柔軟な連携をとりうることが要件であろう。小地域のなかにあって問題は、ボランタリーなアソシエーションがどのように既成の地域公認の団体と連携をとりうるかというところにある。この意味で、昭和60年代（1980年代後半）の課題は、協議会方式がいかにして可能かという問題だったのであり、これは平成期に入ってから（90年代以降）の課題でもあり続けているといえる。

　さらに、地域に関心をもたなくなってきている新世代の、趣味や自己実現のためのクラブ・サークルが小地域にたくさん生まれてきており、こうしたクラブ・サークルの拠点としての市民サロン的な「まちづくりセンター」の設置によりここを媒介にして「人」中心のネットワークに繰り込む構想が、奥田 1988 では打ち出されているが、こうしたボランタリー集団の関心がどうコミュニティ活動と結びつくのか、新世代のネットワーク型の個別サークル・クラブ活動との接点をどうはかるかの問題があろう。関心・趣味が地域課題にどう結びつくかの分析は、未だ十分ではないのである。

　都市ボランタリズム論の立場から、行政と深く結びついた地域組織のネットワークの囲繞のなかにある都市のボランタリー・アソシエーションに、地域の草の根レベルでの自治の可能性を求めた渡戸一郎が、「実際の地域社会の場面における既存組織とボランタリズムとの『葛藤』のメカニズムや、後者の前者への『浸透』のプロセスを実証的に把握していくこと」が平成期（1990年代以降）の課題だとした[19]点への総括こそが、なおも求められている。

もう一点、まさに現在の課題として、インナーシティ型のコミュニティ形成過程が未だ十分に整理されていないということがある。

奥田のコミュニティ形成理論にあっては、導出された「コミュニティⅠ」タイプも「コミュニティⅡ」タイプも、観察されている実証データは大都市周辺部の郊外型コミュニティからのものであった。新中間層住民主導のコミュニティ形成の組織論が展開されており、ボランタリー・アソシエーションからスタートするモデルである。インナーシティ型のコミュニティの場合の提示はなされているが、インナーシティからの実証データに乏しい。たとえば、インナーシティ型コミュニティの形成を扱った『都市と地域の文脈を求めて』においても、インナーシティの代表として真野地区を取り上げているが（奥田 1993a：160-163頁）、そのコミュニティ形成に関する議論は、郊外型と見た方がよい丸山地区の事例に真野の事例が重なり合ってしまい[20]、真野の経験が丸山の経験にすり変えられてしまっている。全体的に見て、インナーシティ型の地区のインテンシブな調査をふまえた理論化は、十分とはいえない。

インナーシティ型のコミュニティでいえば、奥田は昭和60年（1985年）段階で、郊外型をテキストにするコミュニティ観念が中心市街地での地域の新しい問題群を包摂できない部分として、次の4点を総括している[21]。

①郊外型の新中間層住民に相当する、コミュニティを担う「成熟した市民」が、中心市街地では見えず、存在しない。住民運動・活動の先進事例も、あまり聞かない。

②コミュニティ形成の一つの拠点をなす住民層が、都市自営業者であっても、マンション単身世帯であっても、あるいは高齢者であってもいいが、さまざまな背景と価値観をもつ住民の「異質なもの相互を取り結んでいる同質の絆」の発掘が、中心市街地では主要な作業をなす。

③住＝生活環境条件の争点だけでなく、地域レベルの生産活動およびその周辺の問題も、コミュニティの射程に入れておく必要がある。たとえば、法人の「事業体」もコミュニティの構成主体をなす。この法人事業体（事業主）を含めた民間の諸力に依拠している比重が高いので、郊外型のよう

な行政と住民の構図では単に律しきれない、不透明な中間領域に関わる多様な主体の組み合わせが中心市街地の特色をなす。

④「にぎわい」とか「活力」といった＜まち＞の雰囲気との関連で、中心市街地を考察する必要がある。

奥田が、インナーシティ型のコミュニティ形成をアジア系外国人を含む異質なコミュニティの問題として捉えつつ、「ブレンド・コミュニティ」の追求にもっぱら移行したことはすでに指摘した。こうした関心の移行は、調査時点でのインナーシティの構造しか捉えない傾向ともあいまって、昭和40年代の都市の急膨張以来続いてきた同質的コミュニティとしてのインナーシティ型コミュニティ形成過程の実証分析を、放棄する性格を強めているようにも思われる。

しかし、現実には、多くの地方都市ではいまなお、既成の自治会等「支配的文化」の強い小地域が多く、こうした枠組みのなかでは、郊外住宅団地に見られるようなボランタリー・アソシエーションの叢生という状況にはほど遠いのが、実際のところである。さらに、農村部においては、地域の集団組織のあり方から見れば既成の諸集団の枠組みが強く、大都市インナーシティの状況にむしろ似ているのが現実である。真野の経験を詳細に見ていくと、インナーシティ型のコミュニティ形成は、郊外型のコミュニティ形成とは異なる経験と捉えねばならないであろう。奥田にせよ、先の渡戸にせよ、新中間層主導の郊外型コミュニティ形成を念頭に論じているが、郊外型のコミュニティ形成の理論をもってしただけでは、インナーシティでのコミュニティ形成に答えるものにはならない。インナーシティ型のコミュニティ形成の経験からの総括がなされなければならないことは、地方都市や農村部での新しいコミュニティ形成を考えていく上にも必要なことである。

〔注〕

1) 奥田道大 1983：XI章。
2) 同上：III章、247頁。
3) 奥田道大 1993a：101頁。

4) 奥田道大 1983：Ⅳ章。しかし、このタイプの地区でのコミュニティ形成のモデル化については、成功しているわけではない。
5) 同上：Ⅲ章。
6) 同上：とくに、Ⅸ章、Ⅲ章、および、107-110、185-186、300-306頁。
7) 神戸市真野地区の住民運動のなかで、幹線道路に歩道橋をという話が出たときに、これを拒否した論理。
8) 奥田は、複合主体のコミュニティ形成を、大都市におけるエスニシティのなかに重ね合わせて見ている。(奥田道大 1993a：Ⅴ章；1993b：241-246頁)
9) 奥田道大 1983：238-241頁；1985：16-17、79-80頁；1993a：169-174頁、とくに172頁。
10) 奥田道大 1980：292-293頁(奥田 1983：Ⅸ章に再録)。
11) Smelser 1962。
12) 奥田道大 1983：71-77頁。
13) 同上：76-80頁。
14) 同上：77-111頁。
15) 奥田道大 1993b：241-246頁。
16) その成果が、奥田道大編著 1997 と見てよい。
17) 玉野和志 2000、渡戸一郎 1998、世古一穂 2000、大西隆 2000、平山洋一 2000 など。
18) 奥田道大 1988：6頁。
19) 渡戸一郎 1990：205頁。
20) 奥田は丸山地区の位置づけについて、「丸山のケースは類型的には郊外型コミュニティですが、内容的には郊外型の枠をはみ出しており、むしろ真野や上六のまちづくりと同じ体質の運動とみなしたほうが適切かもしれません」(奥田道大 1985：60頁)と述べている。しかし、丸山のコミュニティ形成は新中間層主導の運動であり、組織的にも郊外型の形成過程であり、インナーシティ型の真野とは異なると判断される。
21) 奥田道大 1985：118-119頁。

# 第Ⅱ部
# インナーシティ型コミュニティ形成の社会組織
―― 神戸市長田区真野地区 ――

# 第4章　大都市インナーシティ「まちづくり」の社会経済的背景

　第Ⅱ部では、真野地区の住民運動・まちづくりを素材に、組織面からインナーシティ型のコミュニティ形成を明らかにするが、本章ではまず、神戸のインナーシティの状況を検討し、こうしたインナーシティで修復型の「まちづくり」が展開される歴史的な必然性を、具体的に明らかにする。

## 1　はじめに

　インナーシティ（大都市衰退地区）は、大都市の都心部と周辺郊外地区に挟まれた、都心を取り巻く市街地の一部で、人口・企業の流出により活力が衰退・低下している地区をいう。これらの地区は、地域産業の衰退、人口の減少・高齢化、構造物の老朽化によって特徴づけられるが、昭和50年代に入ると、衰退するインナーシティの再生が日程に上ってきた。
　神戸に限らず、東京、大阪、名古屋といった大都市の都心業務地区に接する、過密で老朽化が進んでいる下町地区では、経済が低成長期に入って昭和50年代中頃からとくに、木造密集市街地の再開発が問題になりはじめてきた。従来、既成市街地の再開発の大部分は、3ha以下の規模でのものが多く、スクラップ・アンド・ビルト方式でのものが多かった。こうしたなかで、とくに木造密集市街地の場合は、10数haにもおよぶ大規模で総合的な改善事業がいくつか行われはじめている。こうした木造密集市街地の総合的な改善事業を、「まちづくり」と呼んでいる。そこでは修復型の再開発手法が選択され、ある

一定の面積にわたり20年とか30年の長期計画で、できるところから部分部分更新してゆく形がとられている。

東京の墨田区京島地区、一寺言問地区、世田谷区太子堂地区の「まちづくり」、大阪の豊中市庄内南地区や大阪市都島区毛馬大東地区の「まちづくり」、神戸市長田区真野地区、御菅地区の「まちづくり」などがこれである。

東京や神戸の「まちづくり」といわれる事業方式をとっているところでは、昭和55年頃から住民の代表、有志が地区全体の青写真を構想し、行政がこれを事業計画化し、まちづくり推進会（協議会）を組織して、修復型の再開発を進める手法が共通にとられている。なぜこの時期に、このような修復型の再開発が共通にとられるのか。これらの地区では、何を地域課題にして、この時期、修復型の「まちづくり」が採用されているのであろうか。「まちづくり」としては全国でも先進的といわれている、真野と東京京島の2地点を取り上げて、対比検討するなかから上述の点を明らかにする。

真野、京島ともに、大都市における産業空洞型インナーシティの典型であり、「まちづくり」が出現する背景も、昭和50年代後半に入ってから注目された大都市インナーシティ問題の顕在化と無関係ではない。歴史的にさかのぼると、真野、京島ともにインナーシティ問題の生じた必然性が、はっきりと浮き彫りにされてくる。

## 2　神戸のインナーシティとインナーシティ問題

真野地区は、神戸の西部インナーシティの一角に位置している。神戸市のインナーシティは、六甲山の裾と海岸線とに挟まれた、JR山陽線に沿った細長いベルト状の旧市街地に広がり、灘区・中央区の東部インナーシティのエリアと、兵庫区・長田区・須磨区南部の西部インナーシティのエリアとからなっている。

広原盛明は神戸を、人口減少が続いている成熟したインナーエリア中央4区（灘区・中央区・兵庫区・長田区）と人口が急増し開発途上にあるフリンジエ

リアの周辺3区(東灘区・須磨区・垂水区)、および、アウターエリアの西北2区(西区・北区)に3区分し、国勢調査をもとに昭和40年(1965年)から平成2年(1990年)までの地域別の人口推移を検討している。その結果、オイルショック以後、「1970年代後半以降の周辺5区における人口増加は、……実はその多くが中央4区からの人口流出によって補填されていたのであり、市外からの人口流入による増加分は意外に少なかった」[1]ことを明らかにしている。人口が中心部から周辺部へと移動するいわゆるドーナツ化現象が、昭和50年以降10年くらいの間に、急激に進行したのである。さらに、人口動態調査(昭和47年、52年、61年)の結果を使って、次のような点を析出している[2]。

①従来から「仕事」が主な理由で発生していた高度成長期の広域的な移動が、オイルショックを契機に絶対的にも相対的にも縮小し、代わって「住宅・環境」を主な理由とする中・狭域的な市内移動が、比重を増してきている。

②オイルショック後一時、中央部と周辺部から市外隣接地への激しい人口流出が発生したものの、その後は周辺部が中央部と市外隣接地からの人口流入の受け皿になり、かつ、その圧倒的部分が中央部からの人口で占められている。

③中央部から周辺部・市外隣接地への転出超過人口は、30歳未満の若年人口がその中核部分になっている。

④中・高所得層の世帯は、中央部から周辺部に流出するものが多く、また、市外隣接地と周辺部、ないし周辺部内での還流が多く見られる。これに対して、中央部内で移動している世帯そして周辺部・市外隣接地から中央部へ流入してくる世帯は、年収300万円未満の低所得層が多い。

平成2年以後は、平成6年までの4年間に、フリンジエリアの人口動向がそれまでの増加傾向から均衡状態に入ったほかは、アウターエリアでの増加傾向の継続と、インナーエリアの中央4区からの構造的な人口流失がいっこうに静まらない点が、市統計書「平成7年上期の人口の動き」を使って示されている[3]。インナーエリアからの人口流失は、平成7年の震災によって前倒

しで加速されている。

　こうして、中央部であるインナーシティでは、人口の急激な減少、若年層の急激な流出による高齢化、低所得者層の滞留といった現象がもたらされる。

　大都市のこうした状況下に生じるインナーシティをめぐる諸問題は、もともと、昭和40年代後半にはじめて英国で論じられたが、その後欧米の都市で研究が蓄積された。そこでは、大都市のインナーエリアの衰退から引き起こされる失業の増大、貧困、物的環境の老朽化によるスラム化、低所得者の集中と少数民族住民とりわけ移民労働者の青年層の失業問題、近隣関係の再生の問題といった、インナーシティ問題とその課題が明らかにされてきた。

　日本では、昭和50年代後半に一時、日本の都市は産業的にはまだ成長都市であり、人口減少の区があるものの、欧米のような大都市衰退という議論はそのまま当てはまらないという論があった。東京では昭和50年から55年にかけてのごく短い期間に人口の衰退期を経験するが、脱工業化にともない産業構造が転換し世界都市化したことから、その後再び人口が一極集中に転じたこともあって、日本ではインナーシティ問題がないという議論もなされた。しかし、大都市市街地のモザイクを局地的に見れば、インナーシティ問題はまさに進行しているし、産業構造の転換に乗れなかった一部の地区にインナーシティ問題が顕在化してきている[4]。たしかに、日本の都市は、全般に見て地域的に顕著な衰退地区を生じていないところが多く、欧米都市のインナーシティに比べてはるかによい状態にあり、とくに成長の途上にある地方中核都市クラスの都市ではいまだ大きな問題にはなっていない。しかし、歴史の古い旧6大都市クラスの大都市では、人口の大幅な減少・高齢化、製造業の停滞・縮小を示している地区が随所に見られる[5]。首都機能をもつがゆえに都市的な諸機能や人口が集中し、一極成長を続けている東京においても、荒川区、墨田区などではインナーシティ状況が顕在化している。

　インナーシティ問題がもっとも顕著に出ているのが、もっとも早く都市全体の成長力を失った大阪で、早くから研究者の関心を引いていた[6]。都市行政としてインナーシティ問題をもっとも深刻に受けとめ、全国の都市に先駆

けて平成1年(1989年)「インナーシティ総合整備基本計画」を策定した神戸市でも、「人口・地域経済・環境を指標に用い統計的に分析すると、灘・中央・兵庫・長田区の中・南部や東灘・須磨・垂水区の南部の一部において」[7]インナーシティ現象が見られる。

　社会学でも、インナーシティ地区が抱える問題が昭和50年代の半ば頃から注目されてきたが、現在、地域の立場から地区再生への回路が模索されている。社会学で従来明らかにされてきたのは、次のような諸点である。インナーシティ地区は、地区からの地場産業の転出・後退による産業基盤の転換と、急激な人口減少と高齢化、家屋・施設の老朽化に特徴づけられる。都市型小工業の育成と、地域の住環境の更新・改善、そして、住環境の整備を促進するための地域住民の自発的協同の仕組みづくりが、インナーシティ再生のための課題として指摘されている[8]。

〔注〕
1) 広原盛明 1996：51頁。
2) 同上：51-58頁。
3) 同上：134-137頁。
4) 高橋勇悦は『大都市社会のリストラクチャリング』(1992年)の「まえがき」部分で、東京の分析をふまえ、東京のインナーシティ問題を東京問題として研究することの必要性を結論している。
5) こうした議論を整理しているものに、成田孝三 1980；1991がある。成田は、旧6大都市クラスの大都市にインナーシティ問題があるとする立場をとっている。
6) たとえば、成田孝三 1987。
7) 神戸市 1991：142頁。
8) 奥田道大 1987：191-192頁。

---

## 3　真野、京島の沿革

　真野地区と京島地区（真野 39 ha、147.0人／ha、京島 25.5 ha、320.0人／ha、平成2年）は、どちらも大都市の一角で、日本資本主義の発展を底辺で担ってきた

表 4-1　真野地区、京島地区の工業の推移

| | 真 野 地 区 | 京 島 地 区 |
|---|---|---|
| 産業化の時代（戦前期） | ・もともと農村地帯<br>・明治末期から大正初期に川崎製鉄、川崎重工、三菱重工、鐘紡など周辺大工場と関連中小企業の工員社宅や住宅（木造棟割長屋）として開発<br>・大正年間にほぼ現在のまち並みが成立<br>・マッチ工場、ゴム工場の小工場も発達 | ・関東大震災までは農村地帯、震災後東京市民の郊外移住で人口集中<br>・昭和2年頃大量の棟割長屋が屈曲した農道沿いに建設され市街化が進行し、外周の幹線道路ができ、昭和10年代には現在のまち並みがほぼ成立<br>・周辺の自転車、インキ、ゴムの大手メーカーや関連中小企業の職工の居住地になる一方、地元の人も小工場を営業 |
| 戦時中 | ・戦災を免れる | ・戦災を免れる |
| 高度成長期 | ・昭和27年頃から地区外者が長屋を買い取り工場に、また、地元の人が会社を辞めて自立<br>・高度成長期＝町工場の成長期　ゴム、金属、機械、プレス、油脂、マッチなど<br>・昭和30年代末にもまだ戦後のバラックが一部建ち並び養豚をやるものがいたりなどスラム一歩手前の状況<br>・昭和40年代、公害追放運動、町工場の移転、跡地の緑地化（公園化） | ・周辺に水運を利用しての繊維、油脂、化粧品などの大規模工場、輸出用金属玩具メーカー、喫煙具メーカーが立地<br>・京島には二次・三次下請の町工場が集中——金属加工業種（金属玩具部品、喫煙具部品、金型、金属プレス、ゴム製品、塗装メッキなど）および繊維雑貨系加工業（袋物、皮革製品の部品加工、ニット、メリヤス縫製業）<br>・昭和40年代、工場等制限法により周辺大工場の都外移転がはじまる |
| 低成長期 | ・周辺大規模工場の人員削減、県外工場への生産拠点の移動による、真野地区産業の衰退 | ・円高による輸出用金属玩具、喫煙用具産業への打撃、京島地区産業の衰退 |

地区である。どちらの地区の沿革も、日本資本主義の発達過程にみあう形で、変貌をヴィヴィッドにたどることができる。表4-1のように[1]、真野、京島とも、近代日本の産業化とともに、大正年間以降昭和戦前期を通じてそれまで農村地帯だったところから急速に開発された。両地区ともに第二次大戦の戦火を免れたため、当時の木造長屋が現在まで老朽不良住宅として残り続けている。さらに両地区では、戦後の経済の高度成長期を通じて、主に製造加工の底辺的加工部門である部品加工業を中心に、零細な町工場が成長してきた。やがて経済の低成長期に入ると、地場産業の衰退傾向とともに、地区人口の減少・高齢化という共通の問題を抱えはじめる。

真野地区は、明治末期から大正初期に、川崎製鉄、川崎重工、三菱重工とい

う地元神戸の大企業[2]や鐘淵紡績など、地区に隣接する大工場の職工向け社宅（木造棟割長屋）として開発がはじまり、大正年間には現在のまちの状況がほぼできあがっている。すでに農地だった段階で区画整理がなされていたために、狭いとはいえ地区内を碁盤の目のように区画している平均4ｍ幅の区画道路は大正年間にできあがっていたが、区画の内部は迷路のような細街路が入り組み、今日までそのまま続いている。大正年間から戦前期を通じて真野には、明治・大正にかけて神戸の輸出の花形商品であったマッチの製造工場、さらにゴム工場などの小工場があったが、住民の大半は川鉄、川重、三菱などへの勤め人であり、住環境に恵まれた住宅地であった[3]。

　似たような発展が、京島地区でも見られる。ここでは、関東大震災後の東京市民の郊外移住によって急激に開発がはじまり、昭和初期には現在のまちの状況がほぼできあがっている。昭和15年の墨田区の人口は479,809人で、戦後高度成長期の人口ピーク(331,843人、昭和35年国勢調査)をはるかに上回っていたが、当時墨田区内には、自転車、石鹸、インキ、ゴムの大手メーカーがあり、全国でも有数の工場立地地帯であった。京島は、昭和初期、こういった大手メーカーや関連中小工場の職工たちの居住地になり、農道沿いに棟割長屋が大量に建設されていった。同時に一方で、地区内には大正時代から小工場が立地していたが、震災後、旧市街地や地方から流入した人たちが小工場を建設、営業しはじめ、京島は住工混在の地区になっていた[4]。

　戦後、朝鮮戦争以後高度成長期を通じて、両地区ともさらに工業が発展した。京島では、墨田区内の工場に勤めていた職工が、戦火を免れた自宅の玄関等に小型機械を置いて独立するケースも多かったという[5]。昭和30年代、40年代の高度成長期を通じて、機械関連の部品加工部門（自動車部品、家電部品、カメラ、工作機械など）、および工業製品系統の金属加工系業種（金属金型、プラスチック金型、ゴム金型など金型部門）と、消費財系統の繊維雑貨品加工業（ニット、メリヤス、布帛等衣料品、ハンドバック、カバン等袋物、皮革製品、およびその付属金属部品の加工、装身具等身の回り品、文具、玩具、ライター等の部品加工）が興隆したが、ほとんどが二次、三次下請加工業という点で共通し、家族労

働形態の中小零細な町工場が多い。なかでも、京島で地場産業としての工業の成長の源泉をなしていたのは、金属玩具を中心にした輸出用金属メーカーの部品下請加工業と喫煙具メーカーの部品下請加工業(金属プレス、ゴム成型、金型、メッキ業など)であった[6]。輸出用金属メーカーおよびライターを中心にした喫煙具メーカーは、高度成長期に東京城東地区(荒川、葛飾、墨田、江東、足立、江戸川)に盛業している。高度成長期の京島は、墨田区のなかでも、八広、東向島、墨田、立花に次いで工場事業所の多い町で、しかも密集度の点では1位であった[7]。しかし昭和40年代にはすでに工場等制限法により主力メーカーが都外へと転出しはじめ、円高ともあいまって、その後の低成長期を通じての地場産業の衰退へとつながっている。

　同様に真野においても、朝鮮戦争後昭和27年頃から、地元の職工が会社をやめて独立したり、地区外者が長屋を買い取り工場にしたりという形で、高度成長期を通じて一気に町工場の成長期が訪れた。ここでもやはり、周辺大企業の二次、三次下請という、家族労働力による零細な町工場が多い。ゴム製品、金属製品、機械器具、プレス、油脂、マッチといった業種が中心で、どちらかというと工業製品系統の加工系業種が多いのが特徴である[8]。この地区は大半が戦災から焼け残っているが、昭和30年代末にもまだ戦後のバラックが一部残り、そのなかで養豚業をやるものもいてまちがスラム一歩手前の状況を呈し、さらに、通過車両の排気ガスや町工場からの公害が激化して住民に喘息が多発したことにより、昭和40年代に入ると公害追放の住民運動がはじまっている。やがて低成長期に入ると、周辺の大規模工場が移転し地場産業が衰退するのも、京島と同様の現象である。

　こうして経済の低成長期に入ると、両地区とも周辺の大規模工場の移転にともなう地場産業の衰退と、地区人口の減少・高齢化、建物・施設の老朽化という、産業空洞型インナーシティ[9]に共通の問題が顕在化する。

〔注〕
1) 表の作成には、地元住民からの聞き取りのほか、毛利芳蔵「住民こそが主人公」

『部落問題』57号(1981年)、毛利芳蔵「まちづくりと住民」『行政管理』1984年／秋、尻池南部地区自治連合協議会「尻池南部地区だより」111〜118号(1983〜84年)、蓮見音彦ほか編『都市政策と地域形成』東京大学出版会(1990年)、墨田区『墨田区中小製造業基本実態調査』(1979年)、墨田区『京島地区工業の実態分析と振興策』(1984年)、「京島地区まちづくりニュース」No.1(1980年)、墨田区『墨田区まちづくり概要』(1989年)などを参照した。
2) 神戸の地元出身大企業は5大企業と呼ばれ、三菱電機、神戸製鋼がこれに加わる。
3) 毛利芳蔵 1984c：6頁。
4) 東京都墨田区 1984：94頁。竹中英紀 1992：102-105、109-110頁。
5) 京島地区工業者を対象とした墨田区の調査では、従業員から独立して開業したものが61.7％を占めている(東京都墨田区 1984：8頁)。
6) 東京都墨田区 1984：95-96、99頁。
7) 東京都墨田区 1979。昭和58年においても、京島2・3丁目地区25.5haに、387事業所を数えている。真野地区においても工場事業所の密集度が高く、昭和40年代最盛期には苅藻島も含めた45haほどの土地に大小260社におよぶ工場があった(毛利芳蔵 1981b)。
8) 経済高度成長期から低成長期にかけての真野地区町工場の業種別構成は、本書の第8章：184頁。この地区には、戦後高度成長期を通じ、ゴム、製糖、油脂、食料品加工などの大規模工場も成立している(『尻池南部地区だより』111〜118号、1983、84年)。
9) 園部雅久は東京のインナーシティを素材に、インナーシティを、産業空洞型、投機蓄積型、多民族型の三つに分類している(園部雅久 1992：71頁)。真野、京島とも零細町工場が集積する日本経済の二重構造の一端を形成してきた地域で、園部の分類からすると、産業空洞型インナーシティの典型といえる。

## 4　高度成長期における両地区工業の特色

　真野、京島とも、日本の工業の底辺的加工部門を担っている。両地区とも機械関連加工業が多いが、その関連する機械や機械部品の種類は、きわめて多様なのが特徴である。製品製造加工業務が、「材料手配―素材加工―部品加工―部品組立―完品組立―仕上げ」の工程で成り立っているとすると、真野、

京島、両地区とも、この工程のうちの「部品加工」の部分を主力メーカーから二次、三次下請する形で、地区産業の存立基盤にしている。真野、京島の工業は、特定の機械製作に特化しているのではなく、各種機械に共通する底辺的な加工部門として、業種別分業のなかでその位置を占めている。昭和58年に墨田区が行った京島地区の工業者調査は、地区工業者が同業者から受注を受けるケースが多いのに対し、京島地区の方から発注(外注)するケースはきわめて少ないことを明らかにしている[1]。これは、京島地区の機械、金属業者が、底辺加工的工業のなかでも末端的な位置にあることを示しているが、中核的工程でなく末梢的工程を担っていることが、かえって各種機械に共通する多種類の機械の生産を支える役割を果たしている。

こうした工程は、家族労働力による零細な町工場によって担われている。真野地区では、3人以下の製造業事業所が40.9%、4人以上9人以下が41.3%を占め、30人以上99人以下はわずか3.4%、100人以上は0.6%にすぎない[2]。京島地区でも、製造業事業所の83.3%が従業者規模4人以下のもので占められ、30人以上99人以下はまったくなく、100人以上はわずか0.3%しかない[3]。昭和58年の墨田区の調査でも、従業者構成が事業主のみおよび夫婦のみの両者で53.2%を占め、これに家族のみを加えると70.8%にものぼっている[4]。また、両地区のこうした零細な町工場は職住が一致しているのが特徴で、真野には棟割長屋の1階(7～11坪くらい)を作業場にし2階を住居部にしているような町工場がたくさんある[5]。同様の事情は京島でも同じで、墨田区による京島工業者調査では職住併設が79.8%、徒歩数分以内の範囲に近接というのが13.6%という結果が出ている。しかも作業場面積は、5坪未満がもっとも多く37.0%、次いで5～10坪が25.8%で、両者合わせると62.8%にものぼる[6]。

以上のような特徴をもつ京島地区工業の存立基盤は、工業製品系部門について見れば大規模工場生産の生産性の維持に必要な加工部門である点に、そして、消費財系部門に関してはメーカー生産のリスクの分散に寄与し、また近年の消費者ニーズの多様化に合わせた少ロット多種生産が可能な点にある

と、墨田区の工業者調査は分析している[7]。この性格は、真野の工業においても同様のことがいえると思われる。

さらに、真野、京島ともにブルーカラー層住民が多いが[8]、真野地区では、これら住民のライフヒストリーをとると、親の代あるいは本人の代に主に四国、中国、九州奄美から流入し職工として生活を築いてきた勤め人が、自営化する志向が強く、自営業主の現世帯主の子どもは大学を出てホワイトカラー化し、家業は一代限り（いわゆる家業の安楽死）というケースの多いことが見られる[9]。同様のことは、職工がそれまで勤務していたところを辞めて同じ業種で独立したケースの多い京島地区でも見られるが、京島で調査を行った高橋勇悦たちは社会移動の観点から、大都市下町のインナーシティエリアが住民の上昇移動の苗床になっている点を指摘し、これを京島の1町会の世帯主調査から量的に実証している[10]。「京島地区の社会移動は、ブルーカラー層の下降移動ではなく、その上昇移動にあり、この点で、下降移動者が集積するスラム地区とは違う」「ノンマニュアル、マニュアルを問わず、勤め人が自営化する傾向があり、ブルーカラー層の地位達成点として自営業がある」「墨田区土着層は流入層に比し自営化する上昇志向が弱いが、京島2世に高学歴化、ホワイトカラー化がみられる」という点が、その知見である。

〔注〕
1) 製品メーカーおよびメーカーの下請業者から仕事をもらっている取引が全体の50.9％、同業者から仕事を受けている取引が21.2％となっている。これに対して外注先数がゼロというものが63.3％と、外注先は著しく少ない。受注先を地区別に見ると、京島地区内がわずか6.2％しかなく、地区内で仕事を回し合っているものも11.7％しかないのが特徴的である（東京都墨田区 1984：11、24頁）。同様に真野においても、近年「まちづくり」でやっと地区内で仕事を回し合う気運が出てきたといわれているように、真野地区内から仕事を受けたり回し合っているケースは少ない（平成1年筆者調査）。
2) 昭和53年、事業所統計。
3) 平成3年、事業所統計。
4) 東京都墨田区 1984：5頁。

5) こうした状況は、本書の第8章を参照されたい。
6) 東京都墨田区 1984：20、21頁。
7) 同上：107頁。
8) 真野地区の産業分類別就業者数を見ると、昭和45年に製造業従事者が52.1％、昭和50年に42.7％と、昭和50年の神戸市全体の25.0％と比較しても高い。京島地区においても昭和45年に製造業従事者が41.9％、昭和50年に40.9％、平成2年に32.6％と、東京都全体(20.1％、平成2年)のなかでも高い。また職業構成で見ても、昭和55年に技能工、生産工程作業者および労務作業者が、京島45.7％、墨田区37.4％、東京都26.5％と、ブルーカラー層の多いのが特徴である。(いずれも国勢調査)
9) 本書の第8章では、ケースとしてこの点を示している。
10) 竹中英紀 1992。園部雅久 1992。

## 5 産業空洞型インナーシティ

昭和50年代以降経済の低成長期に入ると、両地区とも地域の衰退がはじまる。大都市の産業構造は、脱工業化時代の産業構造の転換によって、表4-2

表4-2 産業別就業者数割合（製造・金融・保険・サービス業）

| | | 対全就業者比率 | |
|---|---|---|---|
| | | 製 造 業 | 金融・保険・サービス業 |
| 神 戸 市 | 昭50 | 25.0 | 21.2 |
| | 55 | 22.2 | 23.6 |
| | 60 | 21.1 | 25.8 |
| | 平2 | 19.9 | 28.2 |
| 真 野 地 区 | 昭50 | 42.7 | 13.5 |
| | 平2 | 40.9 | 15.1 |
| 東京都（区部） | 昭50 | 26.1 | 23.9 |
| | 55 | 23.4 | 26.2 |
| | 60 | 21.5 | 28.8 |
| | 平2 | 19.7 | 31.4 |
| 京 島 地 区 | 昭50 | 40.9 | 14.1 |
| | 平2 | 32.6 | 20.2 |

(国勢調査)

のように、東京都でも神戸市でも、昭和55年頃から金融・保険・サービス業の従事者比率が製造業のそれを追い越す。しかし、大都市全域で一様にこうした現象が見られるわけではない。小地域小地域がきわめて多様な発達をとげモザイク状に共存している大都市市街地では、限られた地区をとると必ずしもそうはならず、真野、京島でも、製造業従事者と金融・保険・サービス業従事者の比率は逆転しない。

　一般に大都市市街地では、ドーナツ化現象で人口が減少するとはいえ、脱工業化時代に入ると通勤の便のよい地区には共同住宅、マンションが建ち、第三次産業、サービス業従事者を中心にした新住民が大量に流入するという現象が見られるとされる。しかし、真野、京島は、通勤の便がよいにもかかわらず、第三次産業従事者が新たに流入する余地がないほどに密集過密であり、人口は減少の一途をたどっている。そして、これと平行して、地場産業の衰退が進行している。

　真野地区では、昭和40年代に地域で起こった公害追放の住民運動で町工場が他地区や地区外の工場団地へと転出したという内部的な要因と、低成長期の構造不況によるリストラで生産の主力が最新の設備をもつ県外の工場に移り、真野周辺の大工場が人員整理をしたという外部的な要因[1]によって、二次下請、三次下請を中心にしている地場産業としての町工場の衰退がはじまった。また、過密状況のなかで自営成功者も工場の規模拡大ができずに地区外に出るというメカニズムが働き、地区から出るに出られない構造を生活のなかに抱えているものが残る。表4-3は、真野地区の工業と商業の推移であるが、工場総数は増加してきているものの従業員総数は減少している。規模別に工場数を見ると、10人以上規模の工場が漸次減少し、極端な零細化が進んできている。こうした地場産業の衰退は、地区人口の減少をもたらし、購買力の低下が商業の衰退を引き起こすと一般に説明される。しかし、それ以上に下町の商店と町工場は一種独特の結びつきをもっていて、町工場の衰退は、即、商店の衰退を意味している。地域の飲食店やお惣菜屋さんが、工場労働者を顧客にしているだけではない。小零細工場の経営者は、あらゆる日

表4-3 真野地区の工業(製造業)・商業(小売業)の推移

| 年 | 工場数 | 従業者数 | 従業者規模別工場数 | | | 年 | 商店数 |
|---|---|---|---|---|---|---|---|
| | | | 10人未満 | 10人以上 | 30人以上 | | |
| 昭45 | 197 | 5,589 | 87 | 79 | 31 | 昭45 | 134 |
| 47 | (257 | 5,511 | ― | ― | 30) | | |
| 50 | 314 | 4,508 | 212 | 80 | 22 | 51 | 158 |
| 52 | (308 | 4,113 | 214 | 74 | 20) | | |
| 55 | 349 | 4,074 | 259 | 71 | 19 | | |
| 56 | (203 | 3,872 | 107 | 77 | 19) | 56 | 140 |
| 60 | 387 | 4,264 | 301 | 64 | 22 | 60 | 130 |
| 63 | 396 | 3,901 | 310 | 69 | 17 | 63 | 116 |
| 平2 | 414 | 3,318 | 327 | 73 | 14 | | |
| 3 | (204 | 2,889 | 122 | 68 | 14) | 平3 | 101 |
| 5 | 387 | 3,295 | 299 | 67 | 12 | 6 | 91 |
| 7 | 313 | 2,684 | 243 | 60 | 10 | 9 | 72 |

(工業統計、商業統計)

統計はセンサス区によるので、「東尻池3丁目」分が抜け「苅藻島」分が入っている。
工業統計の昭和47、52、56年、平成3年は、従業員3人以下の事業所は含まれていない。
工業統計は各年12月31日現在の調査であるので、平成7年の低下には震災の影響がある。

常生活品までも近辺の商店から「つけ買い」をし、1ヵ月間現金を動かさなくともやっていけるようなシステムがつくられていて、下町ではこういった町工場と商店群の共生が結構息づいている。町工場が転出するということは、地域のなかのこのようなネットワークが壊れることを意味している[2]。

京島においても同じような地場産業衰退のメカニズムが見られる。ここで地場産業としての町工場の衰退がはじまったのは、昭和40年代の東京都の工場等制限法による主力メーカーの都外移転と、低成長期に入ってからの円高による主力工場の衰退という外部的要因によってであった。表4-4は京島地

表4-4 京島地区の工業(製造業)・商業(小売業)の推移

| 年 | 工場数 | 従業者数 | 年 | 商店数 |
|---|---|---|---|---|
| 昭47 | 484 | 1,739 | ― | ― |
| 50 | 422 | 1,483 | ― | ― |
| 53 | 385 | 1,486 | 昭54 | 287 |
| 56 | 370 | 1,288 | 57 | 295 |
| 61 | 302 | 1,006 | 60 | 257 |
| 平3 | 275 | 1,117 | 平3 | 240 |
| 8 | 232 | 649 | 9 | 209 |

(事業所統計、商業統計)

区の工業と商業の推移であるが、年々町工場も商店も減少しつつあり、地域の活力が失われてきていることを示している。町工場経営者の高齢化と高学歴化した後継ぎのホワイトカラー化による後継者難とによって、「家業の安楽死」が次つぎと進行している。墨田区による京島工業者調査では、後継者のいないもの46.8％、今後の経営方針が自分一代限りとしているものが39.9％にものぼる結果が出ている[3]。真野、京島は共に都内、市内でも家賃の安い地区で事業環境・住環境が決してよいわけではなく、地区外に出られるものは出ていってしまっており、残ったものは一代限りでの経営を続けざるをえないものが多いというのが実情である。

地場産業の衰退と共に、地区の人口が減少し高齢化するという現象が低成長期になると急激に顕在化し、これが何より大きな地域の問題として浮かび上がってきている。表4-5は真野地区、京島地区の人口と高齢化率の推移であるが、どちらも人口が現在、戦後最盛時であった高度成長期から見ると半減していることが示されている。世帯数の推移も減少していることから、この人口減少は地場産業の衰退と相関しているといえるが、真野の場合は、転出した町工場の跡地を住宅にせず、積極的に公園などに緑地化していったことにもよるといわれる。いずれにしても家業としての町工場を廃業したあと

表4-5 真野地区、京島地区の人口推移

| 年 | 真野地区 | | | 京島地区 | | |
|---|---|---|---|---|---|---|
| | 世帯 | 人口 | 65歳以上比率 | 世帯 | 人口 | 65歳以上比率 |
| 昭30 | 2,786 | 11,707 | | — | | |
| 35 | 3,238 | 13,430 | | — | | |
| 40 | 3,110 | 11,808 | 9.2※ | 3,646 | 15,274 | 11.0※ |
| 45 | 2,954 | 10,518 | 7.1 | 3,606 | 13,508 | 8.6 |
| 50 | 2,622 | 8,546 | 10.0 | 3,438 | 11,574 | 13.0 |
| 55 | 2,315 | 6,797 | 12.9 | 3,228 | 10,127 | 13.5 |
| 60 | 2,220 | 6,172 | 15.9 | 3,042 | 8,950 | 14.8 |
| 平2 | 2,196 | 5,731 | 17.7 | 2,989 | 8,159 | 16.7 |
| 6 | 2,385 | 5,474 | — | — | | — |
| 7 | 1,803 | 4,534 | 19.4 | 2,820 | 7,277 | 20.4 |

(国勢調査の町別集計)

真野地区の昭和30年と50年はセンサス区によるので、「東尻池3丁目」が抜け「苅藻島」分が入っている。
平成6年は、12月1日現在の住民票による。
※ 60歳以上の人口比率

も、そのまま住居としてそこに住み続けるために人口は増えず、家族のレベルで見ると、住環境の劣化、狭小さゆえに若い者が結婚を機に地区外に転出し、高齢者だけが残るというメカニズムをそこに見出すことができる。

両地区は戦災で焼け残ったがゆえに戦前からの老朽住宅が多く、地域の活力の衰退や高齢者、生活力のないものが多いことが[4]、建物の更新を困難なものにしている。真野地区では昭和56年の市再開発課による調査で、長屋が

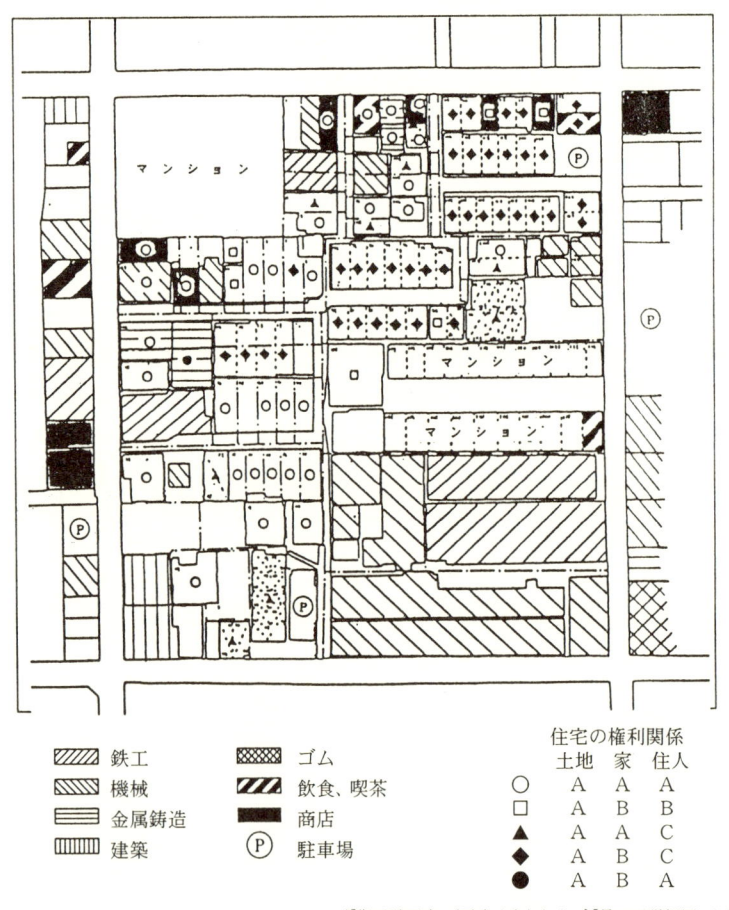

図 4-1 真野地区の一街区、住宅の権利関係

(「街区計画案」(平成1年)および「長田区詳細図」より)

49.4％、全住宅の73.0％が不良住宅という結果が出ている[5]。京島地区では、長屋住宅が58.2％、老朽住宅が43.9％を占めている[6]。さらに建物の更新を難しくしているのは、地主、家主、借家人の関係が錯綜しているという、不動産の所有実態である。図4-1は真野のある街区の建物所有状況であるが、非常に込み入っており、また、地主が地区外に在所していることが事態をさらに複雑なものにしている。同様に京島でも所有関係は錯綜しており、工業者対象の調査であるが、自地自家33.5％、借地自家34.6％、借家30.3％という結果が出ている[7]。

〔注〕
1) 真野およびその周辺の大規模工場の従業員数は、昭和44年から55年までの10年間に平均して42.4％も減少している。詳しい推移については、本書の第8章：185頁を参照されたい。
2) 町工場と商店との地域のなかでのネットワークについては、第8章の185-186頁に詳しく述べている。
3) 東京都墨田区 1984：6, 17頁。
4) 真野地区の場合は、生活保護世帯率が全市平均よりも4.9％（平成2年）も高くなっており、身障者を抱えた世帯も多い（本書第8章：188頁を参照のこと）。
5) 神戸市民間再開発課 1989：3頁。
6) 『京島地区まちづくりニュース』No.1（1980年8月）。
7) 東京都墨田区 1984：23頁。

## 6　「まちづくり」の課題

地場産業の衰退、人口の減少・高齢化、建物の老朽化の有機連関的進行は、脱工業化時代に入ってからの世界の大都市に共通するインナーシティ問題である。欧米の大都市ではこうした問題はすでに昭和50年代はじめ頃から問題にされてきたが、上記の3点のほかに、スラム化、失業の増大、そして、失業と結びついた少数民族とくに移民労働者の大量流入[1]がその大きな特徴として論じられている。また、通勤に便利な地区であることからくる再開発の結

果生じたホワイトカラー中間層住民の再流入（いわゆるジェントリフィケーション）が、注目されてきた。欧米のインナーシティ問題の最大の原因は、地場産業の衰退による職場喪失や失業問題にあるとされるが、神戸のインナーシティの場合、地場産業の衰退が顕著に失業と結びついてはいない。むしろ、高度成長期の公害問題による地域環境の悪化と老朽狭小住宅による劣悪な居住状態が、インナーシティ問題の二大要因であると広原盛明は強調している[2]。私も、この見方を支持する。

　真野、京島ともに地場産業が衰退し続けているのは、脱工業化にともなう急激な産業構造の転換に、地区産業の転換が追いつけなかったことによっている。この意味では両地区は、高度成長期に公害という資本主義発展の矛盾を負わされたのと同じように、現在再び産業発展の皺寄せをもろに喰らい、矛盾の皺寄せが蓄積するという、都市構造のもっとも弱い部分の一角に位置しているといえる。インナーシティの衰退は、資本主義の発達という体制的な要因によって、まさにもたらされてきたのである。この地場産業の衰退は、それまでそこに住んでいた住民の人口減少をまねく一方、地域のなかには、ホワイトカラー層を中心とした新しい流入住民を増大させることができない構造があった。それは、新しい住民を流入させる余地がないほどの密集過密状況と、取り残された木造不良住宅（棟割長屋）に象徴される住環境水準の低さである。

　地場産業の衰退による地区の人口減少・高齢化、生活能力の低下、これが住宅の改善をますます困難なものにしてゆくという環境のなかで、両地区では、何よりも人口の呼び戻しを最大の課題に置く地域の再賦活化の必要性が生まれている。「まちづくり」がこれである。真野、京島とも、昭和55年頃から「まちづくり」がはじまり、住民の代表、有志によって地区再生のための青写真（まちづくり計画）が検討され、これが住民と行政に提案されて行政がこれを事業計画化する活動が進展している。いずれも、①人口の定着、②住商工が一体化した職住近接、③良好で潤いのある住環境を、まちづくりの目標にする点で共通している。竹中英紀は京島の調査をふまえて、大都市下町の

なかにある独立自営化への住民のエートスが、高度成長期までは町会体質の地域社会秩序によって保障されていたが、産業構造の転換でこの秩序形成力が崩れ、そこに「まちづくり」という行政の介入の余地が生まれたという興味深い指摘をしている[3]。しかし、産業構造の転換時にはつとに旧町会体質の秩序が崩れ去ってしまっていた真野地区でも、やはり「まちづくり」が必要だった。真野では住民主体のなかからこの動きが内発的に生じ、京島では最初行政のしかけでこれがはじまったとはいえ[4]、両地区の「まちづくり」は、すでに見てきたように地区のなかにその必然性があった。インナーシティ状況は、「まちづくり」を必要とする環境を共通に生み出していたのである。

　先進的といわれている真野と京島の両地区で、昭和55年前後から、地区計画を援用するような形での修復型「まちづくり」が具体化する背景には、もう一つ、日本の都市計画の大きな流れが関わっている。高度成長期に郊外の開発を優先してきた都市計画は、低成長期に入ると中心部の既成市街地の再開発に重点を移行しはじめる[5]。真野の「まちづくり」に長く関わってきた広原盛明は、阪神大震災からの復興まちづくりのあり方を検証している著書で、神戸市の戦後都市計画行政のなかに真野地区の「まちづくり」を検討し、真野を神戸市のまちづくり施策の先駆的な実験モデルと位置づけている[6]。本書5章以下で詳しく見る真野まちづくりの歴史は、成長型都市計画の下に遅々として進まない既成市街地の住宅更新と住環境整備を課題にしている神戸市との関係において見れば、「まちづくりモデル模索期」（昭和40年〜52年）、「真野モデル形成期」（昭和53年〜平成2年）、「真野モデル相対化期」（平成3年〜）の3期に位置づけられる。第1期は高度成長の時期で、町工場の公害に反対する住民運動の時期である。第2期が低成長期に転換した時期で、既成市街地の住宅更新・環境整備を促進するために神戸市が「まちづくり条例」を定め、真野地区と「まちづくり協定」を結んで長屋の地区改善にむけて動き出す時期である。建設省が都市計画法改正のなかで地区計画制度の創設を打ち出すにあたって、真野地区を地区計画制度適用の調査対象地域としてモデル地区指定をしたことを契機に、この2期がはじまった。1期・2期と、住民主体の

まちづくりを神戸市行政との対抗的相補関係のなかで実践してきた真野で編み出された「まちづくり」のモデルは、条件が異なるほかの既成市街地への応用が容易でないこともあって、第3期に入ると、平成1年策定の「神戸市インナーシティ総合整備基本計画」を機に相対化される。問題地区で住民のエネルギーに依拠しながら段階的にまちづくりを進める「真野モデル」から、問題地区での行政主導・拠点開発型の「プロジェクト・リンクモデル」へと神戸市は重点を移行し、さらに、現在それほど大きな問題を抱えていない地区には市街地環境改善の誘導を市・住民・民間の「協働」で進める「下町活性化モデル」を打ち出し、多様化してくる。

こうして、都市計画の大きな流れとの関わりで真野のまちづくりを位置づけることもできるが、この章では主に産業構造の変化の面からその背景を検討してきた。真野も京島も、住商工混住地区のインナーシティエリアである。両地区の大都市インナーシティエリアとしての現象は、驚くほど類似している。客観的状況は、同じ構造のなかにあることは明らかである。

〔注〕
1) 真野地区では同和の問題は聞かないが、住民には以前から在日コーリアンも多く、外国人が多く住む路地も見られる。また、近年、中国やベトナムの人も増えてきている。まちづくりのなかでは住民ということで一括して捉えているが、現実には、家主が家を貸さないなど、差別の問題があるといわれる。
2) 広原盛明 1996：65頁。
3) 竹中英紀 1992：94頁。
4) 両地区の住民主体と行政主導の吟味、およびその規定要因についての考察は、本書の第10章を参照されたい。
5) 日笠端 1994 は、この視角からのコンパクトな鳥瞰を含んでいる。
6) 広原盛明 1996：第8章、9章、11章、および、176-177頁。

# 第5章　ゆるやかな連合の仕組みの確立

　本章では、神戸市長田区真野地区で行われている「まちづくり」とその前身となった住民運動の展開を、その推進母体となった住民組織との関係を時系列的に扱うなかで分析する。コミュニティ形成がなされるためには、小地域の地域共同体的な「支配的文化」を打ち破るような諸地域集団のゆるやかな連携が必要であることを確認することになるが、真野地区では昭和60年(1985年)頃にはすでにこうした地域の構造が成立していた。ここでは、真野の住民の運動の推進母体になっている町内会・自治会の性格について検討を加え、真野の小地域にある諸団体のゆるやかな連合の仕組みが確立するためには、各単位自治会の相対化と自治会運営の民主化が必要であったことを明らかにする。

## 1　はじめに

　長田区真野地区、というよりは、昭和50年代初頭までは苅藻地区といった方が通りがよかったが、この地区では、昭和40年代に行われた公害追放の住民運動が、以来跡絶えることなく継続し、現在のユニークな「まちづくり」運動につながってきた。この一連の活発な運動については、さまざまな研究がなされ、比較的よく紹介がなされてきた。昭和60年頃までにすでに、真野を素材にした70編におよぶ報告や論文が発表されている[1]。これら真野に関する研究の圧倒的多くは、福祉の視点から真野の住民の運動を扱ったものであ

る。さらに、都市計画や地方自治の問題として真野地区の住民運動を扱ったものも、いくつか見られる。

　しかし、ほとんどの報告・論考が、住民の活動そのものに焦点を置いており、そういった活動を支えてきた住民の個々の活動を、地域の全体構成のなかで位置づけるという視点からこれを扱ったものは少ない。その数少ない主要な論考としては、次の４点があげられるにすぎない。中村八朗の『都市コミュニティの社会学』(1973年)に収録された二つの論文と、『地域住民組織の実態分析』(1980年)、『都市政策』に収録された「神戸市真野地区における住民活動」(1980年)、そして、倉田和四生の「町づくり運動のダイナミック・プロセス」(1982年)があるのみといってよかった。

　中村八朗の『都市コミュニティの社会学』は、都市コミュニティ形成の立場から、町内会・自治会といった既成の住民組織が、コミュニティ形成への有効な戦略基盤となる場合の先進的な事例として、苅藻(真野)を取り上げている。このなかで中村は、苅藻の住民運動が成功した諸条件のうち、かなり重要なものとして「既成住民組織の活用」[2]があったとしている。つまり、「行政の下請けとか保守的伝統の温存基盤」[3]である町内会の、「換骨奪胎」をはかり、「習慣的生活様式とか対内封鎖性というようなものとは逆に、住民の自発性、積極性が充分に息づいており、しかも互いに相手の個性を尊重し……、その反面では互いの間の連携が自覚され、地域の共通問題に対処するに当たっての責任感も旺盛であり、集団的活動も活発であって時にはそれによる強力な抵抗性も発揮されうることもある」[4]コミュニティ形成が、町内会を通じてなされた例として、位置づけられている。しかし、既成の住民組織がどういうふうに換骨奪胎されてきて、コミュニティ形成への有効な戦略となりうるのかは、説明されていない。

　神戸市都市問題研究所編の『住民組織の実態分析』では、神戸市における地域住民組織の現状分析がいくつかなされている。その一つに、苅藻にある自治連合協議会と福祉防犯実践会の２組織が取り上げられ、昭和53年段階での組織構成、役員、会計、活動状況が報告されている。

また、『都市政策』のなかの「神戸市真野地区における住民活動」は、公害追放運動から現在の「まちづくり」運動に至るまでの活動を紹介したあと、今後の住民活動の課題として、活動の後継者の問題をあげるとともに、地域の内部組織とくに自治会組織に着目して、現在二つの自治会連合に区域割れしてる地域組織の統一の必要性を指摘している。しかし、この論文では、こういった地域組織が住民の活動とどのように関わりあってきたのかは、説明されていない。

　倉田和四生の論文は、先の『都市政策』の論文が獲得していた、区域別れした二つの自治会連合に注目し、公害追放から「まちづくり」までの住民運動を担ってきた方の自治会連合と、主に親睦と伝統維持の活動に終始してきたもう一方の自治会連合の性格を、先の『住民組織の実態分析』の資料に依拠しながら対比している。そして、真野地区の住民運動の発展的な展開過程に、タルコット・パーソンズの適応→目標達成→統合→型相維持の過程というAGIL図式を当てはめて、その活動を整理している。あとで詳しく見るように、この地区の住民運動は、第Ⅰ期の公害追放運動、Ⅱ期の緑化運動、Ⅲ期の地域福祉、そして現在のⅣ期、「まちづくり」運動といった4段階にわたって質的転換をとげてきた。運動の空間的な拡がりにおいても、一つの単位自治会にはじまった運動が、現在、学区全体におよぶ形で拡大してきた。この住民の一連の活動過程を捉えて、倉田はこの4段階をそれぞれ、「生活防衛運動をおこなう適応の段階」、「生活環境の美化整備に自ら努力する目標達成の段階」、「地域住民の福祉に努めるコミュニティ活動をおこなう統合の段階」、そして、「町づくりを全般的に形成しコミュニティ形成運動をおこなう型相維持の段階」と解釈している。そして、この活動の整理のなかから、昭和34年に分裂して二つになった自治会連合の区域割れが、運動を持続させている究極的な契機になっているであろう点と、組織の民主的な運営が運動のエネルギーと持続性を保証しているであろう点との、二つの興味ある指摘をもって結論としている。

　倉田の指摘があたっているとすれば、真野の組織の民主的な運営は、苅藻

の住民運動がはじまった当初から、住民組織のなかに確立していたことが予想される。しかし、倉田のこの論考では、現段階での自治会連合の分析をもって「民主的な組織運営」を導出しているに留まり、住民の一連の活動の各段階ごとに、住民組織がどうからみあっているのかが十分に捉えられていない。直観的に指摘された「民主的な組織運営」が、どのようにして苅藻の住民組織のなかに確立されてきたのかが、明らかにされていない。また、せっかく二つの自治会連合の対照的な性格を明確にしておきながら、各時期を追って二つの住民組織の関わりが捉えられていない。AGIL図式にとらわれすぎたためか、運動のダイナミック・プロセスの解明を課題としながらも、分裂した二つの自治会連合が「競い合って地域活動を始めることになった」と、積極的な評価を行う結論へと端的に結びついてしまい、現段階での二つの自治会連合の対照的な性格の捉え方とそこに生ずるコンフリクトの扱いが、不徹底であるように思われる。倉田は、IV期に真野学区全体にまたがって結成された「まちづくり推進会」が、たやすく地域の再統合を果すように捉えている。しかし、問題はもっと複雑であり、昭和40年、41年、47年、54年に四つの単位自治会が、大きな軋轢を起こしながらも、自治会連合の所属替えをしている。このことへの評価が、倉田論文ではあいまいなものになっている。

以上見てきたように、真野に関する従来の社会学的な論考にあっては、住民の活動とそれを支えている地域の住民組織とが別個に扱われている。多少ともからめて扱っていたとしても、表面的な分析に留まり、住民の活動と住民組織との両者の十分な関連性のなかで、住民の活動の推進母体となってきた住民組織の性格を分析することが、十全になされてきたとはいえない。そこで、まず、この真野地区の住民の活動と地域の住民組織との関連に焦点をあてて、どういった性格をもつ住民組織がこの運動を支えてきたのかについて、運動の時期を追って検討することからはじめる。

〔注〕
1) 倉田和四生1982、毛利芳蔵1982、今野裕昭1986に所収の、文献一覧を参照さ

2) 中村八朗 1973：117頁。
3) 同上：105頁。
4) 同上：97頁。

## 2　住民運動の舞台

　真野地区(真野地区の西半分が苅藻と呼ばれるところ)は、図5-1のように、神戸市西部の海岸寄り、臨海工業地区に接する一画である。地区は、南半分が工業地域に、北半分が準工業地域に指定されている、住工混合地区である。第二次大戦の戦災をまぬがれたため、地区内の住宅の半分以上が戦前に建てられたもので、しかも長屋建てが多く、大半が老朽化している。この地区は、北側を国道2号線、東側を兵庫運河、西側を新湊川に囲まれて、地理的に比較的隔離された、まとまった下町的社会をなしている。もとは、明治末期から住宅地として開発されたところで、昭和30年以前は居住環境に恵まれたベッドタウンであったといわれる。ところが、30年代の経済高度成長期から、

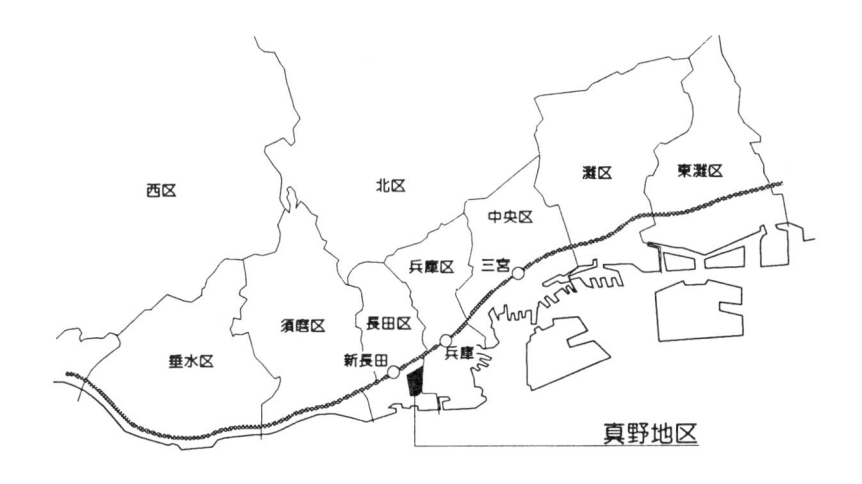

図5-1　神戸市長田区真野地区

ゴム、金属、油脂、機械、マッチ、プレスなどの中小・零細企業の町工場が林立する街へと一変し[1]、昭和40年代には、45haの地区に260社におよぶ工場がゴチャゴチャと存在する住工混在地区になり、生活環境が急激に悪化した。30年代の終わりには、地区の東南、現在の尻池街園のところに、まだ33世帯の不法占拠バラックがたち並び、地区外の者が夜車でゴミをほかしに来たり、何ヵ所かで養豚をやっていたりで、緑がなく、道路も未舗装でゴミだらけ、雨が降ると水が道路を流れ長屋にも流れ込む、外灯もなく、空地もけっこう多く、冬でも蚊や蝿が多い状況だったというから、これに町工場の公害が加わり、スラム一歩手前の状況を呈していたといえる。

神戸市のなかでも長田区は、急激な経済成長の皺寄せがとくに大きく集中したところと見え、神戸市都市計画局が昭和53年に作成した『環境カルテ』を見ても、長田区の北部は、神戸市のなかでもとくに道路の整備状況が悪い

表5-1 真野地区自治会編成

(昭和58年現在)

| | 世帯数 | 班組数 | 真野自治連合会 | 尻池南部地区自治連合協議会 | 苅藻防犯福祉実践会 | 備考 |
|---|---|---|---|---|---|---|
| 東尻池3丁目自治会 | 200 | 14 | | | | |
| 東尻池4丁目自治会 | 360 | 11 | ○ | | | 私設市場が所在 |
| 東尻池5丁目自治会 | 310 | 10 | ○ | | | |
| 東尻池6丁目自治会 | 175 | 5 | | ○ | | |
| 東尻池7丁目自治会 | 237 | 15 | ○ | | ○ | |
| 東尻池8~10丁目福祉会 | 205 | 18 | | ○ | ○ | 10丁目は工場敷地で民家なし |
| 浜添1丁目自治会 | 120 | | | ○ | | |
| 浜添2~4丁目自治会 | 250 | 11 | | ○ | | ○4丁目(Mベルト工場敷地)のみ |
| 浜添5~8丁目自治会 | 105 | 13 | | ○ | ○ | 浜添7・8はM油脂工場で民家なし |
| 苅藻2丁目自治会 | 160 | 10 | ○ | | | |
| 苅藻3丁目自治会 | 150 | 16 | | ○ | | |
| 苅藻4丁目自治会 | 279 | 10 | | | | |
| 苅藻5丁目自治会 | 110 | | | ○ | | |
| 苅藻6丁目自治会 | 83 | 7 | | ○ | ○ | |
| 苅藻7丁目自治会 | 98 | 5 | | ○ | ○ | |

ところ、また、南部は、住宅と工場がおおむね半々に混在するか、大部分が工場であるなかに一部住宅が混在する形での、住工混在地区になっている。南部はさらに、老朽度が高い住宅過密地区となっており、神戸市全体のなかでもとくに生活環境の悪さが目立った地帯になっている。そのためか、住民の地域環境改善運動も活発で、昭和60年当時、神戸市が「まちづくり条例」(昭和57年)を制定し住民の結成する「まちづくり協議会」を認定して、住民の「まちづくり」運動を側面から援助していた地区が3ヵ所あったが、その三つともこの長田区にある。丸山、御菅、真野の3地区がそれである[2]。

真野で「まちづくり」運動がかかっている地区は、一小学校区単位の範囲で、表5-1および図5-2のような構成になっている。この地区は、尻池南部地区自治連合協議会加入の10単位自治会と、真野自治連合会加入の4単位自治会、そして、連合組織に入っていない1単位自治会の、15ヵ町からなっている[3]。さらに、昭和30年代に派出所単位に結成された、大橋、尻池、苅藻の各防犯実践会が重なっている。このうち、大橋、尻池の防犯実践会は他学校区にまたがって広がっているのに対し、苅藻福祉防犯実践会のみが真野小学校区内の南半分で完結している。

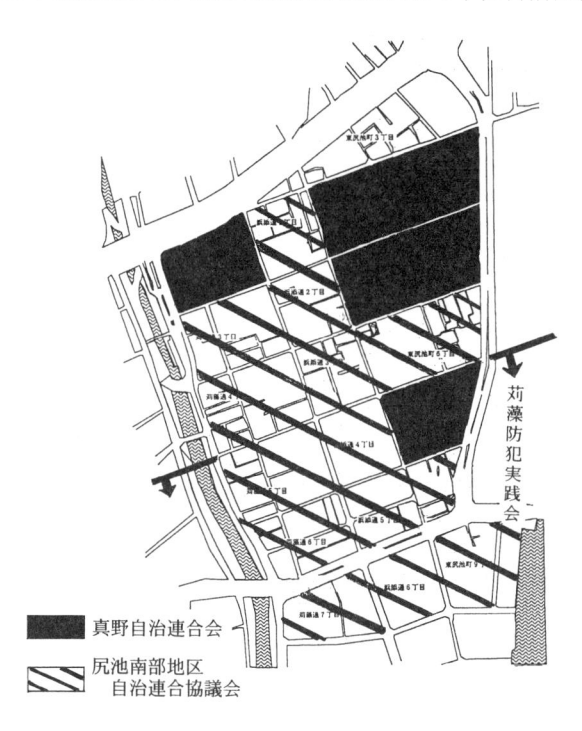

図5-2 真野「まちづくり」の地区構成

表 5-2　真野地区　世帯数・人口推移（指数）

|  |  | 昭和30 | 昭和35 |  | 昭和40 | 昭和45 | 昭和50 | 昭和55 |
|---|---|---|---|---|---|---|---|---|
| 世帯数 | 真野地区 | 86 | 100 | (3,238) | 96 | 91 | 81 | 72 |
|  | 神戸市 | 83 | 100 | (279,599) | 119 | 135 | 152 | 165 |
| 総人口 | 真野地区 | 87 | 100 | (13,430) | 88 | 78 | 64 | 51 |
|  | 神戸市 | 88 | 100 | (1,113,977) | 109 | 116 | 122 | 123 |

（国勢調査の町別人口集計）

(　)内は実数。
昭和30年の真野については、東尻池町3丁目が含まれず苅藻島分が含まれている。
昭和33年に神戸市は、淡河村を合併し、合併人口5,003人が増えている。

公害追放運動がはじまった昭和40年代以降の地区の概要を示すデータを、遡れる範囲で示すと、表5-2から表5-10までのようになる。表5-2の世帯、人口の推移を見ると、世帯、人口とも、昭和35年頃まで増加してきたものが、40年からずっと減少を続けてきており、昭和55年には35年に比し人口が半減している。年齢階級別人口を見ると、表5-3のように、65歳以上の高齢者の比率が増大し、人口減少傾向のなかで高年齢化してきており、若者が地域から流出していることがわかる。また、表5-4で家族を見ても、この10年間に単独世帯が増加し、とりわけ65歳以上の老人の核家族世帯、単独世帯の比率が、神戸市全体から見ても高いことが示されている。地域の人口構成が高年齢化し、老人の核家族世帯、単独世帯が増加してきたことが、昭和40年代の公害反対の住民運動が、老人福祉・地域医療問題へとその課題を質的に転

表 5-3　真野地区　年齢階級別人口構成比

|  |  | 総人口 | 0～19 | 20～29 | 30～39 | 40～49 | 50～59 | 60～69 | 70歳以上 | （再掲）65歳以上 |
|---|---|---|---|---|---|---|---|---|---|---|
| 真野地区 | 昭和40 | 100 (13,311) | 35.6 | 19.0 | 15.8 | 11.0 | 9.6 | 6.3 | 2.7 | — |
|  | 昭和50 | 100 (8,167) | 28.3 | 17.2 | 13.9 | 14.7 | 10.9 | 9.5 | 5.6 | 10.0 |
|  | 昭和55 | 100 (6,797) | 25.9 | 13.5 | 14.4 | 14.4 | 13.2 | 10.1 | 8.1 | 12.9 |
| 神戸市 | 昭和50 | 100 (1,360,605) | 30.1 | 18.3 | 16.4 | 14.5 | 9.2 | 6.8 | 6.4 | 7.6 |
|  | 昭和55 | 100 (1,367,390) | 29.6 | 14.1 | 17.3 | 14.7 | 11.2 | 7.1 | 5.6 | 9.0 |

（国勢調査）

(　)内は実数。
構成比の合計が100に満たない分は、年齢不詳分。
真野地区の昭和40年は町別集計によるが、東尻池町2丁分を含んでいる。
真野地区の昭和50年と55年はセンサス区によるので、東尻池町3丁目が含まれず苅藻島分が含まれている。

表 5-4 世帯および高齢者世帯構成比

| | | 総数 | 核家族世帯 | その他の親族世帯 | 非親族世帯 | 単独世帯 | 65歳以上を含む世帯 | 高齢単身世帯 | 高齢夫婦世帯 |
|---|---|---|---|---|---|---|---|---|---|
| 真野地区 | 昭和45年 | 100.0 (2,691) | 69.4 | 19.7 | 0.7 | 10.2 | — | — | — |
| | 55年 | 100.0 (2,209) | 66.6 | 14.4 | 0.1 | 18.9 | 32.4 | 6.5 | 7.0 |
| | 平成2年 | 100.0 (2,081) | 61.9 | 8.0 | 2.8 | 27.2 | 36.8 | 11.1 | 9.4 |
| 神戸市 | 昭和55年 | 100.0 (434,175) | 69.8 | 12.1 | 0.2 | 17.8 | 21.9 | 3.8 | 5.0 |
| | 平成2年 | 100.0 (530,063) | 65.1 | 7.5 | 1.9 | 25.5 | 24.0 | 5.9 | 6.5 |

(国勢調査)

( )内は実数。
センサス区によるので、東尻池町3丁目が含まれず苅藻島分が含まれている。

表 5-5 15歳以上就業者の産業分類別構成比

| | | 総数 | うち女性 | 農林水産業 | 建設業 | 製造業 | 卸・小売業 | 金融不動産 | 運輸通信業 | 電気ガス水道 | サービス業 | 公務 |
|---|---|---|---|---|---|---|---|---|---|---|---|---|
| 昭和45年 | 真野 | 100.0 (4,982) | 33.9 | — | 6.7 | 52.1 | 1.9 | 2.7 | 8.8 | 0.3 | 8.7 | 1.7 |
| 昭和50 | 真野 | 100.0 (3,895) | 36.1 | — | 7.4 | 42.7 | 23.5 | 3.4 | 10.2 | 0.2 | 10.7 | 1.5 |
| | 神戸市 | 100.0 (605,634) | 32.8 | 1.8 | 7.9 | 25.0 | 26.7 | 4.6 | 11.3 | 0.6 | 17.7 | 3.9 |

(国勢調査)

( )内は実数。
センサス区によるので、東尻池町3丁目が含まれず苅藻島分が含まれている。

換してきた背景になっている。

　さらに表5-5を見ると、この地区の15歳以上の就業人口の約半数が、製造業従業者である。また、女性の比率が高く、共働き家庭が多い。このことが、のちに住民運動のなかで、保育所設置の要望につながっている。表5-6でそ

表 5-6 従業上の地位別就業者構成比

| | | 総数 | 雇用者 | | 自営業主 | | 家族従事者 |
|---|---|---|---|---|---|---|---|
| | | | 雇用者 | 役員 | 雇人有 | 雇人無 | |
| 真野地区 | 昭和45年 | 100.0 (4,982) | 73.2 | 2.0 | 5.5 | 10.0 | 9.3 |
| | 50年 | 100.0 (3,895) | 68.9 | 3.0 | 5.5 | 12.0 | 10.5 |
| | 55年 | 100.0 (3,485) | 65.1 | | 17.9 | | 11.2 |
| 神戸市 | 昭和50年 | 100.0 (605,634) | 79.8 | | 13.6 | | 7.3 |
| | 55年 | 100.0 (625,331) | 75.2 | | 13.7 | | 7.1 |

(国勢調査)

( )内は実数。
センサス区によるので、東尻池町3丁目が含まれず苅藻島分が含まれている。

表 5-7　産業分類別事業所数（真野地区）

| | | 昭和44 | 47年 | 50年 | 53年 | 56年 |
|---|---|---|---|---|---|---|
| 総　　　数 | | 745 | 815 | 756 | 860 | 928 |
| 建　設　業 | | 20 | 20 | 19 | 29 | 33 |
| 製　造　業 | | 260 | 323 | 289 | 346 | 389 |
| 卸・小売業 | 総　数 | 320 | 333 | 304 | 338 | 326 |
| | 卸売業 | 40 | 58 | 41 | 56 | 57 |
| | 小売業 | 185 | 177 | 170 | 170 | 156 |
| | 飲食店 | 95 | 98 | 93 | 112 | 113 |
| 金融保険業 | | 4 | 4 | 1 | 2 | 2 |
| 不動産業 | | 9 | 7 | 9 | 15 | 27 |
| 運輸通信 | | 26 | 18 | 23 | 17 | 22 |
| 電気ガス水道 | | — | — | — | — | — |
| サービス業 | | 106 | 89 | 111 | 113 | 129 |
| そ の 他 | | — | 1 | — | — | — |

（事業所統計町丁別集計）

の従業上の地位を見ると、神戸市の平均と比べて、自営業主、とりわけ雇人のない自営業主と、家族従事者の多い点に特徴が見られ、先の産業分類別従業者比率を考えると、生産・運輸関係の零細企業経営主の多いことが予測される。地区内の事業所数を見ても、表5-7のように、製造業、小売・卸売業が多く、製造業については、表5-8でわかるように、食品、ゴム、金属、一般機械・器具製造業種の工場が多い。このほか、昭和50年頃から電気機械器具製造業種が伸びてき

表 5-8　真野地区に多い業種（工場数、出荷額の上位3位）

| | | 尻池南部地区 | | 苅藻地区 | |
|---|---|---|---|---|---|
| | | 工場数別 | 出荷額別 | 工場数別 | 出荷額別 |
| 昭和45年 | 1位 | ゴム製品製造業 | 食料品製造業 | ゴム製品製造業 | 食料品製造業 |
| | 2位 | 金属製品製造業 | ゴム製品製造業 | 一般機械器具 | 一般機械器具 |
| | 3位 | 一般機械器具 | 一般機械器具 | 輸送用機械器具 | 窯業・土石製品 |
| 50年 | 1位 | 一般機械器具 | ゴム製品製造業 | ゴム製品製造業 | 食料品製造業 |
| | 2位 | ゴム製品製造業 | 輸送用機械器具 | 一般機械器具 | 一般機械器具 |
| | 3位 | 金属製品製造業 | 金属製品製造業 | 金属製品製造業 | 金属製品製造業 |
| 57年 | 1位 | — | ゴム製品製造業 | — | 食料品製造業 |
| | 2位 | — | 一般機械器具 | — | 電気機械器具 |
| | 3位 | — | 鉄　鋼　業 | — | 金属製品製造業 |

（工業統計）

尻池南部地区：東尻池町（4～10丁目）、浜添通、東尻池町。
苅藻地区：苅藻通（2～7丁目）、苅藻島。
昭和57年は、従業員4人以上の事業所のみ調査。

表5-9 工場数、従業者数、製造品出荷額（真野地区）

| | 工場数 | 従業者数 | 出荷額等（百万円） | 従業者規模別工場数比率(%) | | |
|---|---|---|---|---|---|---|
| | | | | 10人未満 | 10～29人 | 30人以上 |
| 昭和45年 | 197 | 5,589 | 50,064 | 44.2 | 40.1 | 15.7 |
| 47年※ | 257 | 5,511 | 54,208 | 88.3 | | 11.7 |
| 48年 | 255 | 4,790 | 45,270 | 90.2 | | 9.8 |
| 49年※ | 255 | 4,365 | 56,830 | 90.6 | | 9.4 |
| 50年 | 314 | 4,508 | 53,987 | 67.5 | 25.5 | 7.0 |
| 55年 | 349 | 4,074 | 68,336 | 74.2 | 20.3 | 5.5 |

（工業統計）

センサス区によるので、東尻池町3丁目が含まれず苅藻島分が含まれている。
※の年は、従業員4人以上の事業所のみ調査。ほかは、全数調査。

ている点が目立つ。工場数の推移は、表5-9に見られるように、年々増加してきているが、昭和48年にはオイルショックの影響で、工場数、出荷額ともに一時停滞していること、また、この地区内工場の大半が、従業員10人以下の零細企業であることが示されている。

　製造業と小売・卸売業の事業所数を自治会単位に細かく見ると、表5-10のように、製造事業所が、昭和44年から50年にかけて他のどの地区でも増加してきているのに対し、40年代に公害追放の住民運動が起こった苅藻防犯実践会の地区では、事業所の伸びが低くなっている。ここに、これから見てゆく住民運動の成果が反映されているのを見てとれる。表において東尻池町3丁

表5-10 真野地区　ブロック別製造業事業所数推移（指数）

| | 昭和44年 | 47年 | 50年 | 53年 | 56年 |
|---|---|---|---|---|---|
| 東尻池3丁目 | 100.0 (15) | 73 | 73 | 133 | 107 |
| 苅藻防犯実践会にかからない真野自治連合会 | 100.0 (69) | 175 | 123 | 168 | 184 |
| 苅藻防犯実践会にかからない尻池南部地区自治連合 | 100.0 (87) | 117 | 128 | 140 | 166 |
| 苅藻防犯実践会にかかる尻池南部地区自治連合 | 100.0 (68) | 107 | 97 | 110 | 129 |
| 苅藻防犯実践会にかかる真野自治連合会 | 100.0 (21) | 76 | 71 | 76 | 67 |

（事業所統計町丁別集計）

（　）内は実数。

目は、昭和42年頃に、地区の一角にあったゴム会社が工場の建て替えを計画したものの地区住民の反対に遭い、工場継続をあきらめたところで、跡地に、下が店舗2階が住宅という建物が建てられた。そしてその後、周囲に商店がどっと増えたところである。真野地区のあちこちに小さな商店のかたまりがあり、小売商店はまんべんなく分散しているが、真野自治連合会の東尻池4丁目には、戦前から真野地区の私設市場があって[4]、市場商店の連合会である共栄会がある。

〔注〕

1) 真野には、戦前マッチ工場が多く、ゴム工場もあったが、住民の9割近くが川崎製鉄、三菱重工などへの勤め人で、静かなところだったという。昭和25年にはじまった朝鮮動乱が、町工場の成長期をつくり出したが、真野でも27年頃、外部から長屋を買いとって工場にするとか、地元の人が会社を辞めて自立し、一階に旋盤を入れ2階に住み、やがては、住宅が転居して工場だけが残るとかいう形で、急激に町工場が増えてきた。真野は、地区内に三ッ星ベルト、隣接地域に三菱重工、川崎重工、神戸製鋼などの大工場があり、下請けが集まりやすかったこともあって、経済高度成長期を通じて町工場がさらに増大した。

2) 真野地区は昭和57年5月に、丸山地区と御菅地区は昭和57年9月にそれぞれ、「まちづくり協議会」が市から認定された。真野地区では、すでに真野地区まちづくり検討委員会、真野まちづくり推進会を中心につめてきた「まちづくり構想」がかたまっていたため、早くも昭和57年10月には市と「まちづくり協定」を締結している。また、隣接する板宿地区は、商店街であるが、区画整理方式と再開発方式を併用することによって、昭和45年以降ずっと「まちづくり」を行ってきたところであり、神戸市にとっては宮崎市政のめだまの一つである市民参加の一つの実験の場であり、このときの経験が現在の「まちづくり条例」に生かされたといわれている。

3) その後、昭和63年に市営住宅(107戸、約6割が地元住民入居)が「まちづくり」で完成し、市営住宅自治会(尻池南部地区自治連合協議会に加入)が結成され、現在は16ヵ町になっている。

4) 尻池4丁目の私設市場は、大正の終わりからあり、市場組合も戦前からあった。しかし、真野学区の西隣の真陽学区に六間道商店街というかなり大きな商店街が戦前からあり、また、北隣には菅原市場、長田市場が、さらに中心商店街としては

バスを利用しての兵庫区の湊川商店街があって、東尻池市場は大きな発展を見てこなかった。昭和60年現在、東尻池市場には30軒ほどの店舗が入っているが、そのほとんどが妻や親が店番をし世帯主が兼業に出るという形で経営されており、市場全体が衰退している（平成7年の震災で、東尻池市場は、完全に廃業に追い込まれた）。また、学区内の商店、飲食店は、戦後町内に増えてきたが、町内に分散しており、各町丁目の客を顧客とする形でなりたっていて、各商店自体の力がなく、業種別組合への個別加入はあっても、学区内全商店の集まりのようなものは形成されていない。

## 3 住民運動の質的転換

前節に見てきたような状況のなかで、真野の住民の運動が行われてきたが、ここで、住民の運動の展開を整理する。

### (1) 公害追放運動のスタート

この地区は、町工場の粉塵、煤煙、悪臭、騒音、振動が昭和30年代後半に増加したばかりでなく、真野の東から南を囲む道路が高松幹線・浜添幹線として四国に通じる幹線道路であった[1]ことによる通過車輌の排気ガスに悩まされ、昭和40年代のはじめには、住民の4割が「かるもゼンソク」と呼ばれる慢性気管支炎に罹っていた。住環境が極端に悪化し、住民が他地区へ流出し人口が激減し、スラム化一歩手前の状態であった。こうしたなかで地区住民は、昭和41年に住民大会をもつことに成功し、生活防衛のための公害追放運動を起こし、以来、表5-11の年表のような、行政の先取りともいえるさまざまな活動を展開してきている。

公害追放運動の最初の活動が、住民自身の手による「公害調査」と「かるもゼンソク実態調査」であったが、こうした活動に積極的な役割を果たしたのが主婦層であった。また、住民大会も、常に120〜30人くらい、多いところには200人近くを動員していたが、婦人層の参加が多かった。当時、真野婦人会は上からの組織で[2]、昭和43年頃までは地区内での活動も不活発であり、当

表5-11 真野地区住民運動年表

| 昭和 | I期 公害追放運動 (昭和40年頃〜) | II期 子どもの遊び場づくり・緑化運動 (昭和46年頃〜) | III期 地域医療・地域福祉 (昭和51年頃〜) | IV期 まちづくり構想 (昭和53年頃〜) | 推進住民組織 | 神戸市の動向 |
|---|---|---|---|---|---|---|
|  | 昭36. 苅藻防犯実践会 公害でぜんそくが多発 昭40. 小地域福祉推進モデル地区指定（市社会福祉協議会）推進組織結成準備委員会）住民大会で住民総参加による地区の改善運動開始 |  |  |  | 昭36. 対藻防犯実践会 |  |
| 41 | 住民大会で、公害追放運動決定 苅藻防犯実践会に公害対策部を設ける |  |  |  | ●対藻防犯実践会の改組 |  |
| 42 | かるもせんぞくに実態調査 公害工場に対する点検と防止装置の要求（K鋳工、丁製糖、Nマッチ、Mゴム、Mテグス、〜昭48年頃） |  |  |  |  |  |
| 43 |  | ●市有空地のデモの遊び場化陳情 |  |  |  |  |
| 44 |  | ●幹線道路沿道に「手づくり花壇」造成 |  |  |  | ●宮崎改革市政誕生 |
| 45 | ●D電機製鋼進出反対運動、住民大会「かるもし割川」第1回町づくり学校（公害と市民）(5回) | ●公害対策と遊び場の公的対策について市長、市政調査会運営の倶楽部・長田区選出の事長、市会議員との対話集会 |  |  |  | ●公害防止協定第1号の締結 |
| 46 | ●製油工場立入検査権を認める公害防止協定を市立会いの下で調印 | ●公害工場移転跡地の利用 ●尻池商店街開設（市） | ●野菜の共同購入 | ●地区改造プランで市長、都市計画局と対話集会 ●市都市計画局、企画局が都市再開発計画の基本調査を実施 | ●尻池南部地区自治連合協議会 | ●丸山自治省モデルコミュニティ地区の指定 ●グリーン神戸作戦 |
| 47 | ●大手製鉄工場の跡地に公害中小工場の集団移転を陳情 ●電機製鋼工場の立入検査をし、工場排水池に魚を放流 |  | ●公害工場跡地に保育所設置要求（署名、陳情） | ●横断歩道橋建設反対 |  | ●神戸市民の環境をまもる条例の制定 |
| 48 | ●工業専用地域への工場進出につき住民大会 | ●東尻池公園開設 | ●生活物資の緊急放出を企業に交渉（石けん、灯油など） |  |  | ●宮崎市長再選 |

第5章　ゆるやかな連合の仕組みの確立

| | | | | | |
|---|---|---|---|---|---|
| 49 | メッキ団地建設反対運動（署名、陳情）／建設後のメッキ団地の設備点検と排水溝への魚の放流／軽量鉄鋼団地を住民が点検 | | 第2回町づくり学校「地域と福祉」(8回)／保育所の設置、かるもち保育所住民協議会の結成 | かるもち保育所住民協議会 | 「あすの神戸を考える市民会議」開催／神戸市民のくらしを守る条例の制定はじまる |
| 50 | 火災のゴム工場再建反対運動 | 緑化推進運動（建設省→真野モデル地区指定）／緑化推進協議会／浜添公園開設（どろんこ広場、落書きコーナー）／真野公園開設（ホタル園） | ふるさと歴史掘起し編集会議（3回）／一人暮し老人の友愛訪問開始 | 真野緑化推進協議会 | 自動車公害防止条例の制定／市民公園条例／新神戸市総合基本計画策定／神戸市民の福祉をまもる条例の制定 |
| 51 | | | 京大工学部西山教室の町づくり現地調査 | | 宮崎市長3選 |
| 52 | テレビ電波障害の実態調査 | 南尻池公園開設 | 第3回町づくり学校「保健医療」教室(8回)／寝たきり老人の入浴サービス開始 | 真野地区まちづくり懇談会 | |
| 53 | | | | | 都市景観条例制定 |
| 54 | テレビ電波障害住民大会 | 地区美化回収のためジュース缶回収はじめる（1カン＝ホタルのエサ1代） | 一人暮し老人の給食サービス開始 | 老人入浴サービスボランティアグループ | |
| 55 | | | 「真野地区まちづくりニュース」1号創刊 | 真野まちづくり検討会議 | |
| 56 | | | 「真野まちづくり構想」を住民に提案／真野まちづくり推進会発足／真野同志会結成 | 真野まちづくり推進会 | |
| 57 | | | まちづくり推進会による認定と「真野地区まちづくり協定」締結／モデル完成「真野ハイツ」／真野地区計画の決定 | | 宮崎市長4選／神戸市地区計画及びまちづくり協定等に関する条例の制定 |
| 58 | T精機テレビ電波障害 | | 8m道路拡幅方針提案／市営住宅建設予定地確保／コミュニティセンター建設予定地確保 | | |
| 59 | | | 賃貸住宅建設 | | |

初の公害追放運動に加わったのは、公害の切実な被害に直面した主婦個人々々であった。当時はまだ共働きも現在ほど多くはなく、婦人層が子どもと一緒に公害調査に加わった。こうした個々人を組織したのが、次節で詳しくその展開を見る自治会を母体とした苅藻福祉防犯実践会であった。

(2) 運動成功の要因

中村八朗は、つとに昭和46年に、苅藻で公害追放運動が成功した条件として、次の8点を指摘している[3]。①指導者に人を得たこと、②住民の地元性が高いこと、③住民のなかに地域社会関係を重視する農村文化をもったブルーカラーや自営業者が多いこと、④住工混在地区で公害多発地帯であったこと、⑤地理的隔離状況のなかに置かれていること、⑥公害工場の従業員を折衝メンバーからはずす配慮があったこと、⑦市側が専門助言者の役割に徹したこと、⑧既成住民組織を換骨奪胎の形で活用できたこと。つまり、まずなによりも、一方で熱心なリーダーの存在があり、他方で②以下の諸条件がフォロアーをつくり出したと見るわけである。

たしかに真野の住民運動には、次節に見るように、一定の展望をもち民主的な組織運営をつくり出した、優れたリーダーが存在している。フォロアーを支えている諸条件のなかで、住民の地元性という点に関し中村は、苅藻地区内か隣接地区で就労する人が多いこと、居住歴の長い人が多いことの2点をあげている。中村は聞き取り調査による地区の概況をもってこの2点を説明しているが、昭和43年に神戸市企画局が神戸市コミュニティ研究会に委託した『神戸市のコミュニティに関する総合実態調査』のなかの「主婦の生活行動調査」によっても、このことは裏づけられている。この調査は、神戸市の本山(市東部の高級住宅地)、宮本(都市部の密集住宅地)、稗田(東部の商店街)、真野(住工混合密集地)の4地区から主婦を対象に、それぞれ130前後のサンプルをとり調査したのもである。主人の通勤圏を見ると、表5-12のように、真野では他地区に比べ、通勤先が地区内とその周辺(神戸市西部)に圧倒的に多く所在するという結果が出ており、とくに、地区内に集中していることを見てと

表5-12 通勤圏（主人）神戸市のコミュニティに関する総合実態調査（1986年実施）結果

| | | 本山 | 宮本 | 稗田 | 真野 |
|---|---|---|---|---|---|
| | 母　　数 | 125 | 144 | 125 | 128 |
| 主人の職場所在地 | 自　　宅 | 3.2 | 9.7 | 28.0 | 11.7 |
| | 半径500m圏内 | — | 4.9 | 4.0 | 16.4 |
| | 500〜1000m圏内 | — | 6.9 | 2.4 | 17.2 |
| | 神戸市都心部 | 9.6 | 14.6 | 11.2 | 3.9 |
| | 神戸市東部 | 8.8 | 17.4 | 18.4 | 3.1 |
| | 神戸市西部 | 5.6 | 10.4 | 5.6 | 19.5 |
| | 神戸市青山部 | 0.8 | 2.1 | — | 1.6 |
| | 阪神圏都市 | 10.4 | 7.6 | 3.2 | 2.3 |
| | 大阪市 | 40.0 | 10.4 | 5.6 | 1.6 |
| | 兵庫県・大阪府 | 7.2 | 2.1 | 1.6 | 0.8 |
| | 不　　定 | — | 4.2 | 4.0 | 4.7 |
| | そ の 他 | 12.0 | 5.6 | 16.0 | 16.4 |
| | 不　　明 | 2.4 | 4.2 | — | 0.8 |

（『神戸市のコミュニティに関する総合実態調査研究 Ⅱ分析データ編』100頁）

表5-13 現住居への入居時期（真野）

| 明治時代 | 0.04% |
|---|---|
| 大正時代 | 3.4 |
| 昭和終戦前 | 21.1 |
| 昭和20年8月〜30年 | 22.7 |
| 昭和31〜35年 | 9.6 |
| 昭和36〜40年 | 10.7 |
| 昭和41〜43年9月 | 10.4 |
| 昭和43年10月〜 | 18.5 |
| 回答なし | 3.6 |

（『真野地区生活環境基礎調査報告書』21頁）

昭和46年11月に実施した真野小学校区全世帯へのアンケート調査の結果。回収率85.8%、有効調査票2,767票。

表5-14 住宅所有形態（真野）

| 持　　家 | 40.5% |
|---|---|
| 民営の借家 | 46.6 |
| 間借・同居 | 6.0 |
| 公舎・社宅など | 3.1 |
| そ の 他 | 0.3 |
| 回 答 な し | 3.5 |

（『真野地区生活環境基礎調査報告書』24頁）

れる。さらに、昭和46年に神戸市企画局が大阪市立大学社会学研究室に委託して、真野学区全世帯を対象に行ったアンケート調査「真野地区生活環境基礎調査」によると、居住歴は表5-13のようになっていて、約7割の世帯が昭和40年以前から住んでいることが示されている。地元性の指標には、これにさらに持家率が加わると考えられるが、同じ46年の調査によると、持家率は表5-14のように4割に達している。これを入居時期別に見ると、「早い時期に入居した世帯ほど持家の割合が高く、昭和30年以前では6割前後となっているが、最近の来住世帯での持家は2割以下であり、民営の借家のみでなく、間借、同居なども多くなっている」[4]。中村が指摘する条件のうち、自営、ブルーカラー層の多いことは、すでに前節で見た通りである。また、行政の対応姿勢、既成住民組織については、次節以下で検討してゆく。

## (3) 公害追放運動の経過と緑化運動

　真野の住民の活動に関する先ほどの表5-11の年表の、第Ⅰ期からⅣ期までの運動の時期区分は、この苅藻の住民運動のリーダー自身の手によってなされたものである[5]。この時期区分に従って、年表に整理した出来事の主要な点をさらに整理すると、表5-15のようになる。

　第Ⅰ期は、昭和41年の住民大会に成功したあと、企業との団交、公害工場の追放運動といった活動を行い、昭和46年には、神戸市立会いの下で、製油工場に住民の立入検査権を認めさせる公害防止協定を結んでいる。こういった方式での公害追放運動が昭和48年頃まで続き、一応の成果を見る。表5-16は、昭和45年進出反対運動が起こったD電機製鋼の場合の経過である。この時期の運動は、東尻池8・9・10丁目の町内からはじまり、真野15ヵ町のうちの6ヵ町（苅藻防犯実践会にかかる範域）だけの、小さな範囲からはじめられた。

　一般に、公害反対の住民運動は、一つの問題が解決するとそのまま立ち消えになってしまうのが普通である。ところが、真野の場合は、同時に、地区外に追放した工場の跡地利用ということで、跡地を市に買い上げさせて保育所や公園をつくらせるという形で、第Ⅱ期の子どもの遊び場づくり・緑化運動へと展開している。昭和47年の『真野地区生活環境基礎調査報告書』によると、表5-17のように、地区住民は当時、この地区の生活環境のなかで、公害工場のほかに、子どもの遊び場とその安全に対して低い評価を与えていたことが示されている。こうしてこの時期には、土曜日曜の住民奉仕による幹線道路沿いの花壇づくりと遊び場づくりにはじまり、表5-11の年表に見るように、昭和46年の尻池街園を皮切りに四つの公園を市に開設させている。しかもその公園には、どろんこ広場、落書コーナー、ホタル園など、他地区の市設公園には見られないユニークな施設が、市との交渉の結果設置されている。その後、各家庭での草花の一鉢運動、工場の堀をとり壊して垣根木を植えさせるといった、緑化運動を推進する。昭和51年には、建設省の緑化推進モデル地区の指定をうけ、表5-18のような住民自身の調査による19ヵ所の緑地

第5章　ゆるやかな連合の仕組みの確立　103

表5-15　真野地区住民運動の各時期の主要なでき事

| I期　公害追放運動（昭和40～、活動範囲6ヵ町） | II期　子どもの遊び場づくり、緑化運動（昭和46頃～、活動範囲15ヵ町） | III期　地域医療、地域福祉（昭和51～、活動範囲10ヵ町） | IV期　まちづくり構想（昭和53頃～、活動範囲15ヵ町） |
|---|---|---|---|
| 〈公害で喘息が多発、住民の4割罹病〉<br>昭和41　住民大会に成功<br>・住民を動員しての企業との団交<br>・公害工場の地域外への追放→跡地に進出しようとする公害企業にはピケをはる<br>↓<br>公害防止装置の設置<br>住民の立入検査を認める<br>公害防止協定の調印 | 〈工場跡地の利用〉<br>工場跡地の保育所、児童公園化、緑化運動<br>・土曜、日曜日に住民奉仕による幹線道路沿いの花壇づくり<br>・家のまわりへの一鉢運動<br>・工場の塀をとり壊させ、植え込み塀をつくらせる<br>・美化運動のためのジュース缶回収の収益を、ホタル園維持経費にあてる | 〈人口減少と住民人口の高齢化〉<br>昭和51　一人暮し老人の友愛訪問<br>昭和53　寝たきり老人の入浴サービス開始<br>・診療に長田医師会の協力<br>・全町カンパで浴槽購入<br>・巡回車方式で、民生委員と周囲の主婦たちのボランティアを中心に<br>昭和55　一人暮し老人への会食方式での給食サービス開始<br>↓<br>給食サービスを受ける老人たちのなかから、造花つくるグループ結成<br>造花をもっての寝たきり老人の友愛訪問<br>（真野自治連合会の老人も巻き込んでの給食サービス） | 昭和52　まちづくり懇談会<br>昭和53　真野まちづくり検討会（15ヵ町）<br>昭和55「真野まちづくり構想」の提案<br>昭和55　真野まちづくり推進会<br>昭和55　真野同志会結成（30歳代・40歳代、昭和58年86名、同志会の会員を「まちづくり推進会」の広報部活動に積極的に加える→後継者づくり<br>昭和57　真野まちづくり推進会の神戸市による認定<br>「真野地区まちづくり協定」を市と締結<br>小街区委員会（小集会）の設置<br>（委員会の構成比例、対象通3丁目（25名、自治会役員、商店主、8m道路拡幅にかかる人で構成、小集会のなかから推進会の委員を選出）] |

表5-16　D電機製鋼と公害防止協定に関する経過報告（抜粋）

> D電機製鋼と公害防止協定に関する経過報告
> 
> 昭和48年6月1日
> 尻池南部自治連合協議会
> 
> 1. 進出反対住民大会
> 　45年11月尼崎から公害発生のD電機がK製鉄跡地に進出するとの情報が伝わり、地域ではこれ以上公害工場は来てほしくないと当局にきびしく抗議するとともに、とりあえず住民大会を開くことにして、会社より社長、専務他、K製鉄より重役、市当局より生活局長、課長の出席を求めて住民大会を開催せり。
> 　席上会社側は公害を出さないことを種々説明、進出について住民の理解を得たいとしたが、住民は公害の恐れのあることを理由にあくまで反対を堅持して譲らず、市当局も住民の納得がなければ進出を許可しないと発言あり、大会は騒然たる中に話し合いはつかず物別れとなる。その後2回住民大会を開催。
> 
> 2. 役員総会の開催
> 　会社はあく迄も進出を企画し県の許可を受けて市当局を通じて再三に亘り地域住民に認めてほしいと申し入れあり、これに対する態度決定について、46年5月～6月の間に役員総会を数回召集討議を重ねた結果、同地域は工業専用地区であるので知事に申請すれば工場は建設できるのが建前であるので、地域住民としては市議会が承認する前になっとくのできる条件をつけて進出を認めるほかなしという結論に達し、この交渉を会長に一任することにした。
> 
> 3. 要望書提出と覚え書きの交換
> 　46年6月18日住民の要求を集約住民代表としてM会長より、市当局へ要望書を提出す。46年6月21日会社は住民の要求を全面認めK製鉄を保証人として市当局立合のもとに覚書に双方調印し各1通保有することにせり。
> 
> 4. 創業開始時の立入検査
> 　　（略）
> 
> 5. 要求の追加事項
> 　　イ．廃水処理装置の実証のため排水口に魚を住ませることを約束（実施ずみ）
> 　　ロ．いおう酸化物吸収装置の増設
> 
> 6. 苅藻地区大気観測所
> 　　（略）
> 
> 　　　　　　　　　　　　　　　　　　　　　　　　　　　　　　以上
> 　　役員総会の議決によって以上の通り経過報告を申し上げます。

可能リストを作成し、関係行政機関と協議するとともに、昭和45年頃から子ども会同士の交流や新湊川の浄化運動を通じて連帯を強めてきていた山の手の丸山地区から、樹木321本の寄贈をうけている。

## 表5-17 生活環境についての評価（平均値）

| 項目 | 値 | 項目 | 値 |
|---|---|---|---|
| ゴミの回収 | 72.3 | 自動車の排気ガス | 29.0 |
| 隣近所とのつきあい | 59.3 | 工場からの騒音・振動 | 28.6 |
| 日常買物の便利さ | 56.1 | まわりの道路の幅 | 27.9 |
| 雨水のはけぐあい | 51.7 | 工場等の出す不快な臭い | 26.9 |
| 交通の便利さ | 51.0 | 大気の汚れ | 22.8 |
| プライバシー | 49.3 | まわりの道路の安全 | 22.7 |
| 陽あたり | 46.7 | 災害の場合の避難場所 | 16.3 |
| 日常買物品の値段 | 36.7 | 川・運河の汚れ | 16.0 |
| まわりの道路の清潔さ | 36.4 | 子どもの遊び場の安全 | 14.8 |
| 通園・通学の安全 | 32.0 | 手近な子どもの遊び場 | 10.8 |
| 自動車の騒音・振動 | 29.5 | 火事の際の延焼 | 9.9 |
| 家の建て込みぐあい | 29.3 | まわりの緑の豊かさ | 9.8 |

（『真野地区生活環境基礎調査報告書』39頁）

質問「あなたのお住まいのまわりの環境で、以下の事例について、どの程度満足しておられますか」の問いに対して、各項目「非常に良好」から「非常に悪い」までの5段階評価の平均値の結果。算出に際しては、「非常に悪い」に0点、「普通」に50点、「非常に良好」に100点を与えている。昭和46年11月に実施した真野小学校区全世帯へのアンケート調査の結果。回収率85.8％、有効調査票2,767票。

## 表5-18 住民調査による緑化可能箇所リスト

| | | 所在地 | 土地所有者 | 事業項目 |
|---|---|---|---|---|
| 緑化推進事業 | 都市公園 | ①尻池街園 | 神戸市 | 街園拡張緑化 |
| | | ②東尻池6丁目 | T社 | 公園整備緑化 |
| | | ③浜添公園 | 神戸市 | 植栽の追加 |
| | 緑化街路 | ①浜添通6丁目 | 神戸市 | 街路緑化 |
| | | ②浜添通6丁目と東尻池町9丁目の間 | 神戸市 | 街路緑化 |
| | 緑化推進組織の育成と緑化の推進 | ①東尻池町6丁目のTアパート | T社 | 企業寮の緑化 |
| | | ②東尻池町6丁目のモータープール | H社 | モータープールの緑化 |
| | | ③東尻池町3丁目 | S社 | 敷地内の緑化 |
| | | ④東尻池町3丁目 | K社 | 敷地内の緑化 |
| | | ⑤東尻池町3丁目 | F社 | 構内車置場の緑化 |
| | | ⑥浜添通4丁目、苅藻通5丁目 | M社 | 構内緑化 |
| | | ⑦浜添通5丁目の保育園 | 神戸市 | 緑化 |
| | | ⑧浜添通5丁目の小路 | | 小路の緑化 |
| | | ⑨浜添通3丁目のモータープール | Dモータープール | モータープールの緑化 |
| | | ⑩東尻池町9丁目の高松線沿 | C社 | 高松線沿緑化 |
| | | ⑪東尻池町9丁目のK社西側 | K社 | 構内道路沿の緑化 |
| | | ⑫東尻池町9丁目ちびっ子広場 | 神戸市 | ちびっ子広場緑化 |
| | | ⑬東尻池町9丁目ガレージ | | ガレージの緑化 |
| | | ⑭東尻池町8丁目の小路 | | 小路緑化 |

（『眞野校区緑化推進地区51年度実績報告書』16頁）

### (4) 地域福祉・医療の運動

　昭和50年代に入ると（第Ⅲ期）、地域の住民の高齢化に伴い、一人暮し老人の友愛訪問、巡回車をもっての寝たきり老人の入浴サービス、さらには、寝たきり老人をつくらない方法をということで考え出した会食方式での、一人暮し老人への給食サービスが行われる。

　当時新聞に一人暮し老人の孤独死の記事が盛んに出たことに触発されて、民生委員を中心に向こう三軒両隣りのボランティアが一人暮し老人を訪問する、一人暮し老人の友愛訪問が昭和51年にスタートした[6]。その後、保健婦を招いて地区で開いた研修会や町づくり学校（保健医療教室）での学習を機に、寝たきり老人が切実に望んでいることを、尻池南部地区自治連合協議会と真野学区の民生委員協議会が中心になって、昭和53年に寝たきり老人の入浴サービスをはじめる。このときは、カンパを尻池南部全町に訴え、一口500～1,000円くらいの住民カンパをもらい、10日間で315,400円を集め、携帯用浴槽2台を購入している。そして、入浴老人の事前診断を地域の医師に奉仕で頼み、保健婦の応援を得て、男女4人ずつのボランティアが各町ごとに出る形で実施した。寝たきり老人の住居は老朽アパートも多く、冬期間の入浴はできないので、夏期間のみ、最初の年は学区の寝たきり老人21名のうち希望者12名を対象に入浴させている。のちに神戸市から、1回3,000円の補助金が出るようになったが、これは医師への謝礼に使われ、タオル、石鹸、消毒水などの必要経費は自治会を通じての署名カンパで調達し、基本的にボランティアの努力で継続されてきている[7]。

　さらに、寝たきり老人、身障者をつくらない運動をと、医師、保健婦を呼び研修会を積み上げ、55年からは一人暮し老人を対象にした会食方式の給食サービスもはじめている。民生委員とボランティアが各町1ヵ月交代で奉仕し、尻池北部は老人いこいの家、南部は公会堂（尻池南部地区の集会所で老人いこいの家も兼ねる）を会場に、学区内135名の一人暮し老人のうち、それぞれ16名、32名を対象に、月2回ずつ、毎回最低3名のボランティアが出て昼食をサービスしている。地区には調理設備をもった施設がない[8]ので、地域の給

食会社に格安で仕出をしてもらい、老人からは1回100円の負担金をもらって行っている。会食後は保健婦を呼んでの講習会や真野校区の演芸同好会を呼んで催物を開いたりもする。最初の年度には、尻池南部地区自治連合協議会を中心に各町福祉バザーを行い、純益20万円のカンパを得てこれでスタートし、その後も、毎年、住民カンパ、バザーで基本的な財源を賄ってきた。会食に集まる老人のなかで、15人の造花づくりグループが結成され、年に1度自分たちがつくった造花をもって寝たきり老人を友愛訪問するといった活動も生まれ、現在これは、老人会の事業の一部になっている。

　福祉ボランティアの数が増えたのは、給食サービスがはじまってからのことで、昭和57年にはボランティアの会が結成され、昭和60年現在、男性19名女性79名の、98名で構成されている。この地区内の企業は優先的に地区の人を採用するという措置をとっているため、この地区の主婦はパートに出ているものが多いが、ボランティアの若い主婦にもパートに出るものが多く、各町のボランティア長にとっては、日昼のボランティア確保も大変な仕事である。

　真野地区の住民運動は、こういった形で運動の質的な転換をはかりながら、これを内容的にも空間的にも拡大・持続させてきている点に、大きな特徴が見られる。

### (5) 学習重視の運動スタイル

　こういった運動は、地区住民の署名とカンパで支えられているが、とくに運動の転換期には、専門家や学者を呼んで地区の公会堂で開いた町づくり学校をはじめとする、住民の学習活動が大きく寄与している点を、指摘することができる。表5-19は、過去3回開かれた「まちづくり学校」のプログラムである。第1回目のときは、苅藻防犯実践会主催、長田区と神戸市、兵庫県の各社会福祉協議会後援で73名の受講者があり、第2回目には60名、第3回目のときも70名弱の受講者があった。夜2時間ずつの講義に、あらゆる層からの人が集まったという。このほかにも、外部から専門家を呼んでの研修会や学

## 表 5-19 まちづくり学校プログラム

第 1 回 まちづくり学校プログラム (昭和 45 年)

| 回 | と き | テーマ | 先 生 |
|---|---|---|---|
| 1 | 3月22日(金) | 開講式・環境と市民 | 神戸大学医学部助教授　　塚本 利之 |
| 2 | 3月29日(金) | 地域と福祉 | 同志社大学文学部助教授　　井岡　勉 |
| 3 | 4月5日(金) | 新しい都市づくり | 京都府立大学家政学部助教授　広原 盛明 |
| 4 | 4月12日(金) | 映画と討論会・閉講式　これからの町づくり | 映画「コミュニティづくりの基礎」助言　　　　兵庫県社会福祉協議会 |
| 5 | 4月14日(日) | 住民活動交歓会 | (交換地区)　京都市右京区葛野地区 |

第 2 回 まちづくり学校プログラム (昭和 49 年)

| 回 | と き | テーマ | 先 生 |
|---|---|---|---|
| 1 | 6月17日 | 公害と健康 | 神戸大学医学部助教授　　塚本 利之 |
| 2 | 6月29日 | 公害と市民 | 神戸大学医学部助教授　　塚本 利之 |
| 3 | 7月15日 | 健康と町づくり | 神戸市長田保健所 |
| 4 | 8月12日 | 子どもの遊び場づくり | 全国社会福祉協議会地域組織部 |
| 5 | 9月11日 | 老人とくらし | 神戸養老院院長　　　　　渡辺 敏子 |
| 6 | 9月29日 | ボランティア活動(善意と奉仕) | ボランティアグループ　　G・ポク |
| 7 | 10月15日 | 子どものしあわせ | 神戸市民政局児童課課長　藤原　孝 |
| 8 | 11月18日 | 町づくりの原理 | 立命館大学教授　　　　　真田　是 |

第 3 回 まちづくり学校プログラム (昭和 52 年)

| 回 | 月 日 | 講 義 課 目 | 講 師 |
|---|---|---|---|
| 1 | 2月11日 | 入学式・体のしくみとはたらき | 上田耕造　内科医師 |
| 2 | 2月25日 | 救急と急病の処置 | 内田敬止　外科医師 |
| 3 | 3月11日 | 子どもの病気(熱と痛み) | 梶木豊二　常磐大教授 |
| 4 | 3月25日 | 福祉と制度(老人看護・実習) | 保健婦長　長田保健所 |
| 5 | 4月8日 | ガン(胃、肺、子宮)病気と予防 | 荻野俊夫　内科医師 |
| 6 | 4月22日 | 上手な医者のかかり方 | 湧谷　煌　内科医師 |
| 7 | 5月13日 | 福祉と制度を考える | 猪野美子　神戸新聞記者 |
| 8 | 5月27日 | 町づくりと地域医療の今後・卒業式 | 毛利芳蔵　防犯会長 |

習会が頻繁に開かれており、リーダーの言葉を借りれば、「運動に頭うちがあったり、問題が起きたりすると、知りたい問題についての研修会や学習会を開催してきた」。こうした活動を通して、かるもゼンソク実態調査にすでに見られ、また、昭和51年の緑化推進運動に典型的に見られるように、まず住民自身の手で地区の現況を調査し、調査を通じて問題点を明らかにし、その解決方法を学習を通して見出していくという独自のスタイルが確立され、このスタイルが第Ⅳ期の「まちづくり」に入った現在も続いている。こうした学習の積み上げが、受講者たち住民の運動の原動力になっている。

### (6) 「まちづくり」運動

　老人福祉・地域医療の活動が充実するとともに、運動はやがて質的に大きな転換をとげ、第Ⅳ期の「まちづくり」構想に入る。まちづくり構想は、根本的な地区の改造をめざすものであり、第Ⅲ期までの運動とは質的に異なった性格の運動と思われる。指導者によれば、この間の転換は次のように整理される。すなわち、第Ⅲ期までは、「住民の健康と生活を守る防衛的なあとおい活動に終始してきた」のであり、「実践活動を繰り返しながら、何か私達に欠けているものがあるのではないかという疑問につきあたり、試行錯誤のすえ到達したのが、根本的な地区の改造ということである」。「あとおい運動からさきどり運動へ」、「住民は受身から能動へ、防衛から攻勢へと転換する町づくりを願いはじめていた」[9]。こうして昭和52年に、住民代表と神戸市とで「まちづくり懇談会」を発足させ、53年にはこれが「真野地区まちづくり検討会議」に発展解消し、表5-20のようなまちづくりの三つの目標をねりあげた。

　「まちづくり」の構想づくりは、昭和46年、尻池街園の開園式に出席した神戸市市長と住民が、地区改造プランについて懇談会をもったことにはじまる。このなかで市長は、真野地区の北半分を住宅地、南半分を工場地という形で用途純化する方向を示し、「地域の環境改善は、役所の考え方でつくる都市計画ではなく、地域での計画が先行すべきである」との、真野地区の環境整備への基本的姿勢を示した。その後、市と住民の間で長田区長主催のまちづく

表 5-20　真野まちづくりの 3 目標と 2 原則（昭和 55 年）

| まちづくりの3目標 | ①人口の定着をはかり、いきいきとした'まち'をつくる。<br>　（現在老人層が多いとか年齢の片寄りつつあるのを、バランスのとれた人口構成をめざす）<br>②住宅と工場が共存、共栄し、調和のとれた'まち'をつくる。<br>　（住宅と工場を適度に分離しながら、生産活動と住居環境の調和をめざす）<br>③建てづまりをなくし、安全でうるおいのある住宅環境をつくる。<br>　（生活環境施設の整備を図り、建てづまりを解消しながら、戦前の長屋にかわる良質の住宅—3〜4階の共同住宅—を整備し、空間の確保をめざす） |
|---|---|
| 目標達成にむけてのまちづくりの2原則 | ①段階的なまちづくり<br>　（長期的な展望をもって、段階的にまちづくりをすすめる）<br>②住民・工場・行政の役割分担によるまちづくり。<br>　（住民、工場、行政が相互に役割分担をしながら、住民及び工場や商店の事業者が主体となって'まちづくり'を進める） |

（真野地区まちづくり検討会議『真野まちづくり構想』（昭和55年7月）より抜粋）

り懇談会がいくどかもたれ、そのなかから、①まちづくりは学区一体で行う、②地元住民が計画案を作成しそれに市が協力する、③段階的整備を行う、という三つの基本的方針が確認された。

　昭和40年代後半は、苅藻の住民運動に対して各種の研究調査が入った時期であったが、繋がりができた京大建築学教室が、昭和49年にまちづくりパイロットプランを作成し、これが、まちづくり構想のイメージの具体化へのきっかけをつくっている。昭和52年には、まちづくり構想策定の準備的性格をもって「まちづくり懇談会」が常設され、建築専門家のコンサルタントを加えて、計画づくりの手順を試行しはじめた。53年には、プランづくりの本格的な体制をつくるために、懇談会の役員4名の名前で住民有志に検討会議結成の呼びかけがなされ、地元有志27名（自治会関係15名、商店・工業関係8名、各種団体4名）、学識経験者4名、市職員4名の計35名からなる「真野地区まちづくり検討会議」が結成された。検討会議は、地区全体で「まちづくり学習講座」を開催し、まちづくり小集会をいくたびかもつ形で、表5-21のような計画テーマの整理の下に、構成を詰めてきた。こうして、55年には、「まちづくり構想」の提案がなされ、「真野まちづくり推進会」が発足し、57年には市と「真野地区まちづくり協定」を結び、表5-22のような骨子の「まちづくり地区計画」の策定によるルールづくりを行った。そして、「まちづくり推進会」を

表 5-21 真野地区「まちづくり構想」計画テーマのまとめ

| 計画テーマ | な に が 問 題 か | 検 討 項 目 |
|---|---|---|
| (1)住宅・環境の改善 | ・住宅、工場、商店がいりまじり、道路も狭く、建てづまった、うるおいのない市街地である。<br>(反面、車の入らない豊かな生活空間がある) | 住宅まわりの環境を良くする。 |
| | ・住宅の多くは長屋で老朽化。長屋は権利関係が複雑で法規制もあり建替えが難しい。<br>(反面、小路が日常の近所づきあいの単位) | 今ある住宅を改善する。 |
| | ・時代にあった住宅が少なく、住める住宅がないところから、地区を出ていく人が多く、老人層が多いなど、人口構成のバランスがくずれてきている。<br>(反面、交通・買物の便、恵まれた仕事、下町的住みやすさがあるため、定住希望者も多い) | 新しい住宅をつくる。 |
| (2)住宅と工場の関係改善 | ・住宅と工場が混在し、工場側の公害対策では解決できないところが残っている。 | 今ある工場を改善する。 |
| | ・工場をどこでも新しく建設できる。(大工場に隣接、労働力の確保等の恵まれた工場の立地条件) | 住宅・工場の立地を誘導する。 |
| | ・工場経営者、とくに町工場は将来とも現状で経営が維持できるか、先行きに不安がある。<br>(反面、町工場が多いことは、職住近接で住みやすい) | 工場の移転・集団化を進める。 |
| (3)道路の改善 | ・公道は幅員が狭い上に各交差点に隅切りがなく、また、路上駐車が多く危険。 | 公道を整備する。 |
| | ・小路は狭いところや行き止まりのところもあり、災害など緊急時に不安。<br>(反面、車が入れず、住民相互の交流の場、子どもの安全な遊び場) | 小路を整備する。 |
| (4)駐車場対策 | ・工場跡地等の有効な利用がなされず、駐車場になっているものが多い。時間貸しが少ない。<br>(反面、利用可能な空き地となる) | まちづくりの将来像にそった利用の協力を求める。 |
| (5)自動車公害対策 | ・地区の北部は、国道2号線、高速道路からの公害が激しい。 | 騒音遮断をはかる。 |
| (6)施設整備 | ・将来の課題として公園、コミュニティ・センター(文化、医療、郵便、区役所出張所)等が必要。 | 2001年を迎えるべき施設の整備をおこなう。 |

(『真野地区まちづくりニュース』第2号(昭和53年12月)より作成)

中心に、市営住宅の早期建設、隅切の整備、コミュニティーセンター用地の確保、駐車場の上に共同住宅を建設、長屋の共同建替えの推進、東西幅員12m道路・南北幅員8m道路の拡幅といった、ものづくりを進め、徐々に地区の改造を推進している。この第IV期になると、運動も、真野学区15ヵ町全体

表5-22 真野地区地区計画の骨子(まちづくりのルール)

1. 土地利用の方針
 1) 住宅と工場の分離。両者を街区単位で分け、住宅街区と住工協調街区に分け、北部に住宅、南部に工場という方針で分離してゆく。
 2) 住宅と工場を適正に配置するため、住宅街区、住工協調街区での建築物等の用途の制限をおこなう。
  イ) 住宅街区では新規の工場建設はできない。
  ロ) 住工協調街区では、マンション等共同住宅の建設はできない。
2. 公道整備の方針
 1) ゆとりのある空間を創出するために、街区道路沿いの壁面の位置制限により、
  イ) 街区道路を6mまで両側拡張してゆく。
  ロ) 街区道路が交差する箇所の隅切りをしてゆく。

(神戸市『みんなの力でルールづくりを』12、13頁より作成)

をまき込む形で展開してくる。

### (7)「まちづくり」の背景と特徴

　この地区の「まちづくり」の基本的な問題は、工場と住宅が混在していることと、大正年間に建てられて戦災に遭わなかったがゆえに老朽化した木造の長屋が多いことである。したがって、地区改造もこの2点を中心に展開することになる。

　表5-23は、昭和46年に行われた「生活環境基本調査」で明らかにされた、真野地区の住宅の種類であるが、当時半数を長屋形態が占めており、震災前の時点でもさほど大きく変わっておらず、増築や改築をしていても基本的に長屋形態といえるものが相当ある。とくに、現在、地区内の一人暮し老人には、長屋の借家住まいのものが多く、昭和60年当時で、月8千円から1万円くらいの家賃も含めて、毎月7万円くらいの生活費で暮らしているものが多い。この地区は、表5-24のように長田区でも、とくに低所得者層の多いところとなっているが、すでに表5-4で見たように老人夫婦世帯、老人独居世帯が多いことも、年収平均を押し下

表5-23 住宅の種類（真野）

| | |
|---|---|
| 一戸建て | 19.7% |
| 長屋建て | 49.4 |
| 文化住宅 | 12.4 |
| アパート | 13.1 |
| その他 | 2.1 |
| 回答なし | 3.2 |

(『真野地区生活環境基礎調査報告書』22頁)

昭和46年11月に実施した真野小学校区全世帯へのアンケート調査の結果。回収率85.8%、有効調査票2,767票。

表 5-24　世帯の年間総収入

(構成比)

| | | 120万円以下 | 120万～240万円 | 240万～360万円 | 360万～480万円 | 480万～600万円 | 600万円以上 | 回答合計（実数） |
|---|---|---|---|---|---|---|---|---|
| 昭和56年 | 真野小学校区 | 16.6 | 31.5 | 24.6 | 14.6 | 7.8 | 4.8 | 499 |
| | 長田区平均 | 11.7 | 24.3 | 25.3 | 16.7 | 11.3 | 10.7 | 11,015 |
| 昭和58年 | 真野小学校区 | 14.8 | 29.3 | 28.7 | 15.7 | 7.7 | 3.8 | 338 |
| | 長田区平均 | 12.7 | 25.7 | 26.2 | 16.4 | 10.1 | 9.0 | 8,419 |
| | 神戸市平均 | 8.8 | 19.3 | 25.3 | 18.9 | 13.7 | 14.0 | 81,097 |

(神戸市市民局『第10回神戸市民全世帯アンケート報告書』昭和56年度、
神戸市市民局『第12回神戸市民全世帯アンケート報告書』昭和58年度より作成)

げている結果になっている。こうした老人にとっては、仮に長屋を取り壊すことになって市営住宅に入ろうとしても、家賃が高くなり、簡単には動けないといった問題も出てくる。さらに、長屋の共同建替えをするにしても、持家を含めて、この地区の地権関係は複雑で、調整がなかなか難しいのが現状である。昭和46年には、持家40.5％、民間の借家46.6％、間借・同居6.0％になっているが、「持家」世帯について宅地は所有地か否かを見ると、所有地49.9％、借地46.7％と、ほぼ半々になっている[10]。

　こうしたなかで、真野のまちづくり計画は、先に見た建物をつくるときのルールの設定によって、その時点その時点でできることからはじめる短期目標の5ヵ年計画を、4期積み上げて目標に近づこうという、20年の長期計画で段階的に修復型の「まちづくり」をする形をとっている。地区の建物を街区ごとにせよ一斉に撤去し、一挙に再開発を行うという性格のものではなく、地区の北部を住宅街区、南部を住工協調街区に分け、このなかでの個人による建替えを、道路沿いの壁面後退、住宅街区での工場規制、住工協調街区での住宅規制などの「まちづくりのルール」で規制する形で、できるところから整備していくという、息の長い実施法をとるところに特徴が見られる。

　「まちづくり」の推進にあたって、検討会議・推進会では、真野まちづくり構想を、たとえば住民投票のような形で、住民に一括して賛否を問うといった確認は意識的にしていないのが、もう一つの特徴である。構想の具体的内

表5-25　昭和56年度全世帯アンケートによる市政への要望事項

(構成比)

|  | 防災対策 | 公害対策 | 交通安全対策 | 住宅建設・住宅環境 | 消防や救急 | 消費者のための施策 | 老人や児童のための福祉 | 青少年対策 | 排ガスや路上駐車など自動車規制 | 都市再開発や市街地の整備 |
|---|---|---|---|---|---|---|---|---|---|---|
| 真野小学校区 | 11.1 | 16.4 | 18.7 | 33.1 | 6.2 | 7.6 | 29.2 | 10.9 | 32.7 | 11.7 |
| 長田区平均 | 13.3 | 13.5 | 17.5 | 21.1 | 6.7 | 11.9 | 31.5 | 12.6 | 32.0 | 7.7 |
| 神戸市平均 | 12.3 | 12.0 | 16.5 | 19.1 | 6.9 | 12.8 | 29.4 | 11.3 | 23.7 | 8.3 |
|  | 文化・体育やリクレーション | や公園の整備―まちの緑化―グリーン作戦 | バスや地下鉄など交通事業 | 道路や側溝の整備 | 病院・保健 | 学校教育 | 港湾・観光や産業の振興 | 心身障害者・難病者のための社会福祉 | クリーン作戦まちの美化 | 回答合計 |
| 真野小学校区 | 6.6 | 11.9 | 9.0 | 9.4 | 22.0 | 13.6 | 2.7 | 15.2 | 11.7 | 513 |
| 長田区平均 | 9.8 | 15.4 | 11.0 | 9.9 | 23.3 | 15.3 | 2.8 | 15.2 | 14.7 | 11,255 |
| 神戸市平均 | 13.2 | 16.9 | 16.3 | 10.7 | 26.5 | 17.3 | 3.1 | 15.1 | 15.3 | 108,601 |

(神戸市市民局『第12回神戸市民全世帯アンケート報告書』昭和58年度)

容は、個々の事業化の段階でまだまだ変更されてゆくべきだという認識の下に、「まちづくり」のプロセスそのものを大事にするからである。表5-25は、真野の住民の行政への要望事項であるが、公害対策、住宅建設・住宅環境、路上駐車などの自動車規制、都市再開発や市街地の整備の項目が、他地区と比べて多くなっている。とくに、住宅建設・住宅環境、および、地区の道路が狭いこと[11]からくる路上駐車の規制要望が突出しており、地区の改造というものづくりへの関心の高さが示されている。この状況の下で、「まちづくり」は、総論に対してことさら強い反対がないということで、できる部分からモザイク的、段階的に合意形成してゆくことを戦術にしている。こうしたなかで、昭和60年9月から、苅藻通4丁目が、工場跡地への市営住宅の建設構想もあって、真野地区ではじめての街区の青写真づくりの作業に入っている。

〔注〕
1) 現在、高松へのフェリー・ターミナルは須磨に移り、高松幹線・浜添幹線の交通量も当時に比べればよほど緩和されたとはいうものの、当時はフェリーターミナルがすぐ隣の駒ヶ林にあったために、交通の流れは東尻池3丁目で国道2号線と分かれ、苅藻を通りぬける高松幹線・浜添幹線に集中していた。当時は、最高で1日7万台の車両が通過したという。
2) 神戸の婦人会組織の戦後の展開を見ると、昭和20年代の戦後民主化の時期に、あいついで婦人団体が結成された。と同時に、学区レベルの地区婦人会も結成されている。昭和28年には神戸市婦人会が発足し、25年には神戸市婦人団体協議会が結成されている。昭和28年には神戸市婦人大会が開かれ、『婦人神戸』が創刊されている。また、地区レベルでも、23年の垂水婦人会の結成を皮切りに、区レベルでの連合婦人会があい次いで結成され、26年には兵庫区、長田区で連合婦人会が発足している。活動組織体としての婦団協は、地域組織としての地区婦人会を系列化しながら、消費者運動を中心に活動を展開し、昭和42年には実行委員会制度をとり入れて部会制を敷き、昭和43年には婦人市政懇談会制度をスタートさせるなど、市政への積極的な参与をしてきている。
3) 中村八朗 1973：113-117頁。
4) 神戸市企画局 1972：24頁。
5) 毛利芳蔵 1980b：100-102頁。
6) その後神戸市からの補助金が出るようになり、地域に友愛訪問のネットワークが張りめぐらされていたが、阪神大震災のときに、このネットワークは有効に作用した。友愛訪問のリーダーたちは、自分の家族が大丈夫だったことを確認すると、自分の担当のお年寄りたちを一回り廻っている。
7) 昭和62年に、長田区腕塚に市の福祉センター「サルビア」が開設されたのを機に、サルビアでの入浴サービスを受けるようになった。さらに震災後、平成9年に真野にも福祉センターが開設され、現在はここで入浴サービスが行われている。
8) 震災後建設された福祉センターのなかに調理室が設置され、現在給食はここで行われている。
9) 毛利芳蔵 1984a：33頁；1980b：101頁；1984b(下)。
10) 神戸市企画局 1972：24-25頁。
11) 真野の周辺を囲む幹線道路を除くと、地区のなかを碁盤の目のように走る道路幅は、大正年間の区画整理以来そのままの広さ（平均4m）である。また、区画道路間の街区には幅3m以下の路地（私道）が数多く入っている。

116　第Ⅱ部　インナーシティ型コミュニティ形成の社会組織

## 4　運動の空間的拡大と推進母体組織の変遷

前節に見たような住民の自主的な活動の母体になった住民組織の推移を、

**表5-26　真野地区住民運動**

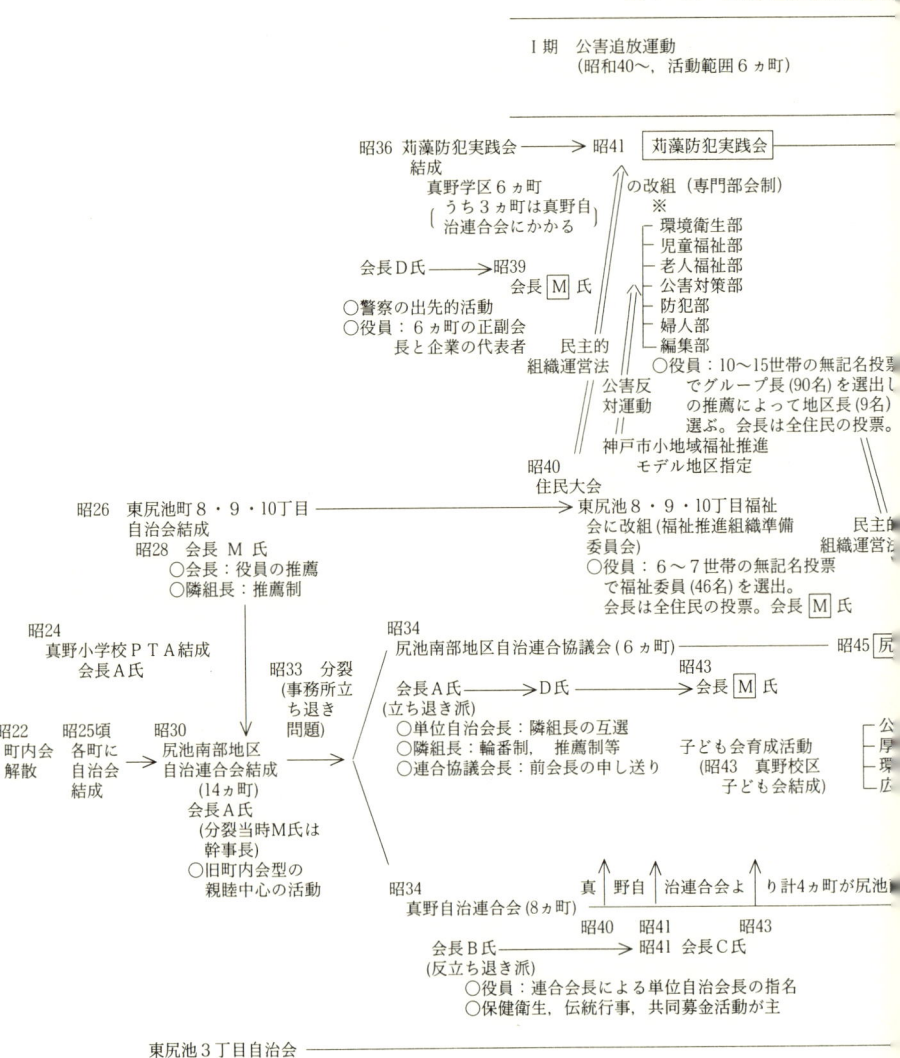

Ⅰ期　公害追放運動
　　　（昭和40～，活動範囲6ヵ町）

昭36　苅藻防犯実践会　→　昭41　苅藻防犯実践会
　　　結成　　　　　　　　　　の改組（専門部会制）
　　　真野学区6ヵ町　　　　　　※
　　　（うち3ヵ町は真野自　　　―環境衛生部
　　　　治連合会にかかる）　　　―児童福祉部
　　会長D氏　→昭39　　　　　　―老人福祉部
　　　　　　　会長 M 氏　　　　―公害対策部
　　　　　　　　　　　　　　　　―防犯部
　　○警察の出先的活動　　　　　―婦人部
　　○役員：6ヵ町の正副会　　　 ―編集部
　　　　　長と企業の代表者　民主的
　　　　　　　　　　　　　組織運営法　○役員：10～15世帯の無記名投票
　　　　　　　　　　　　公害反　　　でグループ長（90名）を選出し
　　　　　　　　　　　　対運動　　　の推薦によって地区長（9名）
　　　　　　　　　　　　　　　　　選ぶ。会長は全住民の投票。
　　　　　　　　　　神戸市小地域福祉推進
　　　　　　　　　　モデル地区指定
　　　　　　昭40
　　　　　　住民大会

昭26　東尻池町8・9・10丁目　　→　東尻池8・9・10丁目福祉
　　　自治会結成　　　　　　　　　会に改組（福祉推進組織準備　　民主的
　　　昭28　会長M氏　　　　　　　委員会）　　　　　　　　　　　組織運営法
　　　○会長：役員の推薦　　　　　○役員：6～7世帯の無記名投票
　　　○隣組長：推薦制　　　　　　　で福祉委員（46名）を選出。
　　　　　　　　　　　　　　　　　会長は全住民の投票。会長 M 氏

昭24　　　　　　　　　　昭34
真野小学校PTA結成　　　尻池南部地区自治連合協議会（6ヵ町）――――――昭45 尻
会長A氏　　　　昭33 分裂　　昭43
　　　　　　　（事務所立　会長A氏　→　D氏　→会長 M 氏
　　　　　　　　ち退き　　（立ち退き派）
昭22　昭25頃　昭30　　問題）　○単位自治会長：隣組長の互選　　　公
町内会　各町に　尻池南部地区　　○隣組長：輪番制、推薦制等　　子ども会育成活動　　厚
解散　自治会　自治連合会結成　　○連合協議会長：前会長の申し送り　（昭43 真野校区　　環
　　　結成　　（14ヵ町）　　　　　　　　　　　　　　　　　子ども会結成）　　広
　　　　　　　会長A氏
　　　　　　　（分裂当時M氏は
　　　　　　　　幹事長）
　　　　　　　○旧町内会型の
　　　　　　　　親睦中心の活動　　昭34　　　　　　　真　野自　治連合会よ　り計4ヵ町が尻池
　　　　　　　　　　　　　　　　真野自治連合会（8ヵ町）
　　　　　　　　　　　　　　　　　　　　　　　昭40　昭41　昭43
　　　　　　　　　　　　　　　　会長B氏　→　昭41 会長C氏
　　　　　　　　　　　　　　　　（反立ち退き派）
　　　　　　　　　　　　　　　　○役員：連合会長による単位自治会長の指名
　　　　　　　　　　　　　　　　○保健衛生、伝統行事、共同募金活動が主

東尻池3丁目自治会 ――――――――――――――――

第5章　ゆるやかな連合の仕組みの確立

活動の展開にあわせてたどってみたのが、表5-26である。

## 推移と運動推進母体組織

| II期　子どもの遊び場づくり、緑化運動（昭和46〜、15ヵ町） | III期　地域医療、地域福祉（昭和51〜、10ヵ町） | IV期　まちづくり構想（昭和53〜、15ヵ町） |

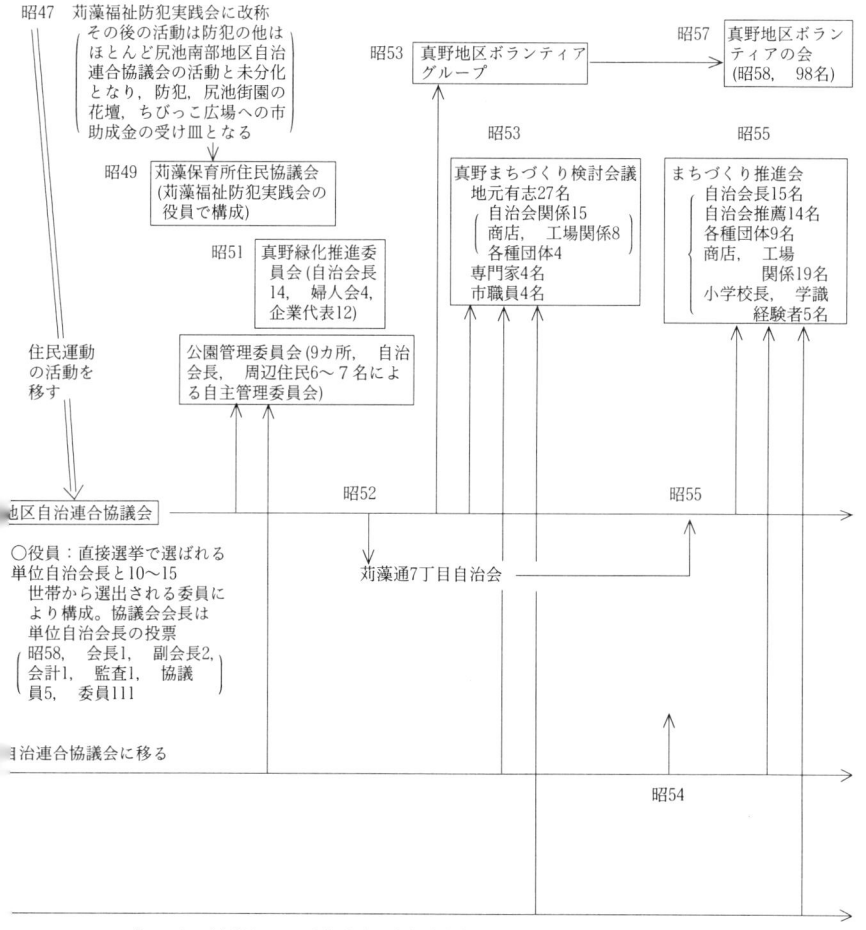

昭47　苅藻福祉防犯実践会に改称
　　　その後の活動は防犯の他はほとんど尻池南部地区自治連合協議会の活動と未分化となり、防犯、尻池街園の花壇、ちびっこ広場への市助成金の受け皿となる

昭53　真野地区ボランティアグループ

昭57　真野地区ボランティアの会（昭58、98名）

昭49　苅藻保育所住民協議会（苅藻福祉防犯実践会の役員で構成）

昭53　真野まちづくり検討会議
　　　地元有志27名
　　　（自治会関係15
　　　　商店、工場関係8
　　　　各種団体4）
　　　専門家4名
　　　市職員4名

昭55　まちづくり推進会
　　　自治会長15名
　　　自治会推薦14名
　　　各種団体9名
　　　（商店、工場関係19名）
　　　小学校長、学識経験者5名

昭51　真野緑化推進委員会（自治会長14、婦人会4、企業代表12）

住民運動の活動を移す

公園管理委員会（9ヵ所、自治会長、周辺住民6〜7名による自主管理委員会）

地区自治連合協議会

○役員：直接選挙で選ばれる単位自治会長と10〜15世帯から選出される委員により構成。協議会会長は単位自治長の投票
（昭58、会長1、副会長2、会計1、監査1、協議員5、委員111）

昭52　苅藻通7丁目自治会

昭55

昭54

自治連合協議会に移る

※『かるも』創刊号には、改組当時、身体障害者福祉部が部会の一つにあったと記されている。当初身体障害者福祉に取り組んだが、地区内に身障者はふたりだけしかおらず、部会を廃し、身障者をつくらない運動に切り換えたという。

## (1) 苅藻防犯実践会の性格変容

　昭和40年代の公害追放運動で住民運動の先駆けとなり、中心になったのは、東尻池8・9・10丁目自治会で、昭和40年神戸市の社会福祉協議会から「小地域福祉推進モデル地区」に指定されてから、蚊蝿の駆除でゴミ清掃、薬まき、道路掃除に活発に動き出した。その活動は、単一自治会内に留まらず、苅藻の南側6ヵ町にまたがる苅藻防犯実践会に広がる。苅藻防犯実践会は、昭和36年に結成されたが、当初は、警察の出先き的活動をやっていた。防犯実践会といっても名前だけで、実質的には歳末警戒にあたり青年団[1]が一生懸命夜警をしていたにすぎず、駐在所維持の金集めもしていたという。昭和41年の住民大会を機に、苅藻防犯実践会は専門部会制へと大幅に改組され、公害対策部を中心に活動が推進される。表5-27は、昭和44年度の活動内容である。単に防犯活動に留まらず、保健環境衛生、福祉、公害対策と、生活全般にわたっての活動を見てとれる。また、昭和47年から53年までの間には、野菜の

表5-27　昭和44年度苅藻防犯実践会活動内容

| | |
|---|---|
| 防犯活動 | 防犯懇談会(67回)、防犯の日活動(24回)、防犯灯新設(増設30灯)、防犯診断(12回)、防犯パトロール(71回)、年末警戒(6回)等、グループ長会議(12回)、防犯活動反省会(1回) |
| 児童健全育成活動 | 地域子ども会の結成と育成援助(プール水泳大会(10回)、パネル展、親子運動会、ハイキング)、カギッ子対策学習教室の開催、中学卒業生激励会の開催、ちびっ子広場づくり、歩道の花壇づくり(3回)、年末火の用心(7回)、学童の交通安全指導、防犯映画会(2回) |
| 保健、環境衛生活動 | 蚊、蝿の撲滅運動の展開、地区内の一斉殺虫剤散布の実施、道路、側溝の清掃各月1回、道路舗装と側溝整備を市へ陳情等 |
| 公害対策 | 調査活動(ゼンソク調査2回)、公害発生工場への陳情交渉(14回) |
| 身体障害者福祉活動 | 身障者をつくらない運動(工場の安全操業の呼びかけ、交通安全設備設置の陳情)、交通災害対策(自治会を通した1口10円の団体交通事故保険) |
| 老人福祉活動 | 老人と子どもの交歓会(敬老会、クリスマス会)、老人クラブ活動の援助 |
| 交流 | 四日市市公害視察団との懇談、住みよい神戸を考える会との地区懇談会、市長との地区懇談会 |
| その他(防犯広報活動) | パンフレット、チラシ等の配布、回覧、交通安全旗、防火四角旗の作成と掲揚 |

(『かるも』第3号、『苅藻地区の概要(保健福祉地区組織活動推進地区)』より作成)

第5章　ゆるやかな連合の仕組みの確立　119

共同購入を行っており、49年には地元企業と交渉の上、洗剤の半値放出や生活保護世帯への灯油の無料配布を行うなど、消費生活面での生活防衛の活動も行っている。この時期、とくに子どもを介した連帯づくりということで、子ども会の育成に力を入れており、防犯実践会が子ども会交流を行っている。41年には母親クラブが結成され、43年には真野校区連合子ども会が結成されて、丸山をはじめとする他地域の子ども会との交流が、活発に行われた。

(2)　尻池南部地区自治会連合協議会の性格変容

D電機の地区進出問題を機に昭和48年頃から、この住民運動の活動が、すでに戦後まもなく15ヵ町に結成された自治会の二つの連合体のうちの一つである、尻池南部地区自治連合協議会(当時9ヵ町にまたがる)に移された。以後今日まで、この尻池南部地区自治連合協議会が、住民の運動の強力な推進母体として続いている。表5-28は、尻池南部地区自治連合協議会の昭和44年度と47年度の支出決算の対比である。44年度に典型的に見られる費目書式が、昭和30年代から46年までの「総会資料」に一貫して見られ、神社祭典、共同募金、慶弔といった伝統的町内会活動を行うタイプの連合会であったことを示している。45年、46年になるとこれに新たに事業費(福祉に関する事業費)の費

表5-28　尻池南部地区自治連合協議会決算報告支出の部

| 昭和44年度 | 支出 | |
|---|---|---|
| 夏祭費 | 49,680 | 氏子会費、初穂料 |
| 秋祭費 | 126,860 | 渡式分担金、遥拝所費他 |
| 衛生費 | 133,520 | 薬品代、人夫料他 |
| 共同募金 | 200,800 | 大口分 |
| 保健衛生費 | 12,600 | 保健所費 |
| 慶弔費 | 23,500 | 伊勢神宮奉賛会他 |
| 運営費 | 20,213 | 会議費他 |
| 予備費 | 32,875 | 苅藻プール使用料、総会記念品代他 |
| 少年野球助成金 | 20,000 | |
| 諸雑費 | 6,000 | |
| 次年度繰越金 | 42,714 | |
| 計 | 668,762 | |

| 昭和47年度 | 支出 | |
|---|---|---|
| 会議費 | 36,960 | 総会及び役員定例会 |
| 衛生費 | 44,643 | 薬剤散布外 |
| 祭礼費 | 60,000 | 秋、夏祭お供料 |
| 遥拝所費 | 37,140 | 公会堂遥拝所設営費用 |
| 助成金 | 42,500 | 青少年の育成及びその他 |
| 分担金 | 96,000 | 御渡式・東尻池公園・氏子会費 |
| 公害対策費 | 16,250 | D電機の件についての印刷費 |
| 環境費 | 25,455 | 花木、いも苗木、その他 |
| 慶弔費 | 15,000 | 香典及び見舞6件 |
| 雑費 | 11,310 | 伊勢神宮お供その他 |
| 共同募金 | 190,400 | |
| 別途積立 | 80,000 | 長田祭昇当番費 |
| 次年度繰越 | 28,825 | |
| 計 | 684,483 | |

(昭和45年度、昭和48年度『総会資料』尻池南部地区自治連合協議会)

目が加わり、過渡的な移行形態を示すが、47年には公害対策費、環境費(49年からは福祉関係費)という費目がつくられ、以後固定化する。事業報告書の部分も、それまで定例役員会、総会、環境衛生(薬剤散布)、保健衛生(結核予防検査)、共同募金、少年野球、長田神社祭、親子運動会、親子水泳大会といった、形式的な項目に開催回数を載せる形で続けられてきたものが、45年、46年にはD電機進出をめぐる地区住民大会の項目がつけ加わる。そして、昭和47年の事業報告書からは、公害対策、福祉、緑化を含む多彩な行事、活動を、月日を追って年表風に記載してゆく書式にがらりと変わり、かなり具体的な活動内容が報告されるものになっている。

表5-29は、昭和49年度の苅藻福祉防犯実践会[2]と尻池南部地区自治連合協議会の事業報告をもとに整理した両活動内容の対照である。防犯実践会の防犯活動、老人を対象にした福祉関係の活動[3]、そして、自治連合協議会の共同募金、神社祭典、衛生を除くと、両者の活動はダブっており、実質的に同じ活

**表5-29　苅藻福祉防犯実践会と尻池南部地区自治連合協議会の昭和48年度の主な活動**

| 苅藻福祉防犯実践会 | 尻池南部地区自治連合協議会 |
|---|---|
| 防犯活動 |  |
| 公害追放運動 | 公害追放運動 |
| 兵庫運河八尾四郎像改修運動 | 兵庫運河八尾四郎像改修運動 |
| 他地区との子どもの交流・子どもの福祉 | 他地区との子どもの交流・子どもの福祉 |
| 子どもの遊び場づくり | 子どもの遊び場づくり |
| 保育所の建設運動 |  |
| 老人福祉 |  |
| 健康診断 |  |
| 花壇づくり |  |
| 野菜の共同購入 | 野菜の共同購入 |
| 洗剤、灯油などの生活物資放出運動 | 洗剤、灯油などの生活物資放出運動 |
| 市民シンポジウム参加等学習活動 | 市民シンポジウム参加等学習活動 |
| 福祉大学講座に参加 |  |
| まちづくり学校 | まちづくり学校 |
|  | 共同募金協力 |
|  | 盆踊り協力 |
|  | 長田祭遙拝所設営等神社祭典 |
|  | 衛生(薬剤散布) |

(昭和49年度『かるも福祉防犯総会資料』、同年度『尻池南部地区自治連合協議会総会資料』より作成)

動が両方に記載されている。住民運動の活動母体が昭和48年頃からあと、防犯実践会から自治連合協議会に移ったことの本質的意義は、運動が実践会の6ヵ町から連合協議会の9ヵ町の範囲に拡大したという点にあると見ることができる。

### (3) 推進母体団体の移行

　運動団体の移行がすんなりいった理由は、何であったろうか。実践会範域の6ヵ町にとっては、連合協議会も防犯実践会も、両者ともその基礎は各町自治会にあったのであり、自治連合協議会の委員は全員が同時に防犯実践会の役員でもある。苅藻福祉防犯実践会範域では、世帯主から自治会役員に選ばれるものは、全員が同時に防犯実践会の役員としても選ばれており、昭和58年現在でも防犯実践会の役員90名のうち約6割が、同時に自治連合協議会の委員になっている。尻池南部地区自治連合協議会の役員には、このほかに、防犯実践会の範域にかからない4ヵ町（当時は3ヵ町）選出の委員が加わり、総勢121名で構成されている。そして、防犯実践会の方は、上述の自治会関係の委員にもなっている役員のほかに、老人福祉部、児童福祉部、婦人部を中心に活動し、世帯主ではない役員が約40名程、さらに加わるという形になっている。したがって、運動の主体が移行してきたといっても、各町では、実質的には同一人物が継続して活動を続けているわけで、活動継続のための組織再編といったような変更はなかった。さらに、防犯実践会の範域で、活動母体組織を防犯実践会から自治連合協議会にすんなり移行した理由に、防犯実践会の活動が、運営レベルでは、当初から代議制ではなく住民集会（住民大会）という全員参加方式で、ぐるみ的に行われてきたことによるという点があったと思われる。防犯実践会は、世帯主以外の住民も巻き込む形で、いわば6ヵ町の諸団体の連絡協議会的な役割を果たしてきたといえる。

　昭和49年の苅藻福祉防犯実践会の役員の属性は表5-30のようになっているが、職業別に見ると会社員が半数を占めており、夜仕事が終わったあと活発に活動していたことがわかる。また、年齢別にも、各世代万遍なく活動に

表5-30　昭和49年度　苅藻福祉防犯実践会　役員の属性

| 職業別 | | | | | 性・年齢別 | 男性 | 女性 |
|---|---|---|---|---|---|---|---|
| 建築業 | 1 | 運送業 | 1 | | 20～29歳 | 4 | 7 |
| 食品業 | 1 | 塗装業 | 1 | | 30～39歳 | 17 | 13 |
| 製綿業 | 1 | クリーニング業 | 1 | | 40～49歳 | 13 | 5 |
| 木工業 | 1 | 写真業 | 1 | | 50～59歳 | 10 | 3 |
| 鉄工業 | 5 | 公務員 | 3 | | 60～70歳 | 14 | 0 |
| 建材業 | 1 | 会社員 | 43 | | 計 | 58 | 28 |
| 畳商 | 1 | 主婦 | 18 | | | | |
| ブリキ商 | 1 | 無職 | 1 | | | | |
| 米穀商 | 1 | | | | | | |
| 飲食業 | 4 | 計 | 86 | | | | |

表5-31　昭和58年度　尻池南部地区自治連合協議会　委員の属性

| 職業別 | | | | | 性別 | |
|---|---|---|---|---|---|---|
| 建築業 | 4 | 運輸業 | 3 | | 男性 | 100 |
| 建具業 | 1 | 運転手 | 2 | | 女性 | 21 |
| 家具製造業 | 1 | 左官業 | 1 | | | |
| 鉄工業 | 11 | クリーニング業 | 1 | | | |
| 板金業 | 1 | 写真業 | 1 | | | |
| 工作所 | 1 | 賃貸業 | 1 | | | |
| アルミ鋳造 | 1 | デザイナー | 1 | | | |
| 洋服商 | 2 | 公務員 | 2 | | | |
| 寝具店 | 1 | 会社員 | 44 | | | |
| 酒屋 | 2 | 会社役員 | 3 | | | |
| 果物店 | 1 | 主婦 | 8 | | | |
| 医療品販売 | 2 | 無職 | 13 | | | |
| 飲食店 | 4 | 不明 | 1 | | | |
| その他自営業 | 3 | | | | | |
| | | 計 | 121 | | | |

参加していること、さらに、とくに最初の公害追放運動に立ち上がったのは女性が中心だったわけで、役員に女性の多いことが特徴として見られる。こうした傾向の多くは、現在にも基本的に受け継がれており、表5-31の尻池南部地区自治連合協議会の委員を見ても、他町丁の町内会・自治会とは違った構成をもっている。

(4) 組織運営の民主化

すでにあげた表5-26に戻り、ここで、昭和40年代の苅藻防犯実践会と尻

池南部地区自治連合協議会のリーダーの交代を重ね合わせると、大変興味深い事実が浮かび上がってくる。昭和40年当初から現在までずっと運動の中心になってきたMさんは、昭和40年の「小地域福祉推進モデル地区」の指定がきっかけになった住民大会で、東尻池8・9・10丁目自治会の組織運営を民主的な形に改革し、この方式を苅藻防犯実践会さらには尻池南部地区自治連合協議会へと拡大してきている点である。

　Mさんは、すでに昭和28年から、役員の推薦で東尻池8・9・10丁目自治会の会長に選ばれていた。当時会社勤めをしていたこともあって、神社祭典、共同募金といった活動を主体とし、隣組長も推薦制で決めるという、普通の自治会と同じ運営を行っていた。その後、昭和40年に自治会を東尻池8・9・10丁目福祉会に改組したとき、6～7世帯から1名の福祉委員を無記名選挙で出し、会長は住民による直接選挙の方式に変えた。翌41年には、すでに昭和39年に会長になっていた苅藻防犯実践会に、この方式を推し広めた。41年の住民大会を機に、防犯実践会を民主的な組織運営の形に大幅に改革している。10～15世帯を単位とする無記名選挙でグループ長を選び、そのグループ長のなかから推薦で9名を地区長に選び、会長は全住民の投票で決める。この開票を2年に1度、総会の場で行う。そして、同時に、専門部会制を導入して、機構を七つの専門部に改組し、地区長を部長に、90名の全役員をいずれかの部会に貼りつけ、活動に積極的に巻き込む運営形態をつくり出した。

　昭和41年改組以前の苅藻防犯実践会は、6ヵ町の単位自治会長、副会長と各企業の代表者の役員で構成され、隣組単位レベルからの役員は入っていなかった。この意味で、当時の防犯実践会は活動力がなく、年末警戒をするくらいの仕事しかできなかった。昭和41年の改組によって、隣組単位からグループ長を出したことが、実践会から企業代表を排除したこととあいまって、積極的な公害追放運動の展開を可能にしたのであった。

　その後Mさんは、昭和43年に尻池南部地区自治連合協議会の会長に就任する。45年には、保健衛生、伝統行事、共同募金といった旧い伝統的なタイプの活動しかそれまでしていなかったこの町内会連合に、新たに公害対策部を

設け、41年に防犯実践会で行ったのと同じ方式で、民主的な仕組みに大幅に変えている。自治連合協議会はそれまで、輪番制や推薦制で選ばれた隣組長の互選で単位自治会長が決まり、連合協議会長は前任者の申し送りで決定されていた。これを、防犯実践会と同様に、2年に1度ずつ、10〜15世帯の隣保単位に無記名投票で1名ずつの委員を出し、単位自治会の副会長はこの委員が投票で選び、会長は総会で住民の直接選挙で選ぶ形に、また、連合協議会の会長は単位自治会長9名の投票で選ぶ形に変えている。同時に、公害部、厚生部、環境部、広報部からなる部会制を設置した。そして、昭和48年頃からは、すでに指摘したように運動の推進母体を、学区の南側6ヵ町しかカバーしない防犯実践会にかえて、当時9ヵ町に拡大していた尻池南部地区自治連合協議会に移してゆく。

昭和49年には、工場跡地に新たに入ってこようとした工場に対し、住民が住民大会をもちピケまで張ってこれを阻止し、用地を神戸市に買い上げさせ建設させた苅藻保育所が完成する。その充実のために、同年、苅藻福祉防犯実践会が母体になって苅藻保育所住民協議会が結成され、プール等の施設づくりや運動会等の行事への協力を進めた。51年には、真野校区が建設省の緑化推進モデル地区の指定を受けたのにともない、自治会長14名と婦人会の役員4名、地区内企業12社の代表からなる真野校区緑化推進協議会を結成した。この一時期、真野校区全体に広がる形で組織が組まれ、活動が行われる。この前後に、公園のある町の自治会長を頭に周辺の住民からなる公園管理委員会が、あいついで結成される。さらに53年からは地域福祉の活動が本格的にはじまり、苅藻福祉防犯実践会、尻池南部地区自治連合協議会を母体に、民生委員を中心にボランティアによる活動がはじまる。こうした活動で実行部隊となり、あるいはまた、住民カンパなどを通じて支えとなっている大枠が、自治会である。

(5) まちづくり推進会と自治会連合のコンフリクト

真野学区の自治会の連合体[4]は、昭和33年に事務所の立ち退き問題で意見

が分かれ、尻池南部地区自治連合協議会と真野自治連合会との二つに分裂したが、真野学区の8ヵ町(現在は4ヵ町)で構成された真野自治連合会は、昭和34年以降、保健衛生、祭り等の伝統行事、共同募金活動といった伝統的な活動を中心に、運営されてきた。Ⅲ期の老人福祉活動もこの地区では、自治会によってではなく、もっぱら民生委員協議会の北部委員たちの手で、むしろ尻池南部地区自治連合協議会と連携しながら行われてきている。この真野自治連合会は、昭和60年当時も、単位自治会長と連合会役員の連合会会長による指名等、伝統的な体質の運営方針で動いていた。昭和55年以降のⅣ期の「まちづくり」構想期に入ると運動が真野学区全体に広がるため、真野自治連合会は「まちづくり推進会」のなかで尻池南部地区自治連合協議会と連合して動く形になり、真野自治連合会会長Cさんと、苅藻の運動リーダーMさんとは、さまざまなコンフリクトをはらみながら、まちづくり運動を推進してゆくことになる。たとえば、昭和58年に、浜添通4丁目の駐車場跡にマンションが建設され、1階に灘生協のスーパーが進出するという計画がもち込まれた。商店経営者たちは生協と競合するということで反対、住民は買い物が便利になるということで賛成と、意見が二つに分かれた。そのときの意志決定手続きについてのリーダー層両者の相違は、表5-32のようなものであった。Mさんは、「手続きがしんどい」とは言っているものの、「住民大会のようなものでさえ、ただ、異議なしという承認が多く、本音が出てこないので」と、あくまでも小集会で出されてきた意見の重視を考えている。こうした姿勢を「まちづくり」に反映するために、尻池南部地区自治連合協議会の10ヵ町で

表5-32 灘生協スーパーの進出に対する対応

(昭和58年3月段階)

| C さ ん の 論 理 | M さ ん の 論 理 |
| --- | --- |
| 地元消費者代表の話は聞いた<br>地元商店主側の話は聞いた<br>↓<br>まちづくり推進会の正副代表者会議(構成員7名)と灘生協との会合で決定する | 地元消費者代表の話は聞いた<br>地元商店主側の話は聞いた<br>↓<br>両者の声を灘生協に伝える<br>↓<br>地区住民と灘生協の話し合いをもつ<br>↓<br>まちづくり推進会議の場で決定する |

**表5-33 真野地区まちづくり推進会活動母体と地区内住民組織**

(昭和59年3月)

| 地域組織の種類 | | 団 体 名 | |
|---|---|---|---|
| まちづくり推進会の活動母体 | 自 治 会 | 尻池南部地区自治連合協議会<br>真野自治連合会<br>東尻池町3丁目自治会 | 10ヵ町<br>4ヵ町<br>単独町会 |
| | 婦 人 会 | 真野婦人会 | 各町に支部 |
| | 老 人 会 | 尻池南部和楽倶楽部 | |
| | 民生委員協議会 | 尻池南部北部民生委員協議会 | 南・北役員各8人 |
| | 壮 年 会 | 真野同志会 | |
| | 子 ど も 会 | 真野連合子ども会 | 15の単位子ども会 |
| その他 | 防 犯 実 践 会 | 苅藻福祉防犯実践会<br>尻池防犯実践会<br>大橋防犯実践会 | |
| | 消 防 団 | 長田消防団第6分団 | 真野地区のほかに4ヵ町 |
| | 青 少 協 | 青少年問題協議会真野支部 | |
| | 保 護 司 | 保護司会真野支部 | |
| | 学 校 開 放 | 真野小学校学校開放運営委員会 | |
| | P T A ほ か | 真野小学校PTA<br>苅藻中学校PTA<br>真野小学校同窓会 | |
| | 少 年 野 球 | 真野校区少年野球団 | |
| | 青 年 会 | 真野青年団 | 実質活動なし |
| | 福祉ボランティア | 真野地区ボランティアグループ | |

全体の統一的な地区協議会はない。協議会方式のものは、まちづくり推進会と自治会連合、青少協の三つ。
尻池南部地区自治連合協議会の会長とその1町会の会長および民生委員協議会の総務(代表者)は、同一人物が兼任。

は、自治会単位に、自治会役員、商店主、「まちづくり」で直接利害がかかる住民を中心に街区小委員会を設置し、そこから真野まちづくり推進会の委員を選出する方法を推進している。

　真野まちづくり推進会は、自治会長15名、自治会推薦者14名、婦人会、老人会、青年団、真野子供会、PTAの代表者9名、工場、商業関係者19名の地元住民と小学校長、学識者顧問5名の、計62名で構成され、企画部、庶務部、広報部にそれぞれ4名ずつ担当役員を置く形で構成されている[5]。表5-33は、まちづくり推進会の昭和60年時点での活動母体である。自治会、婦人会、民生委員協議会、老人会、壮年会(同志会)、子ども会がその母体であり、これら

の団体は統一的な協議会をもっていない。しかし、自治会と尻池南部地区自治連合協議会、そして苅藻福祉防犯実践会、民生委員協議会の会長を、住民運動のリーダーであるM氏が兼ね、また、尻池南部地区自治連合協議会と福祉防犯実践会の活動は、すでに見たようにどちらの活動と見てよいのかわからないくらいに不可分なところが多く、地域での活動がぐるみ的に行われているという特徴がある。

(6) コミュニティ活動の資金

苅藻福祉防犯実践会と尻池南部地区自治連合協議会とは、大半の部分の活

**表5-34 苅藻福祉防犯実践会 昭和57年度決算報告書**

自 昭和57年4月 1日
至 昭和58年3月31日
苅藻福祉防犯実践会

Ⅰ 歳入歳出決算

歳 入 総 額　976,920円
歳 出 総 額　533,531円
差 引 残 高　443,389円
　　（次年度へ繰越）

Ⅱ 歳入の部

| 科　目 | 57年度決算額 | 備　考 |
|---|---|---|
| 前年度繰越金 | 356,936 | |
| 会　費 | 428,630 | |
| 防犯灯助成金 | 143,000 | 市助成金 |
| 花壇助成金 | 15,000 | 市助成金（尻池街園） |
| ちびっ子広場助成金 | 30,000 | 市助成金（東尻池町9丁目） |
| 一般活動助成金 | 0 | |
| 雑収入 | 2,000 | |
| 銀行利息 | 1,354 | |
| 合　計 | 976,920 | |

Ⅲ 歳出の部

| 款 項 目 | 57年度決算額 | 備　考 |
|---|---|---|
| （防犯活動費） | | |
| 派出所費 | 23,400 | 新聞代 |
| 一般活動費 | 21,790 | 活動諸経費 |
| 防犯灯費 | 193,277 | 電気代 |
| 年末警戒費 | 65,250 | 年末警戒一切 |
| （福祉活動費） | | |
| 公害対策費 | 5,000 | 調査 |
| 児童福祉費 | 12,000 | |
| 老人福祉費 | 16,000 | 老人諸経費 |
| 環境づくり費 | 51,000 | 花代、美化づくり |
| 研修費 | 5,000 | 学習、研修 |
| 共同購入費 | 0 | |
| 婦人部費 | 3,000 | 婦人活動 |
| （広報費） | | |
| 機関紙発行 | 50,000 | 機関紙助成、その他 |
| （会議費） | | |
| 総会費 | 57,560 | 決算書、記念品代 |
| 会議費 | 4,000 | 役員会 |
| （事務費） | | |
| 印刷、文具費 | 3,754 | コピー代、その他 |
| 備品費 | 0 | |
| 慶弔費 | 22,500 | 御祝、香典 |
| 予備費 | 0 | |
| 合計 | 533,531 | |

（『昭和58年度 かるも福祉防犯総会資料』）

**表 5-35　尻池南部地区自治連合協議会　昭和57年度決算報告書**

```
                                              自 昭和57年4月 1日
                                              至 昭和58年3月31日
                                                    尻池南部地区自治連合協議会

    歳 入 総 額    1,440,206
    歳 出 総 額    1,313,530
    差 引 残 高      126,676
```

歳入の部

| 項　目 | 歳入額 | 備　考 |
|---|---|---|
| 前年度繰越金 | 147,606 | 57年度繰越金 |
| 東尻池町6丁目 | 90,000 | 1戸月額50円 150戸 |
| 東尻池町 8～10丁目 | 91,200 | 125戸 |
| 浜添通1丁目 | 51,000 | 85戸 |
| 浜添通 2,3,4丁目 | 114,000 | 190戸 |
| 浜添通 5～8丁目 | 60,000 | 100戸 |
| 苅藻通3丁目 | 66,000 | 110戸 |
| 苅藻通4丁目 | 118,800 | 198戸 |
| 苅藻通5丁目 | 60,000 | 100戸 |
| 苅藻通6丁目 | 46,800 | 78戸 |
| 苅藻通7丁目 | 60,000 | 100戸 |
| 共同募金 | 450,200 | |
| 雑収入 | 84,600 | 銀行利息及び御祝儀 |
| 合　計 | 1,440,206 | |

歳出の部

| 項　目 | 歳出額 | 備　考 | |
|---|---|---|---|
| 会議費 | 101,750 | 総会費 | 94,650 |
| | | 役員会費 | 7,100 |
| 衛生費 | 51,700 | 薬剤散布費 | 39,100 |
| | | 保健協会費 | 12,600 |
| 公害対策費 | 30,000 | 火災助成3件 | 30,000 |
| 祭礼費 | 124,805 | 夏秋初穂料 | 70,000 |
| | | 遥拝所費 | 54,805 |
| 福祉関係費 | 41,000 | 少年野球助成金 | 25,000 |
| | | 其の他 | 16,000 |
| 負担金費 | 208,020 | 氏子会費 | 184,020 |
| | | 其の他 | 24,000 |
| 慶弔費 | 86,500 | 同志会ご祝儀 | 5,000 |
| | | 他13件 | 81,500 |
| 雑費 | 19,955 | 門松ステッカー | 12,200 |
| | | 他6件 | 7,755 |
| 機関紙費 | 150,000 | 地域機関紙費用 | 150,000 |
| 事業諸費 | 49,600 | チャリティーバザーミヨシ油脂 | 49,600 |
| 共同募金 | 450,200 | 長田区役所納入 | 450,200 |
| 積　立 | 0 | | |
| 予備費 | 0 | | |
| 合　計 | 1,313,530 | | |

（『昭和58年度　尻池南部地区自治連合協議会総会資料』）

動を重複させながら、表5-15のような地域福祉活動を行っている。Ⅱ期の子どもの遊び場、緑化、Ⅲ期の地域医療、福祉の時期を通じて行われているこれら個々の活動は、それぞれ別個の会計の下で行われている。表5-34と5-35は、両団体の収支である。苅藻福祉防犯実践会は、防犯、市の公園の花壇、ちびっ子広場に対する市助成金の受け皿になっているが、支出を見ると明らかなように大半が防犯活動に食われてしまい、福祉活動には、個々の活

表5-36 昭和59年度給食収支決算書

尻池南部北部民生委員協議会

Ⅰ 歳入歳出決算
　　歳入総額　　1,553,333円
　　歳出総額　　　846,715円
　　差引残高　　　706,618円

Ⅱ 歳入の部

| 項　目 | 金　額 |
|---|---|
| 前年度繰越金 | 880,271 |
| 助成金市社協 | 368,000 |
| 個人負担金 | 133,000 |
| 寄付金 | 137,150 |
| 預金利息 | 34,912 |
| 合　計 | 1,553,333 |

Ⅲ 歳出の部

| 項　目 | 金　額 |
|---|---|
| 給食費 | 635,950 |
| 果物その他 | 143,500 |
| 事務費 | 9,940 |
| 雑費 | 37,325 |
| 寄付金 | 20,000 |
| 合　計 | 846,715 |

表5-37 第3回チャリティ寒餅つき決算報告

昭和59年2月12日
尻池南部地区自治連合協議会

（収入の部）

| 項　目 | 収入額 | 備　考 |
|---|---|---|
| バザー売上げ | 239,900 | 餅、缶詰、洗剤 |
| 寄付 | 142,300 | 企業、団体、個人 |
| 合　計 | 382,200 | |

（支出の部）

| 項　目 | 支出額 | 備　考 |
|---|---|---|
| 材料費 | 94,728 | 餅米、グラタン他 |
| 備品、用具費 | 12,631 | ポリ容器、ザル他 |
| 接待費 | 57,958 | 昼食、酒ビール他 |
| 一人暮し及び寝たきり老人の福祉と自治会報助成 | 179,093 | |
| 謝礼 | 32,600 | カステラ |
| 雑費 | 5,190 | 印刷代、写真代 |
| 合　計 | 382,200 | |

動がまかなえるほどの金は、まったく出てこない。個々の福祉活動は、たとえば表5-36の一人暮し老人の給食サービスの会計のように、独立採算で行われ、不足分については自治会の福祉バザーや同志会、真野少年野球団のボランティア活動による地区内でのチャリティーバザー売り上げのカンパで補填する形がとられている。昭和57年からは毎年2月に「チャリティ寒餅つき」が行われ、尻池南部自治連合協議会、民生委員協議会、老人会、真野婦人会、同志会、破竹会(尻池8・9丁目ソフトボール同好会＝壮年層)から、100名近いボランティアが集まり、つきあげた餅は民生委員の手によって一人暮しの老人と寝たきり老人に配られる。その際、昭和58年から地区の比較的大きな工場11社に、餅米一斗ずつのカンパを求めている。また、餅つきと平行して地区の工場から大量に寄付される缶詰、洗剤も住民に販売するが、その収益が一人暮し老人の給食サービスに使われている。表5-37は、チャリティ寒餅つきの決算報告である。こうして、毎年15万〜20万円位の寄付があり、給食サービスでの人件費は、これまた民生委員を中心にした友愛グループのボランティアの労力奉仕でまかなうというように、基本的に独立採算制の下で、その都度のボランティア活動によって支えられている。

　こうした住民の活動に対して、運動の推進母体である自治会組織は、あくまでも企画、方向づけを行っているのにすぎないのであって、住民自身の強い自助活動がその根底にある。昭和45年の尻池南部地区自治連合協議会の改組のときに、「児童福祉部、老人福祉部など、もう少し専門部会制にしようとも考えたが、福祉などは全地域の問題なので、活動のなかで生かしていこうとした」というリーダーの哲学が、みごとに生かされているといえる。

〔注〕
1) 真野の青年団は、昭和40年代の半ば頃まで各町にあり、活発な活動を行っていたが、昭和60年現在は、真野校区全体で10名程度の団員しかいない。昭和40年代当時青年団活動をやっていた現在(昭和60年当時)の壮年層が、昭和55年に真野同志会を結成している。
2) 苅藻防犯実践会は、昭和47年に防犯福祉実践会に名称を変えている。

3) 老人福祉の活動は、昭和55年以降本格化してくると、尻池南部地区自治連合協議会の事業報告のなかにも、福祉防犯実践会のそれと同じものがダブって記載されてくるようになる。
4) 真野学区では、昭和22年に戦前の町内会がGHQの司令で廃されたあと、2～3年して各町で自治会が結成され、昭和30年には、東尻池町3丁目自治会を除く14ヵ町で尻池南部地区自治連合会が結成されていた。東尻池町3丁目自治会は、現在でも、いずれの連合体にも属さない単独自治会になっている。東尻池3丁目は、現在でこそ国道2号線を挟んで北側の志里池小学校区と分断されているが、2号線が建設される以前は、東尻池町3丁目の区画が一部、現在の志里池学区の東尻池町2丁目に食い込む形で設定されていた。2号線の設置で3丁目の民家が一部立ち退くとともに、2号線以北の旧3丁目分を2丁目に編入し、学区もこの区画分が志里池小学校区に変更された。長田神社の氏子会は、志里池学区の東尻池町1丁目、2丁目、梅ヶ香町と一つの会になっており、これに対して東尻池4丁目以南の区域は別の氏子会になっている。こうした歴史的経緯が、東尻池町3丁目自治会を、どの連合会にも加入しない単独自治会にしている。
5) 昭和56年の体制。その後、平成61年に事務局制に機構改革がなされ、委員も平成9年現在で71名になっている。

## 5 住民組織の性格と地域集団類型論

　第3節で、真野の住民運動の活動を時系列を追って整理し、また、第4節でこれらの活動の推移とその母体となった住民組織との関係を、段階を追って見てきた。ここでは、真野の持続的な住民運動の活動を可能にした、地域の内在的な要素を整理するなかから、持続的な活動をになった住民組織である、町内会・自治会の性格を明確にすることで、本章のしめくくりにする。

### (1) 運動の成功・持続要因

　まず、運動を持続させている内在的要素のうち、重要と思われる点を活動面と組織面からいくつか整理してみる。

　真野の住民運動を成功・持続させた要素としては、すでに中村八朗をはじめ多くの研究者が論考のまとめとしているように、次のようなさまざまな要

因が指摘されていて¹⁾、ほぼこれらに尽きていると思われる。①地理的な隔離状況と濃密な近隣関係(中村)、②住民の地元性(中村)、③ブルーカラーと自営業者の存在(中村)、④住工混在地区で多問題集積地区であること(中村、牧里)、⑤リーダーの資質(中村、倉田、牧里)、⑥既成住民組織の民主的運営と活用(中村、倉田、牧里)、⑦総会、住民集会、対話集会、懇談会など、住民が活動に直接参加する機会を多く用意したこと(牧里)、⑧組織成員の自己学習と実践の統一(中村、倉田、牧里)、⑨公害企業の従業員を折衝メンバーからはずす配慮があったこと(中村)、⑩一つの対策を多彩な対策にリンクさせていったこと(牧里)、⑪調査活動、世論形成のためのマスコミの活用など、多様な技術の駆使(倉田、牧里)、⑫いくつかの臨設の運動体を結成する手法により、専門的助言や外部からの支援を導入したこと(中村、倉田、牧里)。①〜⑩は、いわば内在的な要因であり、⑪⑫は、外在的な要因とも関わる問題と考えられる。ここでは、住民の活動と住民組織との関連に焦点をあてる視角から、運動を持続させている内在的要因として重要と考えられる、活動面での要因2点と組織面での要因3点の、次のような5点をとくに強調しようと思う。

(2) 活動面での要因

住民の活動の面から見ると、昭和40年代公害追放運動の時期以来、根底に一貫して流れている活動のパターンが二つ見られる。

一つは、すでに指摘した、住民自身の手による現況調査→問題点の整理→学習→解決法の発見→実践という活動パターンである。このパターンが、くり返しくり返し対象を替えて行われているという点である。二つ目のパターンは、諸活動が、住民の創意と工夫を実によく生かしつつ、ある活動と別の活動が相互に関連づけられながらうまく連関するような形で、全体としてシステムをなすように行われているという点である。たとえば、公害工場を追放した跡地の活用法として、市に土地を買い上げさせ公園づくりやコミュニティ・センターを計画するとか、美化運動で空缶回収している売上金を、公園で飼育しているホタルの餌代にまわすとか、一人暮し老人給食サービスの

なかでできた造花づくりグループの老人が、自作した造花をもって寝たきり老人の友愛訪問をするとか、一つの活動がそれだけで完結せず、開かれた活動として発展的に他の活動と結びつく形になっている点である。こうしたシステムをなすような活動のパターンが、意識的にとられていることは、運動のリーダーが、「活動を系統的に続けたい」と述べている点からも窺える。

### (3) 住民運動の組織構造

真野住民のこうした活動は、なんら組織的背景をもたない自立した個々人が、まったくボランタリーに新たな組織的活動をしてきたわけではなく、町内会・自治会という、世帯を単位とする半自動的な加入形態をもち、包括的機能をもった半ば永続的団体によって行われている点は、すでに見たところである。真野の住民運動を組織面から見ると、その活動を支えている住民組織は、昭和40年代には苅藻防犯実践会が、昭和48年頃からは尻池南部地区自治連合協議会が中心的母体になっていて、その基礎になっているのが各町丁の単位自治会である。真野住民運動の活動の中心部分は苅藻防犯実践会の6ヵ町であり、その同心円の外延部分が10ヵ町をカバーしている尻池南部地区自治連合協議会の地区であり、残りの5ヵ町は主に民生委員協議会を中心とするボランティアで運営されているという構造をもっていた。Ⅳ期の「まちづくり」構想期に入ると、自治会レベルで15ヵ町が一つの推進会を構成するという形が、この構造に重層的に覆いかぶさることになる。苅藻防犯実践会は、各町丁レベルから自治会の役員だけではなく、民生委員やボランティア、各種団体メンバーが参加して活動しており、一種の各種団体連絡協議会的性格をおびている。住民の活動の実質的動員基盤になっているのが、この防犯組織と思われる。尻池南部地区自治連合協議会が、とくに資金集めの面でこの活動を支える形になっていて、苅藻防犯の範域である6ヵ町を越える活動については、その中核部分として防犯の組織を動員しても、自治連合協議会の活動として受け止められるようになっている。この意味で防犯と自治連合協議会との活動は、未分化の形なのである。諸活動に際して、実際には

専門部会だけでなく、問題ごとに必要に応じていくつもの専門委員会のたぐいがその都度つくられるが、人的構成から見ても、また、活動からしても、その基盤になっているのが各町に基礎をもつ自治連合協議会である。

### (4) 組織面での要因——真野の自治会の特性

　一般に、自治会は都市地域集団のなかでももっとも包括的な集団であって、その機能が非常に包括的であるという特性が、従来から指摘されてきた。近江哲男は自治会の機能を整理して、①親睦、②相互扶助、③慶弔、④祭祀・祭礼、⑤児童・老人福祉、⑥保安、⑦保健衛生、⑧地域環境の維持、⑨消費生活、⑩社会教育、⑪リクレーション、⑫公共行政への協力という12の機能にまとめている[2]。また、中村八朗は、表出的―用具的という分類から自治会の機能を整理している[3]。厳密な対応は難しいが、ほぼ、②、⑥～⑫が用具的機能にあたり、表出的機能には①、③、④、⑤とならんで行政への圧力団体の機能がつけ加わる。いずれにしても、真野地区の自治会も、すでに尻池南部地区自治連合協議会の決算報告書と活動報告を見たように、機能という面では、公共行政への協力という機能が稀薄[4]である代わりに圧力団体機能が強いという点を除いて、その項目は一般の自治会となんら変わらない。単に自治会が全戸加入か否かの形態や、機能というこのレベルから見ただけでは、真野の自治会の特性は浮かび上がってはこないのであって、各機能項目下での活動の内容について、一般自治会とは異なる内容をもたらしている組織運営のし方のレベルに、その特性を見出さなければならない。

　尻池南部地区自治連合協議会の町内会・自治会組織は、運動を持続させている要因という点から見ると、組織運営レベルで次のような三つの特性をもっていると考えられる。

　①住民運動の推進母体となっている自治会組織が、すでに第4節で見たように、ある時点で徹底的に民主化された経験を経ていること。尻池南部地区の自治会が、直接民主制の理念に基づく、下からの組織運営を一貫して継続してきている点が、最大の特徴である。これがどのようにして、

いわゆる「換骨奪胎」をはかって成立してきたかは、すでに第4節で明らかにした。

② 個々の活動が、経費の大半をその都度の住民カンパでまかなっており、自治会の通常運営とは別個の会計で運営され、市の助成金が入っても個々の活動ごとに完全な独立採算制をとっている点。

③ 地区外の団体、とくに企業や行政との交渉は、ほとんどリーダーのM氏を窓口になされるが、その際、伝統的タイプの自治会によく見られるような特定の市会議員のルートを通す形で行われるのではなく[5]、企業なり問題を担当する行政の所轄部局に、自治会の名をもって直接交渉の形をとるという点。

3番目の特性に関しては、神戸市が他の都市と違って、自治会を実質的に行政の下請け機関に位置づけることを可能にするような、自治会・町内会との接触を、戦後から少なくとも昭和40年代の終わりまで、まったくもってこなかったという、神戸市独特の都市行政の仕組みの歴史的所産であるという点を指摘できる。この間神戸市が制度的に接触をもってきた地域住民組織は、自治会ではなく婦人団体の方だったのであり、表5-38に見るように真野地区

表5-38 神戸市の真野地区での用地取得状況

(昭和59年4月現在)

| | | | | |
|---|---|---|---|---|
| 公園等 | 昭和48 東尻池公園<br>49 苅藻保育所<br>50 浜添公園<br>51 真野公園<br>52 南尻池公園<br>小計 | 1,251㎡<br>812㎡<br>721㎡<br>1,323㎡<br>2,248㎡<br>6,355㎡ | | |
| 事業用地等 | 昭和49 F化成跡地<br>50 F化成跡地<br>58 S精機跡地<br>58 Mモータープール<br>59 Mベルト<br>小計 | 2,056㎡<br>4,019㎡<br>1,265㎡<br>(303㎡)<br>7,643㎡ (坪16～17万円) | 57年度 一部分譲モデル住宅16戸建設<br>59年度 賃貸モデル住宅12戸建設<br>(当面駐車場)公的住宅建設予定<br>コミュニティ・センター建設を検討中<br>道路拡幅用地 | |
| 公益施設 | 東尻池老人憩いの家<br>苅藻保育所<br>真野児童館 | 129.2㎡<br>812.0㎡<br>502.7㎡ | | |

(出所:神戸市都市計画局都市計画課)

にかなりの投資を行ってきているにもかかわらず、公害問題激化以降、神戸市が戦闘的な自治会に対してとってきた姿勢は、一貫して側面援助型の対応であった。

(5) 組織と行政の関係

ここで、組織と活動の関係という点から、苅藻防犯実践会と尻池南部地区自治連合協議会の関係を、もう少し整理しておきたい。住民運動の活動母体が、昭和48年頃から、防犯実践会から連合協議会へと移行している。すでに見たように、防犯実践会範域の6ヵ町にとっては、連合協議会も防犯実践会も、両者ともその基礎は各町自治会にあったのであり、自治連合協議会の役員が同時に防犯実践会の委員でもあるという場合がほとんどであった。防犯実践会の活動はもっと広い範囲の役員を含み、代議制ではなく住民大会という全員参加方式で行われていた。

単位自治会の側から見れば、防犯も連合協議会も送り出す役員は同じであり、活動から見れば、防犯でも連合協議会でもよかった。この移行の本質的意義は、二つあると考えられる。一つは、運動の6ヵ町から9ヵ町への拡大という内在的意義である。もう一つ考えられることは、行政とのつながりである。苅藻福祉防犯実践会は、改組当初から民生委員を中心に活動してきたのであり、市社会福祉協議会との連携が強いものであった。これに対し、自治連合協議会は、民生局だけではなく都市計画局、土木局、市民局などの広範な市行政と、直接交渉のルートをもっていたことによると考えられる。とくに神戸市側は、公害対策を担当する市民生活局をはじめとして各部局が、昭和40年代の公害反対の住民運動を機に、自治会と直接接触をもとうとしていた時期であり、真野の住民側の公害追放運動にとっては、防犯実践会よりも自治連合協議会を使った方が活動しやすかったと思われる。公害企業との公害防止協定に関する市への要望書や、公園設置に関する要望書は、尻池南部地区自治連合協議会の名前で出されている。また、かつて一時連合協議会から分離し、3年ほど単独自治会として独立していて昭和55年に連合協議会に

復帰した自治会の会長は、「協議会に加盟していないと、町単独で区役所、保健所、西部土木などと連絡をとらねばならず大変でしたが、いまは協議会でやっていただけるので助かっている」[6]と述べている。

　活動を防犯実践会から連合協議会へ移したということは、しかし、防犯実践会、連合協議会の側から見れば、とくに連合協議会範域での活動に移行した段階になると、防犯実践会としてやることがなくなるという奇妙な現象が出てくる。実質的には防犯の組織が動員されて動いていても、形の上では連合協議会の活動ということになるからである。昭和57年に開かれた第25回かるも福祉防犯実践会でも、「直接住民参加というユニークな活動を続けてきた防犯実践会も最近では真野地区全域を対象にした運動に広がり、自治会その他諸団体の活動に展開してくるなかで、あらためて『苅藻福祉防犯実践会』が問われる総会になり……防犯の原点にもどって、町づくりをはじめ諸活動を進めようと活発な論議が行われた」[7]という状況が出てきている。ぐるみ的になされてきた活動が拡大したときの、組織間の問題が表出してきているといえよう。

(6)　個々人の活動への関わり

　以上のような活動レベル、組織レベルでの整理の上に立って、次に、住民個人々々の側で、こういった活動を可能にした基盤がどこにあるのかについて述べたい。ここでは2点ほど、重要な点を指摘しておきたいと考える。

　まず第一は、町内の人びととの結びつきである。冒頭、「住民運動の舞台」のところで、真野地区は下町的社会であると述べた。中村八朗は、真野の地理的隔離状況が、他の地区では外部で満たす日常生活の諸欲求を内部で満たすようになることを通じて、濃密な近隣関係をつくり出しているという仮説を提示している[8]。実際には、たとえば買物などを見ても、日常、地区を超えて隣学区の六間道や兵庫区の湊川などで済ましており、地理的隔離状況と濃密な近隣関係との関連がはっきりせず、命題が正しいか否かは断言できない。しかし、たしかに真野は下町的雰囲気を強くもったところではある。こうし

た下町的雰囲気、人間関係の質がいかなるものか、個々人の住民意識はどんな特性をもつのかは、興味のあるところだが、ここではまず、こういった下町的な、濃密な近隣関係に基づく連帯が、次のような住民の日常的な生活慣行や行事によって強化されている点を指摘しておこう。①葬式が出た場合、受付けや煮炊き方などの手伝いに単位自治会の下にある班や両隣から人が出るとか、結婚式のとき、法事のとき町内の人が集まるといった隣保的な活動、②5月に尻池街園で、尻池南部地区自治連合協議会の主催の下に行われる花見大会(花祭り)、③旧盆に自治連合協議会が主催する精霊流しと、真野婦人会が主催する盆踊り、④各町丁の青、壮年の人たちの12チームで行われる、真野小学校の学校開放を利用したソフトボール。

　2点目として、活動を支える個人々々の動機がある。活動に積極的に参加している役員層、ボランティアの間でも、困ったときに助けられたので困った人の助けを、自営業をしているので地域にお返ししたいと思って、老人の喜ぶ顔がうれしくて、少しでも地域のことにお手伝いができればと思い、この町に住んでいて人との出会いを得てよかった、活動を通じてこの町をよくしたい、などと動機は人によってさまざまである。こうした理由の根底に横たわる究極的な動機に、スラム一歩手前までいった公害期の状態に町を戻してはならないという意識が強く働いていることを見てとれる。これはとくに、40年代以前にこの地区に定住した、自治会関係の役員の間に多く聞かれた意見でもある。現に、尻池南部地区自治連合協議会の各町丁目単位自治会では、40年代に公害企業と公害防止協定を結んでいたのと同じやり方で、現在でも「まちづくり小委員会」(街区小委員会)が、新たに町内で操業しようとする事業者と騒音・振動・悪臭・粉塵の防止、作業時間の制限を内容とする覚え書きをかわしている。

(7)　真野モデルの住民運動論上の位置づけ

　丸山の住民運動とともに真野の住民運動を継続的に調査してきた倉田和四生は、松原治郎の日本の住民運動のタイプ分けを参照しつつ、パーソンズの

AGIL図式に依拠する形で、真野の住民運動の現段階を、形相維持の段階であり、コミュニティ形成運動の段階に入っていると見ている[9]。都市社会学においては一般に、都市化過程の進展に合わせて、都市共同体からコミュニティへという移行図式を前提にしているが、生活防衛運動からはじまりコミュニティ形成運動に至る倉田の住民運動展開のモデルも、その前提に共同体的連帯から市民的連帯へ、共同体意識からコミュニティ意識へという図式を置いていると考えられる。

都市地域集団の研究者は従来、地元層―来住層を軸にしたり、都市化、近代化を軸にしたり、価値意識を軸にしたりして、地域社会、地域集団の類型設定を試み、さまざまなタイプの町内会、自治会を位置づけ、また、コミュニティ形成への住民運動を分析してきた。こうした試みの一つとして、住民意識類型を主軸に、現在多くの都市社会研究者が依拠している地域社会類型を打ち出した奥田道大は、①「地域共同体」モデル、②「伝統的アノミー」モデル、③「個我」モデル、④「コミュニティ」モデルの四つの類型を提示しており、基本的に「地域共同体」から「コミュニティ」に至る単線的な段階移行を前提にしている[10]。この図式によると、住民組織のレベルで言えば、「伝統的アノミー」の時期に、行政ルートの特殊専門分化に対応した防犯協会、衛生協力会、婦人組織、青年組織といった各種のボランタリーな単一機能集団が地域内に発生し、これによって町内会機能の縮小が顕著になる。地域リーダーも、「地域共同体」の段階に見られた「名望有力者型」リーダーに、いくつかの単一機能集団の長を兼ねることにより行政関係の役職を複数受託した「役職有力者型」リーダーがとって代わる。「個我」の時期には、町内会組織は行政に対し住民の生活要求を実現する組織的ルートとして選択され、地域リーダーも組織指導力と対外折衝に長けた「組織活動型」がリーダーになり、「コミュニティ」の段階になると、行政への圧力団体の機能をもつ町内会組織のほかに、親睦、教育文化活動のための各種グループ、サークル等の小集団が多数存在し、地域リーダーも、多元的集団状況を基軸に住民各々の個性とエネルギーを特定の領域で活かしうる「有限責任型」リーダーの存在が主張されて

いる。住民の意識レベルでは、「個我」の段階に至ってはじめて、都市化にともなう地域生活環境条件の相対的貧困化に対して自ら進んで生活防衛にあたる意欲、シビルミニマム的な権利意識に媒介された、強い個我の自覚をもつ、市民型の意識をもつ人びとからなる地域社会になり、「コミュニティ」の段階で行政に対し住民主体の意識が地域社会のなかで広くもたれるとされている[11]。

　真野の事例は、活動面から見ればたしかに大都市インナーシティ型のコミュニティ形成としては全国でも先駆的なケースであるが、組織面、意識面から地域社会を見ると、すでに検討してきたところから明らかなように、さまざまな段階の様相が奇妙に混在しているのが実態であり、決して単線的な図式ですっきりと割り切れるものではない。組織レベルで言うと、住民運動の中心になっている尻池南部地区にあってすら、各種の本当にボランタリーな単一機能集団がその都度問題に合わせて地域内にたくさんつくられてきている。しかし、そのことが自治会組織を縮小させるどころか、形態の上では、奥田自身が「伝統型アノミー」段階のネガティブな様相として指摘している、単一機能集団が「町内会という媒介装置に一元化され、下部機構化される」[12]事態が、終始一貫して現在まで見られる。真野では、「地域共同体」的な自治会ではない民主的な運営をともなった新しい内実をもつ自治会が、地域を一元化している。この事態は住民の活動にとってネガティブであるどころか、むしろ逆に、一元化することにより自治会は、行政に対する住民の生活要求実現の機能を強化してきたのである。そして、この包括的機能をもち続ける自治会組織の下で、親睦も、新たなグループやサークルの小集団が叢生するというよりは、すでに述べてきた隣保的な活動や伝統的な祭りを通じて、かなりぐるみ的に共同体的な形で行われている。真野地区全体を見た場合、地域リーダー層も、「組織活動型」リーダーと「役職有力者型」リーダーとが混在しているのが現状である。こうした組織形態から見ると、住民の意識のレベルも多様であり、真野という地域社会は、強い個我の自覚をもつ人びとからなる一枚岩的な地域では決してない。すでに述べてきたように、地域の連

帯がむしろぐるみ的な形で強化されていることが示すように、個人の意識も集団埋没的な要素が強い感さえする。

　個我の確立がなされた西欧型の市民意識に基づく市民的連帯というよりは、むしろ集団埋没的な土着的な連帯に基礎を置きつつも、組織としては自発的、積極的な活動を行いうる事例を、真野の例は示している。奥田道大の地域社会類型は、住民意識を操作的に独立変数として、特殊的価値―普遍的価値という価値意識の軸と、主体的―客体的という行動体系の軸の二つの組合せから4類型の意識タイプを設定し、ついでそれぞれに見合う地域集団類型を確定するという手順でできあがっている。コミュニティ形成への段階移行は、基軸としている主体性、すなわち個我の確立が先にあって、その上で市民が集団の組織化を行っていくという形での段階移行を前提としているように見えるが、真野のケースはむしろ、組織化が先行し、次いで個我がその組織化のなかで確立されてくるという形での段階移行を示しているといえよう。中村八朗は、昭和45年に苅藻防犯実践会の調査をした折に、構成員個々の意識や態度に集団埋没的要素が含まれる人びとがつくるこの組織が、自発性と積極性を備えた活動を展開しているのを見て、こういったあり方を可能とする要因のもっとも重要なものとして、リーダーシップのあり方を強調したが[13]、かかる真野のコミュニティ形成への途を確実に支えてきたものは、リーダーシップのあり方もさることながら、すでに本章で見てきたような徹底した民主的運営形態への改革の経験をともなった、組織そのもののあり方だったといえよう。

〔注〕
1) ここでは、要因の整理を一つの結論に置いている、中村、倉田、牧里の論文によって整理した。中村八朗1973、倉田和四生1982、牧里毎治1981。
2) 近江哲男1969。
3) 中村八朗1962。
4) 町内会・自治会の行政補完機能は、神戸市の場合弱い。たとえば、他の多くの都市では自治会の受託業務となっている広報紙の配布は、神戸市では神戸市婦人

団体協議会を通し地区婦人会の仕事となっている。
5) 公害追放運動に入る以前の尻池南部地区自治連合協議会は、やはり特定議員を推していたが、公害追放運動以後はこれをやめ、運動当初から、長田区選出の全議員を真野に呼び要望を出す住民集会の形をとってきた。運動のリーダーは、「真野から議員が出ていれば、いまの運動はできなかったろう」と述懐している。
6) 『尻池南部地区だより』第108号(1982年11月):2頁。
7) 同上、第106 (1982年7月):4頁。
8) 中村八朗 1973:116頁。
9) 倉田和四生 1982。
10) 奥田道大 1971。
11) 同上:139-142頁。
12) 奥田道大 1964:10頁。
13) 中村八朗 1973:120頁。

# 第6章　震災とコミュニティ構造の変容

## 1　震災前の「まちづくり」と推進会

　第5章で明らかにしたように、真野地区には第Ⅳ期の「まちづくり」構想期に入る頃までには、小学校区範囲での各町自治会を母体にして婦人会、老人会、民生委員協議会、連合子ども会、PTA、保護司会、少年野球団など地域公認の諸組織のゆるやかな連合の仕組みが確立しはじめていた。それは、諸地域集団のなかでの自治会相対化と、徹底した運営の民主化によってその基礎がつくられた。その上に、防犯実践会、自治連合協議会での活動経験を経て「まちづくり推進会」の結成に至る、地区協議会方式の獲得によってこの仕組みが達成された。こうした諸地域集団の対等でゆるやかな連合は、地元住民が行事に「呼び込みをかける」と称しているやり方で、行事ごとに関連する諸団体が集まって実行委員会方式で実施することを積み上げるなかから確立してきている。たとえば、チャリティ寒餅つきの行事は、自治連合協議会・各町自治会、婦人会、老人会、民生委員協議会、同志会が集まり、自治会がカンパ・資材を集め、早朝から老人会会員が蒸篭を蒸かし、臼をもち出し同志会会員が餅をつき、少年野球団所有の餅切り器を使って婦人会会員が餅をまるめ、民生委員と同志会員が配布や販売をするというように、役割分担をしながら実施する方式が、昭和50年代後半から定着してきている。

　こうして確立した真野地区のコミュニティの構造は、昭和50年代後半に

「まちづくり」がスタートしたあと、大きく変わらなかった。その後、15年かけて進められてきた「まちづくり」の活動は、最初に真野の南部ではじまった地域の組織運営を、少しずつではあるが、空間的に真野小学校区全体に拡大してきていた。

(1) 「まちづくり」の進展

表6-1は、「まちづくり構想」期以降の、ものづくりを中心にしたハードな面での「まちづくり」に関する年表である。「まちづくり」の第1期(昭和53～平成2年)は、比較的順調に「まちづくり」が進展した時期であった。自治会長、商業者・工業者代表、各種団体代表、学識経験者、市職員の27名からなる「まちづくり検討会議」によって練り上げられ、当初任意な性格のものとしてスタートした「真野まちづくり構想」が、「神戸市まちづくり条例」によって制度的にも裏づけられ、建設省の住環境整備モデル事業の承認で財源を確保したことによって、「まちづくり構想」、「まちづくりのルール」に則って次つぎと箱ものがつくられてきた。しかし、第2期(平成3～13年)に入ると、とくに住環境整備モデル事業がさらに10年延長された平成に入る前後の時期あたりから、総じて「まちづくり」は震災直前まで一時期足踏みをしていた。長屋の共同建替えの段階にさしかかり総論賛成各論反対の局面に入り、街区計画を作成するための街区小委員会の結成も遅々として進まない状態が続いた。とはいえ、東尻池6丁目のモデルハウス2戸の建設と、苅藻通3丁目の長屋(商店)6戸の共同建替え、浜添通3丁目での「背割り道路」整備への自治会と市との合意などが、震災前までに着実に進展はしていた。

平成2年7月、「まちづくり」の10年目にあたり、第2期計画に入る節目でもあるということで、推進会は全国からまちづくり関係者を集め、四つの分科会を含む企画、真野まちづくりフェスティバルを行った。これに先立つ3ヵ月にわたり、まちづくり推進会は事務局を中心に毎週、毎日のように夜になると集まり、地区内諸団体と準備の打ち合せを行ってきた。推進会は、いままでにない規模で地域を組織動員するというこの新しい経験を通して、

表 6-1　真野まちづくり年表

| 年 | 事項 |
|---|---|
| 昭和 40 年～50 年 | 公害追放・緑化 |
| 51 | 一人暮し老人の友愛訪問はじまる |
| 52 | 真野まちづくり懇談会 |
| 53 | 寝たきり老人の入浴サービスはじまる |
| 53 | 真野まちづくり検討会議発足 |
| [真野まちづくり第 1 期：～平成 3 年 3 月] | |
| 55 | 「真野まちづくり構想」の住民への提案 |
| 55 | 真野まちづくり推進会発足 |
| 55 | 一人暮し老人の給食サービスはじまる |
| 55 | 真野同志会結成 |
| 56 | 東尻池町 4 丁目 1 ブロック街区計画策定 |
| 57 | 真野地区住環境整備モデル事業大臣承認 |
| 57 | まちづくり推進会の市による認定 |
| 57 | 「真野地区まちづくり協定」を市と締結 |
| 57 | 真野地区地区計画の決定 |
| 57 | 真野ハイツ（分譲モデル住宅）竣工 |
| 58 | 神戸市ものづくり支援内容決定 |
| 58 | 道路拡幅方針提案（公園通り、東西通） |
| 58 | コミセン建設予定地市先行取得 |
| 59 | 白鷹マンション（民間住宅）計画の検討 |
| 59 | 公営住宅用地市先行取得 |
| 59 | 苅藻通 5 丁目街区計画検討 |
| 60 | 真野東住宅（賃貸モデル住宅）竣工 |
| 61 | まちづくり推進会、事務局制に改組 |
| 61 | 公園通り南半分拡幅整備完成 |
| 61 | コーポラティブ住宅用地市先行取得 |
| 62 | 民間マンション建設着工 |
| 62 | まちづくり展覧会開催 |
| 62 | 東尻池町 4 丁目街区小委員会発足 |
| 63 | 苅藻通 4 丁目併存住宅、市営公営住宅竣工 |
| 63 | 公園どおり通りぞめ |
| 63 | 民間マンション建設着工 |
| 63 | 真野市営住宅集会所管理委員会発足 |
| 平成 1 | 東尻池町長屋街区再生事業の街区指定 |
| 1 | アスレランド公園開園 |
| 1 | 東西道路拡幅用工場跡地を市先行取得 |
| 1 | コーポラティブ住宅グループ結成（12 名） |
| 1 | 真野まちづくり第 2 期計画作成着手 |
| 2 | 真野東第 2 住宅・子どもの遊び場完成 |
| 2 | まちづくり集会所（コミュニティホール）完成 |
| 2 | 真野まちづくりフェスティバル開催 |
| 3 | 東西大通り一部拡張、緑道一部完成 |
| 3 | 真野まちづくり第 2 期計画が総会で決定 |
| [真野まちづくり第 2 期：～平成 13 年 3 月、住環境整備モデル事業の 10 年間延長] | |
| 平成 3 | 長屋モデルハウスオープン式典 |
| 3 | 地下鉄苅藻駅誘致期成協議会結成大会 |
| 3 | 東尻池 5 丁目街区委員会開催 |
| 4 | 苅藻通 3 丁目街区共同建替え関係者と懇談 |
| 4 | 真野小学校建替え説明会 |
| 4 | 東尻池 5 街区委員会と工場跡地利用問題で会議 |
| 4 | 苅藻通 3 丁目共同建替え竣工 |
| 5 | 西部市場建替えにともない要望書提出 |
| 5 | 地下鉄海岸線苅藻駅誘致要望書提出 |
| 5 | 真野まちづくり展示場オープン |
| 6 | 東尻池 5 丁目市営住宅建設開始 |
| 6 | 地下鉄海岸線起工式 |
| 6 | 浜添通 3 丁目街区まちづくり検討会 |
| 6 | 浜添 3 丁目の「背割り道路」自治会と市が合意 |
| 6 | 真野まちづくり勉強会開催（250 名参加） |
| 7 | 阪神・淡路大震災 |
| 7 | 東尻池 5 丁目市営住宅竣工 |
| 7 | 地下鉄工事（試験堀）開始 |
| 7 | NPO「真野っこ」設立 |
| 8 | 真野まちづくり会館開設 |
| 8 | ふれあいのまちづくり協議会再編 |
| 8 | しりいけ保育所竣工 |
| 8 | 真野小学校新校舎竣工 |
| 9 | 民間マンション（市家賃補助）・道路拡幅完成 |
| 9 | 共同建替え「東尻池コート」竣工 |
| 9 | 民間マンション（市借り上げ）竣工 |
| 9 | 消防第 6 分団詰所開所 |
| 9 | 東尻池町第 2 住宅・市住集会所竣工 |
| 9 | 地域福祉センター完成（真野児童館移設） |
| 9 | デイサービスセンター・シルバーハイツ竣工 |
| 10 | 真野ふれあい住宅完成 |
| 10 | 真野公園に 100 トンタンク設置 |
| 10 | 苅藻通 4 丁目共同建替え完成 |
| 10 | 住都公団住宅着工 |
| 10 | 市中央卸売市場西部市場完成 |
| 10 | 特別養護老人ホーム（法人経営）建設の説明会 |
| 10 | 真野地区「防災福祉コミュニティ」の結成 |

さらに力をつけてきたと思われる。

### (2) 「まちづくり」の組織

こうした「まちづくり」の活動を神戸市との関係のなかで支えてきたのが、「真野地区まちづくり推進会」であった。真野地区まちづくり検討会議が発展解消して昭和55年に発足した推進会は、昭和57年に「神戸市まちづくり条例」に基づいて、市から認定された。推進会は、地主・家主を含む地元住民全員が構成員で、各町自治会長、各自治会推薦者、各種団体役員と若干の企業代表者で構成された60名〜70名前後の委員がいる。昭和56年段階で委員は、住民の委員57名と外部からの顧問委員5名で構成されていた。正副代表、会計、監査の下に、庶務、企画、広報の3部会制がとられ、委員会、役員会を中心にした全体運営の下に、事業ごとの小委員会、専門委員会、小集会などを随時組織する形をとってきている。56年段階での、三役・各部会役員からなる32名の役員の職業別内訳は、表6-2のように、自営業者が7割、会社員2割、主婦1割弱となっており、この比率は、その後も委員全体について見て大きく変わっていない。下町の自営業者の地区としては、会社員の参加が多い点が注目される。一般に、下町の地域住民組織は自営業者主導と見られているが、そんなことはない。次節で見るように (155頁) さまざまな階層が綱引きをしているのであって、生活上の共通の利害が地域という基盤を介して諸階層間の協同をつくり出しうる。

推進会は、各町自治会がその基盤になりハードなものづくりを担当している。「まちづくり構想」の下に、各街区の青写真を詰めながら市に公共施設を要望していくとともに、市に届出られた個人の建替えを、必要があれば「まちづくりのルール」に沿うように要請する。推進会の財源は、市からの年間50万円の補助金のほかに、早い時期から各町自治会からの協力金が年総額約30万円ほ

表6-2 真野まちづくり推進会役員の職業属性

| | | |
|---|---|---|
| 会社員 | 7 | (21.8) |
| 自営業 | 22 | (68.8) |
| 主婦 | 2 | (6.3) |
| 不明 | 1 | (3.1) |

単位：人、( )内%
(昭和56年)

ど入る形で運営されてきた。このように自治会が基盤でありながらも、推進会は婦人会、老人会、民生委員協議会、子ども会、同志会、PTAから代表が送り込まれている地区協議会的な性格をもっていて、地域の諸団体を網羅する形での意見の吸い上げの場にもなり、各町自治会長が中核をなしていることによって、地域あげてのさまざまな行事を諸団体の連合で実行する基礎をもたらしている。地域行事実施の際には、自治会もさまざまな地域団体のうちの一つにすぎないというくらいに相対化され、諸団体が対等でゆるやかな連合をなしている。こうした基盤の上に、推進会が成立しているといってよい。

　推進会で特筆すべきことは、昭和61年に事務局制をとる形への一部改組がなされた点である。新たに事務長を置き、事務長も含めた庶務、企画、広報の3部会の役員13名のうち11人までを、各町自治会推薦で推進会に入っている真野同志会(壮年会)のOBが占めた。それまでは、町内会長たちからなる推進会の代表、副代表たちが会を運営し、神戸市の再開発課が事務局を担当していたが、指導層が高齢化したこともあって、マンネリ化し行き詰まりになっていた。そこで、代表、副代表をそのまま残し、新たに事務長を立てて自前の事務局体制をとり、事務長以下事務局が同志会の若手によって運営されるようになった。この改組によって、毎月1回の推進会も、地元住民による事務局原案を必ず出すという形で進められるようになった。昭和63年段階で推進会の委員は69名いるが、このうち三役・事務局を構成する役員22人についての職業別構成は、自営業者が6割(63.1%)、会社員が3割(27.3%)、主婦・無職者が1割と、会社員が執行部に進出してきている。一部改組というこの変化は、同志会OBが力をつけてきたことによる世代交代の進行であり、同時に推進会の運営が、同志会時代から培ってきた部会部員同士のインフォーマルなネットワークによって支えられることにより、より円滑になされることを意味していた[1]。


(3)　真野同志会──小地域の統合推進役

　この地域の自治会は、地域が二つの自治会連合に分かれて長らく対立して

きたという事情があるが、こうしたなかで、さまざまな地域行事の実行部隊ということで、地区一本の形で昭和55年に結成されていた同志会のメンバーが、自治会組織の役員層に参入してきている。同志会は、まちづくり構想の検討に際して、若い人たちの意見を聞こうということで、地区内の56人で結成された。結成に際して、同志会側から地域公認の団体に加えてほしいという要望が自治会側に出され、スタートしている。この同志会は、当初から、まちづくりへの関わりよりは、独自の親睦活動に熱心だった。ただ、同志会リーダーたちは、10年先、20年先を考え、会員に町（ちょう）の諸役を積極的に引き受けるように働きかけてきた。震災前には16ヵ町の自治会長のうち3人が同志会会員だったが、震災後世代交代が急速に進み、平成11年には16人のうち9人を同志会会員で占め、ほかに、連合子ども会長、青少年問題協議会真野支部長も同志会員が就いている。こうして、自治会や推進会に参入してきた同志会メンバーがもっているインフォーマルな人間関係のネットワークが、自治会のフォーマルな対立を超えて、まちづくりを実質的に支えるという新たな状況が生じてきている。

同志会は、その会員資格を30歳から50歳まで（平成1年に下限を20歳に引き下げている。また同年、50歳で抜けたものたちでOB会が結成されている。震災後平成10年には上限をはずし、OB会はなくなった）とし、会員の勧誘により会員を増やしてきた。表6-3に会員の属性をあげてあるが、会社員も3分の1を占めかなりの組織率を示している。他団体主催の地域行事への参加と、同志会独自の地域福祉の行事とリクレーション行事を非常に活発に行っており、月に2回くらい行事がある。常時40～50人くらいは参加し、大都市のなかでは今日珍しい集団といえる。この会は、成立当初から、宗教と、政治と、商売の話は抜きという約束で続いてきた団

**表6-3 真野同志会会員属性**

職業別

| | |
|---|---|
| 会社員（地域外勤務） | 15 |
| 会社員（地域内勤務） | 20 |
| 自営業 | 63 |
| 計 | 98 |

年齢別

| | | |
|---|---|---|
| 30歳代 | | 15 |
| 40歳代 | | 59 |
| 50歳代 | 顧問・参与・監査 | 13 |
| | OB | 11 |

単位：人
（平成1年11月現在）

体で[2]、会員同士は非常におもしろい人間関係のネットワークをつくっている。会員同士は、会のなかで、年齢とかやっている商売の規模とかに関係なく友達づきあいをしている。ところが会の外の人との関係では、彼らも年齢とか商売の規模とかを非常に意識する。したがって、同志会会員同士のネットワークは、非常に親密である。

〔注〕
1) インフォーマルなネットワークの具体的な実態については、震災復興中の復興・まちづくり事務所をめぐる人間関係を分析した、同志社大学グループによる研究がある（乾亨・大森靖子 1998）。
2) 平成2年10月、長田神社のお祭りに際し、真野は昇番にあたった。昇番は神輿を担ぎ、長田区内の氏子町内全域を練り歩く役であり、毎年区内の12の町内が順番にこれを受けるが、町内としては他町に対して名誉なことであるとともに、巨額な経費を町内からの寄付でまかなわなければならない。昇番にあたるとおよそ170人からの輿丁（神輿の担ぎ手）を集めねばならず、若者のいなくなった町内ではよその町内から借りてくるということも起きており、真野でも頭数がそろうかが懸念されていた。真野の場合、同志会のメンバーをこれにあてることで可能になると思われるが、同志会の幹部は「同志会には宗教をもち込めないので、輿丁に関してはあくまでも自発的に出てくれるのを待つしかない。動員をかけるわけにはいかない」と言う。ここにも、宗教、政治、商売をもち込まないという姿勢が貫かれている。こういった姿勢は、かつて昭和40年代の公害反対運動の時代のリーダーが、一つの党派に偏らずすべての政党と一定の距離を置きながら住民の声を吸い上げ、運動を成功裡に進めていった経験によって、地域に民主的な考え方が蓄積されていたことと、無関係ではないように思える。

## 2　真野地区復興まちづくりの経過

平成7年1月の突然の震災とその後の復旧・復興は、震災直前一時足踏みをしていた「まちづくり」の青写真を、年表に見られるように一気に前倒しで実現し、上述のようなコミュニティの構造にも前倒しの変化をもたらしている。以下、真野地区の震災後の復旧・復興の経過に焦点をあて、震災の影響

は、住宅というハードな面で従前の「まちづくり」の方向を前倒しで実現させたという点で「まちづくり」を加速もしたが、他方で、小地域の超高齢化にむけてソフトな面でも対応できる方向へと、コミュニティの構造を再編してきている点を明らかにする。

　震災後神戸市では、復興の面的整備に行政の支援を行うために、被災地を被害の程度に合わせて三つのタイプに分けている。一つは震災復興土地区画整理事業や震災復興市街地再開発事業の施行区域である「災害復興都市計画事業地区」であり、二つ目が、都市計画決定はしないものの住宅市街地総合整備事業や、密集住宅市街地整備促進事業、街なみ環境整備事業などの事業をかけて復興支援をする「重点復興地域」、さらに、重点復興地域に比べ行政からの支援が格段に乏しいが被災地の約8割を占めている「白地区域」の三つである。

　発災直後の平成7年2月1日に神戸市はまず、焼失した地区6ヵ所に建物制限をかけ、2月16日には「神戸市震災復興緊急整備条例」を定め、被災市街地を震災復興促進地域(5,887ha)と定めた。2月21日には全焼地区を中心に8地区の都市計画案を発表した。都市計画案は縦覧を経て、3月14日に神戸市都市計画審議会、16日に兵庫県都市計画審議会にかけられ、森南(区画整理)、六甲道駅西(区画整理)、六甲道駅南(市街地再開発)、松本(区画整理)、御菅(区画整理)、新長田駅北(区画整理)、鷹取(区画整理)、新長田駅南(市街地再開発)の8地区(150.5ha、復興促進地域の約3％)が震災復興都市計画事業地区として決定され、翌17日、知事・市長が都市計画決定をしている。同時に17日には、24ヵ所の重点復興地域(復興促進地域のうち1,225ha)を指定した。

　阪神・淡路大震災後3年が経った平成10年1月の時点で、特別措置法で期間を1年延長した仮設住宅の入居世帯がまだ2万4千戸あり、低家賃の公営住宅不足からそのうち7千世帯は、転居先が決まらないまま残り続けるだろうことが取り沙汰されていた。神戸市では、経済は8割近くにまで復旧したといわれるものの、震災の被害がとりわけ大きかったインナーシティの地区では未だに街に人が戻らないという状況が続いている。都市計画決定がか

かった地区でもっとも復興が早いと考えられる鷹取東(第1地区)ですら、この段階でやっと換地が終わったところであり、区画整理事業のかからなかった重点復興地区では、まだ至る所に空き地が目立つ状態であった。

被害が大きかった小地域では、地元住民とコンサルタントや外部支援ボランティアが織りなす復興まちづくりが、あちこちで行われている。このうち真野地区は、神戸の西部インナーシティのなかでも、それまでのまちづくりで震災前のコミュニティの力量が非常に大きかったことがあって、もっとも速く復旧・復興が進んでいる小地域の一つである。

真野地区は、被災の程度が長田区のなかでも比較的軽い方だったことと、昭和57年に神戸市と「まちづくり協定」を結んで独自の「まちづくり」を推し進めてきていたことがあって、重点復興地域になっており、密集市街地住環境整備促進事業(旧住環境整備モデル事業)が適用されている。

### (1) 震災後3年間の経過

被災直前の真野地区の世帯数は2,385世帯、人口は5,474人であった(平成6年12月、住民票)。震災時の被害は、広範な全焼・全壊地区があちこちで出た長田区のなかでも比較的軽い方だったが、それでも、戦前からの長屋が多かったこともあって、全倒壊家屋が約2割、半壊が3〜4割、倒壊建物の下敷きになったものが多く死者19人という犠牲が出ている。

表6-4にまとめた項目は、震災後3年間に真野地区で行われてきた復旧・復興活動の、主なポイントである。ここで使用している緊急対応期、応急復旧期、復旧・復興期の時期区分は、災害社会学者たちの研究蓄積によったもので、被災住民が生活再建にむかうプロセスに即して区分してある。緊急対応期には災害直後の救助、緊急避難、救援がなされ、応急復旧は応急避難生活を中心にした時期、復旧・復興期はライフラインが復旧し生活の再建が課題になる時期を指している。真野での経過の詳細は、今野裕昭 1995；1997；1998を参照してほしいが、ここでは最小限必要な点にだけ触れておく。

発災直後の救出、初期消火活動に加えて、避難所を抱えた各町自治会は独

表6-4 真野地区の震災復旧・復興の主要な経過

| 緊急対応期 | ・救助、救出　・初期消火　・小学校災害対策本部の立ち上げ<br>・食事、救援物資の全戸配布　・炊き出しの受け入れ　・各町夜警番<br>・建物安全度調査、建物相談、安否確認調査 |
|---|---|
| 〈ライフラインの復旧　2月～3月〉 ||
| 応急復旧期 | ・情報紙『真野っこガンバレ』の毎週発行　・避難所の運営　・建物レスキュー隊<br>・建物補修への大工斡旋　・共同建替えへの支援　・第二次避難所計画<br>・地域内への仮設住宅建設と地元住民優先入居への要望 |
| 〈避難所の解消　8月〉 ||
| 復旧・復興期 | ・真野地区復興まちづくり事務所の設置　・まちづくり会館の建設<br>・「㈲真野っこ」設立　・ふれあいのまちづくり協議会の立ち上げ<br>・長田区への災害公営住宅建設署名運動　・住宅建設ラッシュ（市営住宅、高齢者住宅、コレクティブ住宅のモデルケース、民間借り上共同建替え、地域福祉センター、デイケアセンター） |

（『真野っこガンバレ』、復興・まちづくり事務所）

自に炊き出しをし、民生委員を中心に小地域にネットワークが張りめぐらされている一人暮し老人の友愛訪問のリーダーたちは、それぞれ自分が担当しているお年寄りを一回り廻るという行動をとっている。発災後3日目に地元住民が学区レベルで真野小学校災害対策本部を立ち上げ、地区16自治会長の連合体としてこれを運営した。緊急対応期にもっともユニークだったのは、神戸市が配布する食事5千食分を地元対策本部が受け取り、対策本部、各町自治会長、班長や民生委員、住民というピラミッド型のルートで地区の全戸に、平成7年3月はじめまで配布し続けたことである[1]。

　対策本部を動かした人たちは、まちづくり推進会の幹部か同志会のメンバーが中心だったが、彼らはこの救援活動をまちづくり推進会の活動とは考えていない。はっきり救援活動と位置づけている。災害対策本部責任者としてこの活動を立ち上げたHさん自身、推進会事務長であるが、次のように語っている。

　　はじめは町会長会議を主力にして、本部いうのは実際に出てきた人間が

やるんだという感じで動いていた。ただ、おれ（H）とかK（推進会庶務部長で対策本部責任者を引き継いだ）だとかがまちづくり推進会の事務局メンバーだったから、「まちづくり」が主導みたいな感じでやっているけれども、基本的には町会長会議だから連合会単位を念頭に置いているんだけれどもね。「まちづくり」と組織が別という意識は、最初からしっかりあった。うちの地区は、はじめから何があっても「まちづくり」が動くし、「まちづくり」が動けないところは自治会が動くとか、花祭りにせよそういう形だった。いままでやってきた実績が、基本的に生きている。

これまでに問題ごとに地区のいろいろな地域団体がゆるやかな連合をつくって活動してきた実績の延長で、震災時の対策本部もつくられたと見てよい。
　応急復旧期に入ると、避難所の運営をするとともに、避難所（真野小学校ほか8ヵ所）に入った地域の被災住民が[2)]地域のなかで生活再建できるようにということで、一方では地域自前の仮設住宅を地域のなかに建てる計画（第二次避難所、ブンタン100計画）を進め、平行して行政に対して地域内への仮設住宅追加建設と地元住民優先入居の要望を行った。8月避難所の解消に合わせて、神戸市は真野のなかに地域型仮設104戸を建設したので、地域自前の第二次避難所計画は停止している。
　8月に避難所が解消されると同時に小学校災害対策本部も解消し、真野地区復興・まちづくり事務所が設置され、それまでの復旧・復興支援業務が引き継がれた。平成8年夏以降、市営住宅、高齢者住宅、コレクティブ住宅、民間の借り上げ住宅、共同建替え住宅の建設があい次いではじまり、平成10年1月には、公営住宅67戸（ほか22戸建設中）、共同建替えマンション18戸2店舗、民間の借り上げ住宅92戸4店舗が完成している。
　この3年間の復興のなかで、わずか40haの真野地区にこれだけの数の公営住宅建設が集中したのは、震災前のまちづくりの過程のなかで市がかなりの面積の「まちづくり用地」を確保してきていたことによる。この意味で、震災は、真野から見た場合、従前の「まちづくり」の方向を加速し、前倒しで一気

に実現させたといえる。

(2) 復旧・復興方針の転換

　真野地区の復旧・復興の支援にあたってきた災害対策本部、復興・まちづくり事務所の支援方針は、震災後3年の間に大きく転換した。

　緊急対応、応急復旧、そして、復旧・復興期を通じて、真野のコミュニティが一貫してとった姿勢は、災害弱者をつくり出さない方針の下に、もっとも弱いところへの救援であった。緊急対応期に市に対して配布食事数を全住民の人口分要請したのも、自宅に留まっている高齢者、身障者を含めて被災者全員を地域が面倒みるという、問題への絞り込みの表われであった。

　「被災者は被災した場所で生活再建をできるようにする」という方針が、発災当初から災害対策本部にもたれていた。応急復旧期に地域自前の仮設住宅建設を計画し、平行して、地区内に仮設住宅の建設を行政に要望し、結果的に小公園を潰して行政の地域型仮設住宅を引き込んだのも、借家住まいで被災した高齢者などの被災者は被災地で生活再建をという基本的な考え方からであった。また、復旧・復興期の、長田区に低家賃災害公営住宅をという署名運動も、避難所や家族・親戚、従前の近隣から遠く離れた応急仮設住宅に移らざるをえなかった人たちを見据えて、恒久的な住宅を地域のなかに確保する戦略なわけで、応急復旧期と同じ方針にのっている。この方針への方向づけは、真野を外部から支援した建築家など専門家ボランティアからの誘導があったとはいえ、自治会長など真野の住民のなかのボランティア（住民ボランティア）たちの目線が、基本的に家を失った借家高齢者など災害弱者に向けられていることの表われであった。

　一方、創発的で一時的なものと認知されていた災害対策本部を避難所解消時に解散したとき、地域のなかでは、復興・まちづくり事務所を設置するか否かをめぐって、地元の住民ボランティアの間に一時綱引きがあった。それは、対策本部を解散し地域に残ったものの生活再建を先行させるか、地区外に出ざるをえなかったものが帰れる条件整備を先行させるかの議論であった。

この議論は、ライフラインの復旧とともに生じ、避難所の解消で決定的になった。発災当初ライフラインが復旧するまでは、大なり小なり全員が被災者であった。ところが、ライフラインが復旧すると、被災者でないものが出てきた。被災者と被災者でないものとの温度差が、徐々に生まれてきた。やがて避難所が解消されると、応急仮設住宅が遠く離れたところにつくられたことがあって、被災者が地元にいなくなるという事態に直面した。「応急仮設住宅に移った被災者の世話は、もはや地域の仕事ではなく、行政の仕事だ」という主張が生じ、問題は残っているはずなのだけれども、被災者が地域のなかにいないので問題が見えないという状況へとますます進んでゆく。皆が被災者といういわば「震災ユートピア」の状況が一時的に出現したものの、やがて、「被災コミュニティ」に転化したのである[3]。

　この段階から、震災前からの地域の構図のなかでの不協和音が現われた。この不協和音には階層性が反映しており、残った者の復興を唱えるのはどちらかというと中小自営業者に多く、地区外に出ざるをえなかった者の優先を唱えるのは会社員・工場勤務者層に多かったといえる。両者それぞれの主張は、地域の再建を自力再建できるものの主導で構築してゆくのか、それとも社会的弱者ベースで構築してゆくのか、将来の地域をどのようなものに展望するかの違いから生じていた。同じ不協和音の図式は、たとえば昭和40年代末に住民運動で地域のなかに保育所をつくったとき、一部自営業者層は閑静な住宅地区を展望して保育所でなく幼稚園ならいいと主張し、工場勤務者は保育所でなければ意味がないと主張したように、階層間の軋みとして震災前から地域のなかにあった。地域のなかの不協和音は、どんな町を将来構想するのかを反映し、住民間の地域像の違いがまちづくりのなかで絶えずその根底に流れていたように思う。

　この不協和音が現われたとき真野では、最終的には復興・まちづくり事務所として業務を継続する選択がなされるが、この葛藤を経て復興・まちづくり事務所が地域の仕組みのなかに定着するまで、実に5ヵ月がかかっている。

　ところが、この「被災者は被災した場所に」という方針は、平成9年5月頃

から大きく方向転換する。地区内の住宅が復旧、復興してくるのと平行して、新たに地区に入ってくるものも含めた高齢者住民の、地域福祉の実現をめざす方向に地域活動の方針が変わってくる。

　この動きは、神戸市の被災者救済の方針が「被災者は被災した場所で」の方向にはなく、遠く離れた仮設住宅に残った高齢者被災住民の「真野に帰りたい」という願いがほとんど実現しないことがはっきりしてきたことによる。真野の住民が神戸市の方針をはっきりと認識するに至るには、次の四つくらいの出来事があった。

①すでに小学校避難所解消の時点で、行政が地区内に決定した地域型仮設住宅(104戸)に、真野小学校避難者である地元住民の優先入居を要望していたが、市は抽選で入居者を決定し、地元住民以外の被災者がほとんど入居するという事態を真野は経験した。

②平成9年に入って3月に、仮設住宅から災害公営住宅への入居の一元募集(第三次災害復興住宅募集)がはじまるが、行政がとる措置は「地元に近いところ」へからはほど遠く、せいぜいのところグループ入居が精一杯であるという全貌が、真野住民にも知れてきた。

③さらに9年4月になると、真野のなかに建設される民間マンションを市が借り上げる特定優良賃貸住宅の細部が煮詰まってきたが、市は返還後の家主の収入の独立採算確保を優先させ、年収396万円以上を応募資格とする入居制限をかけることが明らかになった[4]。これでは遠く離れた仮設住宅にいる年金暮らしのお年寄りは、決して戻ってこれないと思われた。

④さらにこれに駄目押しをしたのが、真野のなかにつくられることになったコレクティブ住宅(ふれあい住宅30戸)の入居者決定であった。この住宅のプランニングのために、復興・まちづくり事務所は、すでに平成8年8月に真野の地域型仮設入居者と近隣住民に働きかけワーキンググループをつくり、外部支援の専門家ボランティアの指導の下に、どのような住まい方の住宅にするかワークショップを3回ほど開催していた。

その成果をふまえてふれあい住宅が建設されたが、平成9年5月末の入居者決定では、ワークショップに参加し、2グループを結成して応募していた地元の仮設入居者には、いずれも当たらなかった[5]。

この間真野では、公営住宅、民間の借り上げ住宅、地元住民の共同建替えマンションが続々と完成し、真野地域外から新住民が続々と入ってくることになる。震災がインナーシティ地区のジェントリフィケーションを加速しているわけであるが、新たに真野に入ってくる住民は高齢者も多い。こうした超高齢化にむかう事態の推移もあって、平成9年5月頃から真野地区の復興まちづくりの活動は、次節に見る「ふれあいのまちづくり協議会」の活動強化をにらんで、高齢者の地域福祉というソフトの方向へと焦点を徐々に移してきている。

〔注〕
1) 真野では、電気は当日午後に復旧したところが多く、水道は2月24日頃に、ガスは3月15日過ぎに復旧したが、食事の配布は、2月1日からは1日5,000食から3,000食に縮小し、3月2日以降は避難所と地区内一人暮し老人対象分の500食に縮小した。
2) 避難者は、正確に把握がはじまった1ヵ月後の2月21日には416人いたが、8ヵ所の避難所を徐々に整理縮小し、5月15日には172人になった。このうち仮設住宅に入居したのはわずか41世帯だった。
3) 「震災ユートピア」から「被災コミュニティ」への転化は、何らかの形で震災被災地共通に見られた現象であり、広原盛明は阪神地域住民がたどった軌跡の時期区分を、国、行政との関係のなかで、震災ユートピア形成期（平成7年1月～7月）、震災ユートピア消滅期（7年8月～12月）、被災リアリズム運動形成期（8年1月～）とする卓見を、早い時期に提示している（広原盛明 1996）。
4) このあと真野につくられた民間借り上げマンション（特目賃住宅）2棟は、むしろ高齢者の救済を目的にしており、月収20万円以下が入居条件になっている。
5) その後、入居決定者は7月から年内に7回の協同居住の学習等のワークショップをもったあと、入居している。真野ふれあい住宅は、つづきバルコニー、共同の食堂、床暖房のリビングなど共同スペースを備えた住宅建設だけでなく、入居前協同居住の学習等、居住者サポートによる住まいづくりであり、同時に、地元の

仮設住宅居住者や地域の人たちが「疑似居住者」になって計画づくりワークショップに参画したことで、住宅の計画段階でも居住者参画型に近い形を取り入れたわが国ではじめての試みとして紹介されている（石東直子 1998：3-4 頁）。

## 3 コミュニティ構造の変化

コミュニティの構造という点で見ると、震災後 3 年たった時点で、真野地区のなかに新たにつけ加わり定着した要素は、「真野地区復興・まちづくり事務所」と「真野地区ふれあいのまちづくり協議会」（ふれまち協議会）の二つであった。

(1) 真野地区ふれあいのまちづくり協議会の立ち上げ

復興・まちづくり事務所については、前節で成立の経緯を見た。ふれまち協議会は、真野ではコミュニティセンター（地域福祉センター）建設の要求にむけて、すでに震災の前年に結成され、委員、役員も決まっていた。しかし、真野にはまちづくり推進会があり、これが地域行事もカバーする体制があったため、ふれまち協議会は委員が推進会委員と重なり（自治会長、各種団体代表）、実質的な活動を行っていなかった。震災後、地域のなかで地域福祉センター建設の気運が高まり、平成 8 年 3 月にまちづくり推進会の場で神戸市が真野に地域福祉センターとデイケアセンターをつくる計画を発表したのに合わせて、ふれまち協議会の委員を改選し、新たに再編出発をすることになった。新委員には自治会推薦の形で、新たに民生委員、民生ボランティア、婦人会会員が多数参入した。また役員も、委員長に前会計が、副委員長に前書記が、書記に前委員が昇格する形で、震災を経て大きく世代交代し、活動型の集団に変わった。新たに再編強化されたふれまち協議会は、地域福祉活動を主眼としたソフト面での活動を目的としており、福祉センター充実のための勉強会を積み重ねるとともに、従前からの友愛訪問、給食サービスのほか、寒餅つき、花祭りなど地区全体のイベントを担当することでスタートし、震災後

復興まちづくり事務所内に結成された、文芸、書道、水彩画、男の料理の同好会を支援するなど、どんどん力をつけてきている。

(2) 真野地区の地域構造の特質

　真野地区には、二つの連合自治会と一つの単独自治会、学区一本での婦人会と老人会、民生児童委員協議会、同志会(壮年会)、各町ごとの子ども会と学区レベルでの連合会、青少協真野支部、保護司会、小学校PTA、小学校同窓会などの地域公認の団体がある。

　真野地区は学区あげての、行政とは直接関係しないところでの内発的な地域行事が驚くほど豊かで、学区レベルのものだけあげても月平均1～2回はある。この点が、他の地域にはあまり見られない真野の大きな特徴である。さまざまな地域行事は、たとえば、チャリティ寒餅つきは、連合自治会主催で、婦人会、同志会、老人会、子ども会が共催し、納涼盆踊り大会は、婦人会主催で、自治会、同志会、子ども会共催の運営協議会方式をとるというように、行事ごとに関連する地域公認の諸団体が実行委員会方式をとるスタイルが常態化していた。学区内の自治会と各種団体の間には、各団体それぞれの強固な自律性とその上に立ったテーマごとのゆるやかな連合の仕組みが、発災前すでに小地域のなかに獲得されていたのが、小地域構造の面での真野の最大の特徴である。自治会の下での一元的な支配に整序化された伝統的な地域共同体型の地域構造とはまったく異なった、自治会も諸地域団体のうちの一つという構造の下での真野の地域集団の対等でゆるやかな連合の仕組みは、30年におよぶそれまでのまちづくりのなかで、徐々につくりあげられてきていたことは、第5章で見てきたところである。もう一つ特徴的なことは、大都市下町のなかでも珍しく、壮年会(真野同志会)があることで、これはまちづくりを機に昭和56年に結成され、地域行事のお手伝いを活発に行ってきている。

(3) 小地域の仕組みの3年間の変化

　発災後3年間の、真野の小地域の仕組みの変化を見ると、図6-1のような

【震災前】
まちづくり推進会
↑    ↑
自治会連合  各種団体

→

【発災直後】
真野小学校
災害対策本部
(町会長会議)

→

【避難所解消後】
→ まちづくり推進会
  ↑    ↑
  自治会連合  各種団体
= 復興・まち
  づくり事務所

→

【震災3年目】
まちづくり推進会    ふれまち協議会
└──────┬──────┘
復興・まちづくり事務所
↑          ↑
自治会連合    各種団体

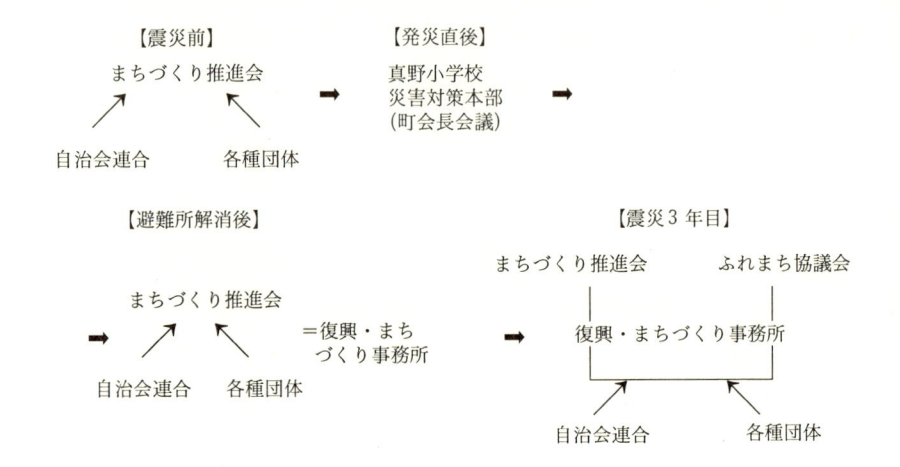

図6-1　真野地域の仕組みの変化

変遷をたどってきている。

【震災前】震災前は、学区内の連合自治会と各種団体のゆるやかな連合の上にまちづくり推進会が構成され、これが地区外部への窓口的役割を果たす構造をもっていた。推進会の代表は、公害反対の住民運動のときから「まちづくり」に至るまで、ずっと中心的な位置にいた自治会長で、南部自治会連合の代表でもある。さらに、推進会の副代表は、自治会長と婦人会会長、推進会事務局の事務長も自治会長、部長は自治会長と自治会推薦者で、さらに、幹事委員は自治会長たちで構成される形で、推進会は真野地区全体を外部に代表する団体であった。

【発災時】発災と同時にすべての地域団体の活動は一時停止し、3日目には学区内16自治会の連合体である町会長会議の下に真野小学校災害対策本部が立ち上げられ、活動がこれに一本化された。対策本部を動かしたのは、自治会長と同志会会員たちが中心だったが、彼らは推進会や同志会として動いたのではなく、対策本部の一員という意識で動いていた。1ヵ月後くらいから、推進会や婦人会も徐々に活動を再開しはじめている。

【避難所解消後】避難所解消後、連合自治会、各種団体のゆるやかな連合の

上にまちづくり推進会が乗るという震災前の構造のなかに、災害対策本部の業務を引き継いだ復興・まちづくり事務所が5ヵ月かけて地域公認の位置に定着する構造ができあがった。ほぼ前後して、真野地区ふれまち協議会も再編立ち上げされている。復興・まちづくり事務所は、復興支援の地域活動や地域行事の活動をコーディネイトするとともに、後述のように地域の外との関係をコーディネイトする役割を果たしている。

　もう一つこの時期の変化として、震災が自治会長の世代交代を早めた点がある。16ヵ町の自治会のうち4ヵ町で、高齢化していた自治会長が引退し、とくに緊急対応期に実質的に活動した次世代(60歳前後)のものが自治会長を継ぐ形で世代交代している。

【震災3年目】自治会連合、各種団体のゆるやかな連合の上に、ハードなまちづくりを担当するまちづくり協議会とソフトなまちづくり面を担当するふれまち協議会が構成され、推進会、協議会両者の活動をコーディネイトする場に復興・まちづくり事務所が位置するという構図が、定着していた。

(4) 復興・まちづくり事務所定着の意味

　震災後地域の公認を受けた復興・まちづくり事務所は、復興事務の一応の終了と真野後方支援の募金に拠っていた資金が尽きたこととによって、震災5年後の平成12年3月末に事務所を閉鎖し、その事務所業務を推進会が引き継いだ。

　震災後5年間の真野のコミュニティ構造の再編のなかに生じた最大の変化は、復興・まちづくり事務所が地域公認の組織として機能したことと、ふれまち協議会が再編強化されたことにある。とくに、復興・まちづくり事務所は、真野地区と地区外部の支援諸力との関係を恒常化したという点で、震災後5年間の復旧・復興活動の最大の成果だったといえる。

　復興・まちづくり事務所の活動は、人的資源の面から見た地域の力量の成熟度を、震災前に比べさらにもう一段押し上げたと見てよい。それは、地域の外のボランティアたちの人的資源と、確実に連接したことによってもたら

```
┌─────────┐    ┌──────────────┐    ┌─────────┐
│通勤・滞在│    │ 災害対策本部 │    │ 専門家  │
│支援ボラン│────│      ↓       │────│ボランティア│
│ ティア  │    │ 復興・まち   │    │         │
│         │    │ づくり事務所 │    │         │
│         │    │(住民ボランティア)│    │         │
└─────────┘    └──────────────┘    └─────────┘
```

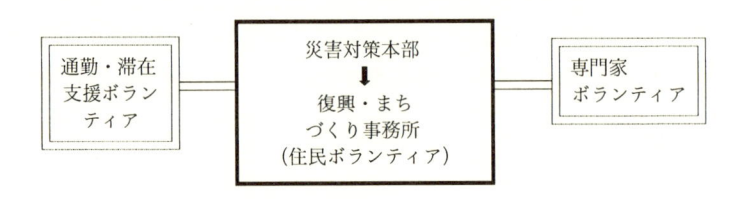

**図6-2　災害対策本部―復興・まちづくり事務所の対外位置**

された。震災後1ヵ月の時点での地域の仕組みは、地域内の諸団体の活動は停止し、小学校災害対策本部一本で動いていたが、その対策本部の構成をわかりやすく簡略化し図式化すると図6-2のような構造であった。地元住民ボランティアによる対策本部と通勤・滞在ボランティア、そして、専門家ボランティアの三つが織りなす地域活動になっていた[1]。

　災害対策本部の業務が復興・まちづくり事務所に継承され、これが地域の構造の一部に定着したとき、外部支援ボランティアと専門家ボランティアとに連接するこの体制も常態化し、地域に公認されたものになった。震災前にも、まちづくり推進会の役員と専門家ボランティアとの連接はあったが、地域の住民みんなに顕在的なものではなかった。通勤・滞在ボランティアとの連接は、震災後新たに生じてきたものである。震災復興まちづくりは、住民ボランティアと外部支援ボランティアとの関わりを、明示的なものとしてはっきりさせたと見てよい。そこには、5ヵ月近くの綱引きの末地域の仕組みのなかに定着した「復興・まちづくり事務所」がもつ外部とのコーディネイト機能が、もはや地域にとっても不可欠であったことと、事務所が毎週発行し続けてきたまちづくり情報紙『真野っこガンバレ』を通じた住民間での情報の共有が大きく作用していた。

〔注〕
1)　ライフラインが復旧するまでの緊急対応期に、災害対策本部を動かした住民ボランティアは20人くらいいたし、通勤・滞在ボランティアは常時30人くらいいた。春休みが終わり、応急対応期になると、通勤・滞在の外部支援ボランティアは徐々に数が減ったが、なおも、復旧・復興期を通じて、とくに土日ごとに通勤

してくるボランティアが継続しており、復興・まちづくり事務所の活動を支援してきている。当時真野では、外部からの一般人ボランティアを、毎日通勤してくる通勤ボランティアと、遠方から来て2〜3日ないしそれ以上長期間滞在している滞在ボランティアとに、分けて呼んでいた。緊急対応期の地元ボランティアと通勤・滞在ボランティアの属性分析については、今野裕昭1998を参照されたい。

## 4　小地域の超高齢化にむけての体制づくり

　真野地区の震災後5年間のコミュニティ構造の変化を見ると、小学校災害対策本部－復興・まちづくり事務所の設置を媒介にして、コミュニティが再編されてきている点を知ることができる。

　復興・まちづくり事務所の定着とあい前後して再編強化されたふれまち協議会は、直接的には地域福祉センターができることへの受皿対応であるかもしれないが、全体の構図のなかでは、震災後の復興まちづくりの過程で明らかになってきた新たな状況に対応する形で生まれてきている。それは、都市インナーシティ人口の超高齢化という、もっと大きな動きへの対応といえる。

　今後真野地区が抱える復興まちづくりの課題は、次のように見られる。図6-3のように、震災後5年間の復興まちづくりは、住宅などハードな入れ物づくりの面で従前の真野のまちづくりの青写真を一気に加速実現したが、同時に、超高齢化社会を先取りする現象も目に見える形で生み出してきている。神戸では、仮設住宅がまさに超高齢化社会の先取りの状況であったといわれるが、これからだんだん街に人が戻ってくると、中心部はますます超高齢化に拍車がかかる。こうしたことを考えると、小地域の超高齢化に対応するソフトな面でのまちづくりも今後ますます要請されてくる。

　もう一方で、真野の住民が震災から得た教訓は、非常時には小地域ごとのある程度の自給自足性が大事で、平常時にも安心して豊かに生活できるためには、これが一定程度必要であるという点であった。そこで、従前の「まちづくり」の柱の一つだった「住・商・工共存のまち」は、やはり大事になってくる。それと同時に、超高齢化でお年寄りだけに単一化するのも具合が悪い。

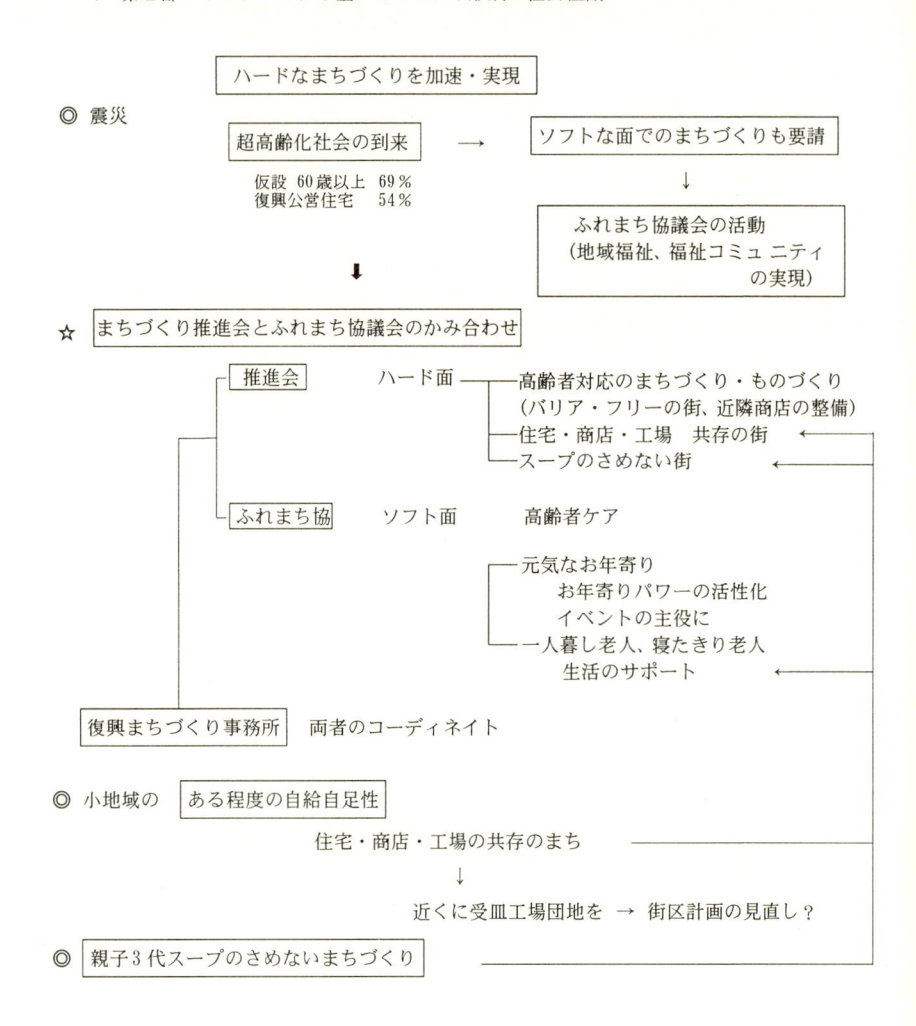

## 図6-3 復興まちづくりの課題

◎ 震災
- ハードなまちづくりを加速・実現
- 超高齢化社会の到来
  - 仮設 60歳以上 69％
  - 復興公営住宅 54％
- → ソフトな面でのまちづくりも要請
  - ↓
  - ふれまち協議会の活動（地域福祉、福祉コミュニティの実現）

☆ まちづくり推進会とふれまち協議会のかみ合わせ

- 推進会　ハード面
  - 高齢者対応のまちづくり・ものづくり（バリア・フリーの街、近隣商店の整備）
  - 住宅・商店・工場 共存の街
  - スープのさめない街
- ふれまち協　ソフト面　高齢者ケア
  - 元気なお年寄り
    お年寄りパワーの活性化
    イベントの主役に
  - 一人暮し老人、寝たきり老人
    生活のサポート
- 復興まちづくり事務所　両者のコーディネイト

◎ 小地域の　ある程度の自給自足性
　　住宅・商店・工場の共存のまち
　　　↓
　　近くに受皿工場団地を → 街区計画の見直し？

◎ 親子3代スープのさめないまちづくり

従前のまちづくりで言われていた「スープの冷めないまち」を、もう一度見据えなおす必要が出てきている。今後お年寄りをめぐって復興まちづくりをしていくと、ハード面、ソフト面の連携をうまくとっていくことが重要になり、真野では推進会とふれまち協議会の噛み合わせをコーディネイトする復興・まちづくり事務所が担っていた機能の役割がますます大きくなる。

第6章　震災とコミュニティ構造の変容　165

まちづくり推進会(77人)　　　　　　　ふれまち協議会(60人)

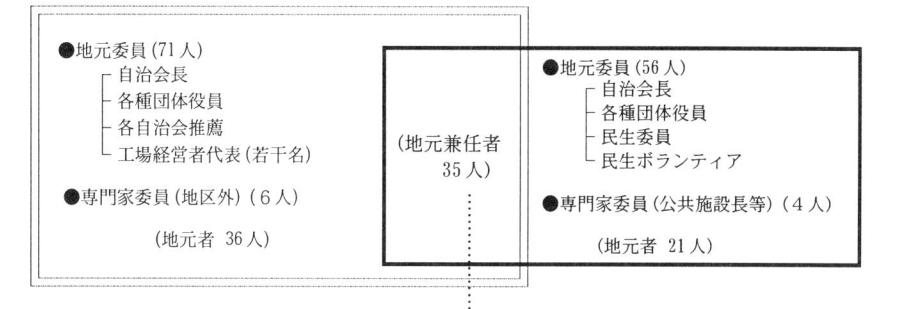

```
●地元委員(71人)              ●地元委員(56人)
 ├自治会長                     ├自治会長
 ├各種団体役員    (地元兼任者)   ├各種団体役員
 ├各自治会推薦      35人        ├民生委員
 └工場経営者代表(若干名)         └民生ボランティア
●専門家委員(地区外)(6人)       ●専門家委員(公共施設長等)(4人)
  (地元者 36人)                 (地元者 21人)
```

復興・まちづくり事務所 の
メンバーが含まれる

**図6-4　真野地区　推進会とふれまち協議会の委員構成**

こうした真野を取り巻く客観的な状況のなかで、地域公認の位置を獲得した復興・まちづくり事務所とふれまち協議会は、つくられるべくしてつくられた組織だったといえる。復興・まちづくり事務所は中核的なスタッフ5～6人を核にしたアモーファスなメンバー組織であったが、推進会の委員とふれまち協議会の委員を見ると、両者が重なる部分に復興・まちづくり事務所のスタッフが位置している。図6-4のように、推進会は自治会関係の委員が多いのに対して、ふれまち協議会は自治会長のほかに民生委員を中心にしていて、震災前の推進会単独時代にはあまり表に出てこなかった委員が多いという特徴がある。両団体の主要役員の兼職関係を見ると表

**表6-5　推進会、ふれまち協議会、復興事務所主要活動メンバー役員兼職状況**

| 推進会 | ふれまち協議会 | 復興事務所 |
|---|---|---|
| 代　　表 —— 顧　　問 —— 代　　表 |||
| 副 代 表 —— 委 員 長 |||
| 副 代 表 —— 副委員長 |||
| 事 務 長 —— 副委員長 |||
| 会計監査 —— 副委員長 |||
| 会　　計 —— (委　員) |||
| 会　　計 —— (委　員) |||
| (委　員) —— 書　　記 |||
| (復興部長) —— 書　　記 —— 事務所長 |||
| (幹事委員) —— 会　　計 |||
| (広報部委員) —— 会　　計 |||
| (復興部委員) —— (事務局委員) —— 中核スタッフ |||

――：同一人物。(　)：三役以外の委員。

6-5のように、推進会より一段若い世代がふれまち協議会を動かす形になっている。このことは、地域のなかで、協議会は推進会より現在のところ一段低く位置づけられていると見てよいであろうが、ふれまち協議会の書記、会計に、推進会では三役でなかったものがあたっており、両団体の活動のハードとソフトの比重の違いが意図されたものとなっている。構成員の面から見ても、この性格が違う二つの団体をコーディネイトできる位置に、復興・まちづくり事務所がつくられていたといえる。

## 5　まとめ

真野地区の5年間の復興まちづくりは、住宅というハード面で、従前の「まちづくり」が描いていた青写真を一気に前倒しで実現させた。この意味で、震災前30年にわたる「まちづくり」は、インナーシティの再生にむけて、方向を間違ってはいなかったことが示されている。

と同時にこの間、地域の仕組みも大きく変化してきている。

まず、何よりも指摘したい点は、自治会など地域公認の団体の役職者が実質的に地域のために動いた次の世代のものに交代したという点で、震災が世代交代を加速したことがある。この世代交代によって、地域の組織構造は復興まちづくりの活動のなかで、さらに大きく再編された。地域のなかに新たにつけ加わった要素である復興・まちづくり事務所の機能とふれまち協議会の二つは、震災によって一層加速されてきている地区人口の超高齢化という環境のなかで、必然的に立ち上げられたものであるといえる。同時に、復興・まちづくり事務所は、緊急対応期に生み出された真野の地域と外部支援のボランティア、専門家ボランティアとのつながりを、常態化する役割を果たしてきた。

震災後5年たったいま、震災復興の前倒で「まちづくり」は一応の区切りがつき、一種の手詰まり状況の感があるが、小地域は、日常の地域行事に加えて、ふれまち協議会を中心にした地域福祉活動へと急速に傾斜している。ま

ちづくり第1世代が後退し、第2世代が擡頭してきたものの、この2年ほどは第2世代の体制が固まらず、行きつもどりつの跛行性のなかで、事態はいまなお流動的である。しかし、ジグザグながらも地域の力量は着実に上昇している。住民が立ち上げて一時期地域の構造のなかで公認の位置を獲得した、復興・まちづくり事務所が果たしていた機能は、推進会に移された。従前からのまちづくり推進会と新たに再編強化されたふれまち協議会との、ハード、ソフト両面での活動を総合化する役割への認識が、住民の間に顕在的に浸透する形で、地域の構造が分化してきている。

# 第Ⅲ部
# 真野に暮す人たち

# 第7章　まちづくりに見る下町の地域文化

本章では、第5章、第6章で見た地域住民組織の発展的展開を担ってきた、真野の住民の生活構造、真野に見られる「支配的文化」のエートスと世代交代によるその変容を明らかにする。

## 1　インナーシティ住民の生活構造

　社会学から見た都市住民の生活構造は、フォーマルな集団への参加と、親戚、近隣、知人友人(職場、趣味)といったインフォーマルな社会関係の、総体のなかで把握される。

　表7-1は、平成1～2年に真野のまちづくりに関する聞き取り調査を行った際に、日常親密な接触をもつ形でつきあい関係にある人たちについて、インテンシブな聞きとりを行った結果である。自営業者、サラリーマン、主婦、年金生活者35名について、収入階層別に、つきあいの種類ごとの平均関係量を算出してある。女性のインフォーマントがわずか6人と偏っており、各グループのサンプルも十分とはいえないが、ここから次のようなことが読みとれる。

　まず、全体について見てみよう。真野は下町で、近隣(隣保)の互助が豊かにあり、日中でもだれかかれか人が家の外に出ていて、ちょっと顔を見ないと「どうしたん」と声をかけてくれる街だといわれるが、近隣関係は、こうした下町的な性格を反映してどの収入階層にも豊かに見られる。さらに、日常

表7-1　真野住民の社会関係

| 収入階層 | インフォーマルな社会関係の1人当たり関係量 (人／1人) | | | | | | | | 団体参加の特徴 | 大切な社会関係 |
|---|---|---|---|---|---|---|---|---|---|---|
| | 近隣 | 親戚 | | | | 知人友人 | | | | |
| | | 親戚総量 | 地区内 | 市内 | 市外 | 知友総量 | 地区内 | 地区外 | | |
| 月50万以上 (N=10) | 7.4 | 4.8 | 1.0 | 2.3 | 1.5 | 16.0 | 8.7 | 7.3 | ・地域集団の役職につき活動<br>・行政委嘱の役職も多い<br>・地区外では商工会議所、同業者組合、政治家後援会、趣味の会 | 知友＞職場＞近隣＞親戚 |
| 30万以上50万未満 (N=14) | 6.4 | 3.9 | 0.3 | 2.7 | 0.9 | 10.4 | 5.6 | 4.8 | ・地域団体の役職につき活動<br>・地区外では同業者組合、政治家後援会 | 知友＝職場＝近隣＝団体 |
| 20万以上30万未満 (N=8) | 4.3 | 3.9 | 0.5 | 2.3 | 1.2 | 6.3 | 4.4 | 1.9 | ・地域集団に加入のみ<br>・地区外では同業者組合、サラリーマンは労働組合と職場の同好会 | 知友＞職場＝近隣 |
| 7万以上20万未満 (N=3) | 5.7 | 3.7 | 0 | 2.0 | 1.7 | 4.3 | 4.0 | 0.3 | ・地域集団に加入のみ<br>・地区外では乏しくなる | 近隣＝知友＝団体 |

(平成1・2年調査の調査票より作成)

のつきあいを収入階層別に見ると、近隣・親戚・知人友人とも、収入が低くなるにつれて、つきあいの総量が少なくなるという顕著な傾向が見られる。そして、低所得層では、知人友人が極端に少なくなる分だけ、近隣への依存度が増加する傾向にあると見られる。意識においても、大切な関係として考えられているのは、知人友人、職場の仲間といったところに力点が置かれているなかで、低所得層では近隣の比重が相対的に著しく増大している。低所得層では、インフォーマルなつきあいが少ない分だけフォーマルな団体への依存が多くなるかというとそうではなく、団体への参加はわずかに、自治会、防犯実践会、婦人会、老人会といった半自動的な加入の性格をもつ地域集団への、名目的な所属が見られるにすぎない場合が多い。総じて低所得層は、孤立化、分断化された社会関係をもち、近隣が地域社会への統合の唯一の窓口という場合も少なくない。

ここで収入階層別に、聞き取り資料も加えながら各階層ごとの社会関係量

を細かく見てゆくと、次のように要約できる。

①月収50万円以上の層は、40歳代・50歳代の働き盛りの自営業者からなるが、近隣・親戚・知人友人とも、もっとも社会関係が豊かである。地区内にも親戚が多いというものが多く、この人たちを自己の事業所に雇っている場合が多く見られ、家族経営的な性格が示されている。市外在住で頻繁に接触をもっている親戚は、どの収入階層にも共通するが、大阪から姫路くらいまでの範囲のものである。地区内の知人友人で多いのは、自治会、同志会(壮年会)、PTAなどの地域団体を契機とするものが多く、次いでゴルフなど趣味をきっかけにしたもの、職場の仲間となっている。地区外の知人友人で多いのは、地域団体活動で知り合ったもの、職場関係、そして、旅行会・ゴルフなどの趣味の仲間の順になっている。団体参加を見ても、この階層は参加している集団の種類、量ともに多く、趣味・スポーツの会に入っているものも多い。

②月収30万以上50万円未満の層は、40歳代・50歳代のサラリーマン、自営業者からなる。自営業者の場合、市内にいる親戚、きょうだいを雇っているケースが若干見られる。地区内の知人友人で多いのは、地域団体活動で知り合った仲間が多く、次いで職場、そしてとくに主婦の場合に子どもを介して友人になったというものが多い。地区外では、職場の関係が多く、次いで、学校時代の同級生が多くなっている。団体参加について見ると、この層には、月収50万円以上層と同じく、地域団体の役職につき積極的に活動しているものが多い。

③月収20万以上30万円未満の層には、自営業者、サラリーマン、および、60歳以上の年金生活者などが含まれているが、知人友人関係と近隣関係に相対的に乏しく、とくに近隣関係がもっとも後退している点に特徴が見られる。地区内の知人友人で多いのは、ソフトやバレーボールという趣味をきっかけにするものと、同級生だったというものが多く、地区外では、職場の仲間、同級生が多い。地域内団体は、半自動的な加入のみというものも多くなる。

④月収7万以上20万円未満の層は、定年退職後の年金と子どもからの仕送りで生活をしている高齢者が多く、もっとも社会関係量に乏しいなかで、近隣が突出するという特徴をもつ。知人友人の契機としては、地区内が老人会とかつての職場、地区外がかつての職場のつながりでの友人が多い。団体参加は、地区内の半自動的な団体に加入だけしているというのが多い。

真野で見られるこうした傾向は、都市住民の生活構造に関する先行研究から得られた知見とも合致している。

真野とよく似た条件にある東京の下町、墨田区京島を調査した都立大グループの園部雅久は、京島の下町的世界を構成する社会層を、中小企業主層、零細企業主層、ホワイトカラー層、ブルーカラー層に分け、それぞれの社会関係を次のように要約している[1]。中小企業主層は、町会・自治会、同業組合などフォーマルな集団への参加が高く、零細企業主層は、血縁的関係が豊富で、町会・自治会といった地域組織の実質的な担い手になっている。ホワイトカラー層は、地域の集団には無関心で、インフォーマルな関係も地縁的関係よりも職場の関係に依存する傾向が強い。ブルーカラー層は、フォーマル集団、インフォーマルな社会関係とも、きわめて限定されている。

また、安河内恵子は、都市住民のフォーマルな集団参加とインフォーマルな社会関係に関する、アクセルロッド、ウェンデル・ベルやジョン・カサーダなどのアメリカにおける先行研究を整理している[2]。その知見は、次のような点に要約できる。階層性(学歴、収入、職業で測られる)、居住性(居住歴)、家族性(未既婚別、子どもの有無)の3要因が、集団参加量とインフォーマルな社会関係量に影響をおよぼす。階層性との関連では、社会的地位が高いものほどフォーマルな集団への参加が多く、社会構造のなかに強く統合されており、インフォーマルな関係では、階層が高いものほど友人関係が多い傾向にある。移動性でいえば、フォーマル、インフォーマルともに、居住歴が長いものほどコミュニティ内部での集団参加量、社会関係量が多くなる。家族性との関連では、子どもがいる既婚者ほど集団への参加量が多くなる。安河内は、

これらの知見を福岡市での数量調査で確かめた上で、「地域」との関連で、選択の自由性に基づく友人関係の「共同性」は、近隣関係の「共同性」と異質である点を提起している。

アメリカや福岡の都市で見られた都市住民の生活構造の特徴は、階層性の軸について見れば、神戸の下町、真野でも同様に確かめられる。真野で注目すべきは、下町の性格を反映してか、階層が低いものほど近隣関係が重要性をもつ傾向が見られる点である。低階層グループと近隣関係との強い相関についての同様の指摘は、渡邊洋二や鈴木広によってもなされている[3]。

〔注〕
1) 園部雅久 1992：73-76頁。
2) 安河内恵子 1992。
3) 渡邊洋二 1979、鈴木広 1986：199-203頁。

## 2 下町の地域文化

### (1) まちづくりのリーダーたちと地域集団の序列

真野で、公害反対にはじまって緑化、地域福祉、「まちづくり」と、まちづくりを中心になって担ってきたのは、5,000人からの住民のうちの2％くらい、せいぜい100人くらいの人たちであった。この人たちは、各町レベルから学区レベルまでのさまざまな地域集団の役員たちであり、地域行事で常時動いてきた人たちで[1]、真野の地域リーダーである。

真野地区に見られる地域公認の地域集団には、真野地区まちづくり推進会(委員71人)、真野ふれあいのまちづくり協議会(委員56人)をはじめ、16の各町自治会と二つの自治会連合、真野婦人会(役員37人)、真野同志会(役員25人)、真野連合子ども会(役員17人)、和楽倶楽部(老人会)(役員16人)、民生・児童委員協議会(委員16人)、二つの防犯実践会[2]、保護司会真野支部(委員7人)、青少年問題協議会真野支部(委員76人)、真野小学校PTA(役員9人)、学校開放運

営委員会 (委員45人)、真野校区少年野球団 (役員12人)、消防団第6分団 (真野地区から8人) がある。

　日本の多くの小地域と同様、これら地域集団の役員・委員たち、とくに各団体の幹部役員たちは、一つの団体の役員であり同時にほかの団体の役員・委員でもあるというように、一人が複数の団体の役員・委員を兼職しているケースが多い。震災復興のボランティアとして真野に長期滞在で関わった同志社大学の学生グループが、地域活動における主要メンバーと住民から目されている100人 (40歳代15人、50歳代53人、60歳代18人で、50歳代から60歳代が中心) について整理したデータによると、三つ以上の団体の役員・委員を兼任しているものが、実に51人もいる (四つ以上のものでも、なんと32人もいる)[3]。こうした、複数の団体の役員・委員の兼職が、住民が「呼び込む」と表現している、地域行事の際の複数の団体によるゆるやかな連合を可能にもしている。ここで重要と考えられるのは、地域リーダー一人ひとりにとっては、それぞれ活動のなかで大事にしている団体があり、その団体が小地域社会のなかでの彼の「よりしろ」になっていることである。

　真野の地域集団は、地域行事を媒介にして諸集団相互のゆるやかな連合の仕組みが成立していて、適材適所で役割分担をしているとはいえ、地域のなかには、神戸市から制度上も認知されてきた団体である「まちづくり推進会」を頂点にして、おおよそ、推進会―ふれまち協議会―自治連合会―婦人会―同志会―民生・児童委員協議会―連合子ども会―老人会―青少年問題協議会―単位自治会―保護司会―PTAという形で、団体間に序列があるという意識がもたれている。組織の規模、力量、歴史の長さが判断の基準とされているが、すべての人が等しく同じ順序で見ているわけではなく、人によっては微妙に違うところもあり、たとえば、同志会は老人会の下だと言う人もいる。この集団間の序列には地域リーダーたちもかなり気を使っていて、たとえば地域行事をいくつかの団体の共催で行うときに、立て看板にどの順で団体名を書くとか、チラシにどの順で載せるかというときに、また、各団体内部のインフォーマルなクリーク (仲間集団) の状況までをも勘案しながらの懇親会

での座席配置に、結構もめたりもする。

　各団体から代表を送り込んでいる「まちづくり推進会」の場においても、委員たち個々人は、自分が所属するこうした団体を「よりしろ」にしてそのスタンスをとることが多いだけでなく、さらに、年齢の序列もかなり意識している。また、歴史的ないきさつを引きずった集団間のしがらみが、各委員を拘束している場面もある。地域団体間だけでなく、地域団体の内部でも、個々人の経歴や経済力（自営業者が多いのでかなり明確な基準と意識される）、年齢に影響されることが多い。

　こうした地域集団に関わる場面以外のところでも、日常の真野の小地域社会のなかにおいてリーダーたちは、自分が所属する団体と年齢、経済力といった序列に照らしながら、地域のなかでの自分の位置を定めている。地域リーダーたちの多くにとって地域集団の役員への参入は、自ら手を挙げてというよりも、前任者や地域の実力者からの勧誘によって役員になってきている。そして、それぞれの団体のなかで周囲から三役、代表に推されながら、やがて、ふれまち協議会とか推進会とかいった真野全体を代表する組織の三役に推薦されてくる。地域公認の組織への関わりは、地域のなかでの自分の位置づけと信用を示すものと受け止められており、また、住民たちも地域公認の組織に信頼を感じ、重きを置いている。下町である真野ではこうした地域集団の枠組みが強く、何か新しいことをやろうとしても有志だけで新たにボランタリーな集団はつくられない。新しい活動も、地域公認の組織を通してやった方がやりやすいと思われている。

(2)　下町住民のエートス

　地域リーダーたちの役職推薦を支持し、彼に自分たちのことを付託する住民の側にも、一定のエートスが見られる。真野で商売をしている58歳のインフォーマントは、次のように語っている。

　　私らの世代で、ここらで、高校出て三菱重工の社員になれたいうたら、

エリートなんよ。あとは、町工場の経営で成功した人もやね。うちの町（ちょう）で出世頭いうと、いまは真野のよその町（ちょう）に工場をもってるUさんやね。

Uさん(65歳)の父親は四国から大阪に出てきて、鉄工の職人をやっていた。大阪で生まれたUさんが中学校を終わった16歳のとき(昭和24年)、家族は身内を頼って長田区K町に移り、Uさん自身も鉄工所の職工として勤めはじめた。翌年、真野に移ってきた。29歳のとき、同じ町生まれの女性と結婚した。妻の祖父は町会長をしたこともあり、妻の父は民生委員をしていた。妻の実家の町で妻と二人で鉄工場をはじめ、35歳のとき真野の別の町にあるいまのところに工場を移し、現在に至っている。長男が大学を出て会社を継いだので、自分と長男とほかに従業員が8人いる。43歳のときに住居を長田の上の方に新築したので、真野には工場だけとなっている。ほかに、長屋を買い取り貸家にしているのが、真野のなかに2軒ある。

Uさんは、住居を地区外に移してしまっているので地域の役職はやっていないが、Uさんのように職工、零細町工場の経営からスタートして成功した人で、ある程度の年齢に地域の役職を引き受けたという人は多い。かつて私たちが調査をした東京の東向島で、自治会長の一人が自分が自治会長になった経緯を、「若い頃に群馬県から出てきて一代で会社を興したが、事業の方も息子に譲ったので、自分は地域のお役に立とうかと引き受けた」と述べている。東向島に限らず、真野も含めて、自営業での成功者が地域の役職を引き受けることによって小地域のなかでの自己の信用を位置づける、職工、零細自営業者もこうした成功をめざすというエートスは、とくに経済の高度成長期に顕著に見られた下町に共通した地域文化である。高橋勇悦たちも東京京島の調査で、この下町住民のエートスを見出している[4]。この下町住民のエートスがしっかりと保たれていたがゆえに、欧米のインナーシティと違って、日本のインナーシティ・コミュニティは決定的に崩壊しなかったといえよう。

### (3) 真野の地域文化と若い世代

　地域集団間の序列、個人間の関係に年齢や経済力が反映するといった伝統的な地域文化、そして、これを支える住民のエートスの構造は、新しく住民が寄せ集まってくる新興住宅地での、とくにボランタリーな団体のなかではさほど強くない。しかし、親の代、祖父の代からそこに住み合わせている下町では、この構造が地域の生活の大枠を強く規定していて、若い世代の人たちや女性たちが、会議などで積極的な発言をしにくいと感ずる要因にもなっている。震災後、ジェンダー論の視点から真野地区に入った加藤由美は、真野の女性たち12人に克明なインタビューを行っているが、こうした団体間の序列意識、経歴、年齢といった構造が、真野の地域性と意識され、女性の公的場での発言への阻害要因になっていることを明らかにしている[5]。それは、真野に婚入してきた30歳代の一人のインフォーマントの、次のような言葉に集約されているといってよい。

　　どうしても長い間住んでる下町なんかとくにそうですけど、長年住んでいる人の力加減っていうんですか、あれがかなり強いなと感じるところがよくあるんで。だからなかなか若い世代とかがちょっとものを言うにはしんどいものがあるかな。本音でしゃべれないっていうんですか。建て前ではしゃべれても、本音でしゃべるというのはむつかしいことかなと。生意気やなとか、そういうふうにも取られるらしいので、意見がなかなか出せないですね、ほんと[6]。

　こうした都市の下町がもつ伝統的な地域文化の構造は、震災という社会の危機的な状況の下で、住民の意識のなかに、真野の小地域構造の本質としてことさらくっきりと浮かび上がってきているように思える。しかし、真野のこの下町的な地域文化の構造は、平成期に入る前まではもっとシビアなもので、まちづくりの歴史のなかで徐々に弱まってきたといえる。真野同志会の

発足とその発展が、世代交代をともなってこの変化を担ってきた。

同志会は、「まちづくり」期に入ったのを機会に、地域公認の団体に認めてもらうことを条件にして、当時の30歳代・40歳代の男性有志で結成された壮年会である。発足当初から、政治、商売、宗教をもち込まぬというモットーの下に、個人の経歴、事業規模、年齢を無視したつきあいを申し合わせてきた。会員同士は家族ぐるみでのつきあいをしており、特定の飲み屋を根城にする飲み仲間とか、マージャン仲間、ゴルフ仲間とかのクリークをつくりながら、インフォーマルなネットワークをつくり出してきた。「まちづくり」20年がたった現在、同志会の会員やOBが、推進会や自治会、民生委員協議会、子ども会、青少年問題協議会などの役員層に参入することによって、下町の地域文化的な構造を少しずつ打破する役割を果たしてきた。諸団体のタテ割りの構造のなかに、同志会員のインフォーマルなネットワークが横糸で編み込まれることによって、真野の小地域社会のダイナミックスを支えている。真野の地域のなかに、年齢とか経済力に関係なくものが言える人間関係の空間をつくり出したのが同志会であり、戦後の人権意識の定着にともなう個人個人は対等という教育を受けてきた世代が、組織を背景に徐々に地域の仕組みのなかで力をつけてきたプロセスを見ることができる。真野は、これまでのところは世代交代に成功してきたといえる。

震災後、真野にも新しい住民が入れ替わってどんどん入ってきている。真野に婚入してきた、いま30歳代の多くの人たちの第一印象が、「地域活動が

表7-2 真野の親子二代の学歴

| 親の年齢（平成11年） | 親の世代 | | | | | | 子の世代 | | | | | | | |
|---|---|---|---|---|---|---|---|---|---|---|---|---|---|---|
| | 男親 | | | 女親 | | | 子なし | 就学中 | 不明 | 息子 | | | 娘のみ | |
| | 中学 | 高校 | 大学 | 小学 | 中学 | 高校 | | | | 高校 | 短大高専 | 大学 | 高校 | 短大 |
| 40歳代 | | 1 | | | | | | 1 | | | | | | |
| 50歳代 | 3 | 5 | 1 | | 1 | | | 1 | | 5 | 1 | 3 | | |
| 60歳代 | 2 | 8 | 1 | | | 2 | 3 | | | 2 | 1 | 5 | 2 | |
| 70歳以上 | 9 | | 1 | 1 | 3 | | | | 2 | 4 | | 5 | 2 | 1 |
| 計 | 14 | 14 | 3 | 1 | 3 | 3 | 3 | 2 | 2 | 11 | 2 | 13 | 4 | 1 |

（平成1・2年調査の調査票より作成）

なんと多い地区なのかという驚きであった」という声はよく聞かれるが、新しく転入してきた人たちは、こうした真野の地域文化に戸惑いこそすれ、すぐには馴染めない。さらに、表7-2に見られるように、真野生まれの二世たちには大学まで進むものが増え、ホワイトカラー化するものも出てきている。彼らは、いま地域を引っ張っている50歳代・60歳代のものたちと、関心をまったく異にしていて、まちづくりには無関心だといわれる層である。真野同志会が会員資格の年齢を20歳に引き下げ、平成10年からは50歳以上のOBも再度現役会員に戻すという改革をしているが、10年後、20年後の真野の地域像をにらみながら、20歳代・30歳代の若い世代への世代交代をどう道筋立てていくかの問題が、真野の大きな課題の一つとしてある。

〔注〕
1) 会合が多い推進会でも常時動いている中心メンバーは20名弱くらいであり、大きなイベントがあると100～150人くらいが動く。同様にほかの地域団体においても、会員がフルに動いているわけではない。
2) 三つあった防犯実践会の一つである大橋防犯実践会は、平成8年に解散して、各町ごとに防犯活動を行うことが決定されている。
3) 真野の諸団体の役員の重複を集計しているものに、震災復興のボランティアとして真野に長期滞在した佐藤友一1997(：18頁)と乾亨・大森靖子1998がある。ここでは乾・大森の著作(120-121頁の表2)から再集計した。集計にあたっては、まちづくり推進会の委員、ふれまち協議会の委員、婦人会の役員、同志会の役員、連合子ども会の役員、民生・児童委員協議会の委員、学校開放運営委員会の委員、青少年問題協議会の委員、真野少年野球団の部長・コーチ、消防団の団員、各町自治会の会長・副会長についての重複をカウントしている。
4) 竹中英紀1992。
5) 加藤由美1998。
6) 同上：89頁。

# 第8章　インナーシティの「まちづくり」と住民の対応

## 1　はじめに

　地場産業の衰退、急激な人口減少と高齢化、家屋・施設の老朽化のインナーシティ問題を抱えた真野地区は、すでに第5章で見たように、地区再生のために神戸市とまちづくり協定を結び、建設省のモデル地区指定を受け、住環境整備モデル事業として「まちづくり」を行ってきた[1]。「まちづくり」構想・計画の推進は、震災後前倒しで実現したが、震災直前の昭和60年代には、一時停滞の状況にあった。南北・東西2本の街区道路の拡幅のほかに、街区の内側の共同建替えに手をつけなければならない段階へと達し、総論賛成・各論反対で街区小委員会の結成もなかなか進まなくなってきたからである。この時期は、「まちづくり」のリーダー層とフォロアー層である一般住民の間に、地域内格差が広がっていた。

　本章では、平成1年から2年にかけて行った住民への面接調査をもとに、「まちづくり」への住民の対応とまちづくり推進会の課題を考察する。「まちづくり」の事業で道路拡幅なり共同建替えがかかってきたときに、住民たちは、どんな条件をもった人が、どんな対応を選択するのかということを、いくつかの事例を通して見るなかから、インナーシティ再生のためには何が問題になっているのかを整理して、地区再生への課題を導出し、推進会という地域住民組織の性格を明らかにしてゆく。

〔注〕
1) 真野のまちづくり構想の具体的なプランについては、本書第5章のほかに、延藤安弘・宮西悠司1981、神戸都市問題研究所1981：114-120頁に簡潔に紹介されている。また、住コミュニティ環境整備事業(現、密集市街地住環境整備事業)としての真野まちづくりの紹介には廣戸敏夫1991が、地区計画プラニングの視点から真野のまちづくりの経過を検討しているものに中村正明1997があるので、これらを参照されたい。

## 2　真野住民を取り巻く環境

聞き取りの対象となった真野の住民たちが置かれているインナーシティの環境を、再度ここで簡単に要約しておこう。大都市インナーシティの特徴として、地場産業の衰退、人口の急減・高齢化、家屋・施設の老朽化の3点が一般にあげられているが、真野においても同様の現象が、昭和40年代後半から急激に進展してきた。すでに第4章で見たように、真野には東隣に隣接する大工場の工員たちの住宅があるとともに、零細な関連下請工場も数多くあり、下町の住工混在地域になっている。また、真野の西隣りが新長田であるが、ここはケミカルシューズの産地で、震災前までは全国流通の8割をこの辺りで生産していた[1]。真野にも零細なその関連産業が多数ある。

表8-1のように真野には零細な機械、ゴム工業が多いが、この地域はすでに昭和30年代の後半から公害が激しくなり、40年頃から学区の南部において公害工

表8-1　真野の工場

|  | 工場数 | 比率(%) |
|---|---|---|
| 機　械　系 | 129 | 40.3 |
| 金　属　系 | 43 | 13.4 |
| ゴ　　ム | 86 | 26.9 |
| そ　の　他 | 62 | 19.4 |
| 合　計 | 320 | ― |
|  | 工場数 | 比率(%) |
| 1人〜3人 | 131 | 40.9 |
| 4人〜9人 | 132 | 41.3 |
| 10人〜29人 | 44 | 13.8 |
| 30人〜99人 | 11 | 3.4 |
| 100人〜 | 2 | 0.6 |
| 合　計 | 320 | ― |

(昭和53年　事業所統計)
※昭和58年12月現在381社(10人未満82%)

(出：神戸市都市開発局民間再開発課『真野地区のまちづくり』4頁)

表8-2 真野周辺の大規模工場従業員数（推移）

|  | 昭和44年 | 昭和50年 | 昭和55年 | 昭和44〜55増減 |
|---|---|---|---|---|
| 川崎重工（兵庫区） | 9,629 | 7,941 | 5,175 | △4,454 |
| 三菱重工神戸造船所（兵庫区） | 10,664 | 10,348 | 7,013 | △3,651 |
| 川崎製鉄（兵庫区） | 4,722 | 3,074 | 2,374 | △2,348 |
| 三ツ星ベルト（真野地区内） | 839 | 531 | 361 | △ 478 |

※ピーク：昭和44、45年

（出所：『インナーシティ再生のための政策ビジョン』7頁）

表8-3 長田区の失業率（推移）
(％)

|  | 昭和50年 | 昭和55年 | 昭和60年 |
|---|---|---|---|
| 長田区 | 4.5 | 5.5 | 7.1 |
| 神戸市 | 3.5 | 3.9 | 5.0 |

（職業安定所）

場追放の住民運動、工場跡地の公園化ということでの緑化運動が起こった。日本社会の産業構造の変化だけでなく、公害工場追放の運動も加わって、第二次産業部門にある地場産業の後退が著しく見られる。第4章の表4-3(78頁)で見たように、真野の工場は、低成長期に入った昭和50年以降、30人以上の規模の工場が漸次減少してきている。従業者数も、同様に減少しているのを見てとることができる。他方、10人未満の工場は、60年以降バブル経済が弾ける平成2年まで、著しく増大している。これは、この時期、大規模工場で合理化にあった工員たちが、慢性的な技能者不足を抱えていた零細な中小企業に吸収されたことによるといわれているが[2]、ともかくも極端な零細化が進んでいる。一方、大規模工場も、合理化とか工場の移転で、従業員がかなり減ってきている。表8-2は、真野近辺の大規模工場であるが、45年頃に比べると、従業員数は半減以下である。三ツ星ベルトは真野のなかにある規模のもっとも大きなゴム工場である。さらに、表8-3のように、失業率も増大してきている。

(1) 町工場と商店の衰退

大規模工場の移転に伴い、地域のなかで町工場が減ってくる。そして、地域のなかでは、単に町工場とその関連とか下請け企業が抜けていくだけでなく、工・商のネットワークの崩壊が続いてきた。が表8-4は商店の推移であるが、小売業の商店数がここ10年くらいの間にずっと減ってきている。町工

表 8-4 真野の商業(推移)

(指数)

| 年<br>(昭和) | 卸 売 業 | | | 小 売 業 | | |
|---|---|---|---|---|---|---|
| | 商店数 | 従業者数 | 販売額 | 商店数 | 従業者数 | 販売額 |
| 45 | 100<br>(17) | 100<br>(148) | 100<br>(1,121) | 100<br>(134) | 100<br>(258) | 100<br>(696) |
| 51 | 282 | 362 | 1,229 | 118 | 162 | 394 |
| 63 | 459 | 369 | 2,678 | 87 | 133 | 711 |

(商業統計)

昭和45年の( )内は実数。金額は百万円。
センサス区によるので、東尻池町3丁目が含まれず苅藻島分が含まれている。

場と商店というのは一種独特の結びつき方をしていて、町工場にとって「つけ買い」の構造が、ネットワークとして地域のなかにある。真野のなかで従業員規模11人の鉄工所を経営しているSさんは、次のように述べている。

　この地域は取引関係ばかりでなく、生活の面からいっても、便利がとてもよい。仕事の関係でいえば、親会社がここにあるだけでなく、鋳物屋さん、木型屋さん、下請けの鉄工所がこの周辺に集まっているし、工具、鋼材屋さんがある。車の修理屋さんがある。さらに、日中も夫婦でこちらにきて働いているので、日常の生活品、飲食店、酒屋、米屋、化粧品屋にいたるまでこの周辺で賄っている。しかもこれらのお店は、全部「つけ」で決済できている。一銭のお金がなくとも一ヵ月生活できる仕組みがここでできあがっている。全生活がこの近くでまかなえる。

　工場者にとっては、地域から外へ移転するということは、生産だけではなく、生活のシステムも崩壊するということを意味している。工場が移転するということは、商業者にとっても、また、工員相手の飲食業者にとっても、商売が成り立たなくなるということを意味している。ただ、サラリーマンは別で、あちこちのスーパーでそのつど買うということをやっている。住工混在の下町には、町工場と商店の間の、この手のシステムが結構息づいている。

## (2) 長屋の老朽化

　真野は、もともと大正年間から昭和の初期に、近辺の大工場の工員たちの住宅地として開発されたところであった。この頃建てられた長屋形式の住宅が多く、ほとんどの区画が戦災を免れたため、現在でも当時の長屋が多く残っていて、家賃も安いままである。したがって、長屋の老朽化がこの地域の緊急の問題になっている。少し古いが、昭和56年の神戸市の再開発課の調査では、全住宅の73％が不良住宅という結果が出ている。平成初期現在でも、状況はさほど大きく変わっていない。

　住宅は込み入って狭く、長屋だと表通りで敷地面積11坪、裏通りで7坪くらいで、目一杯建てた平屋、よくて2階をあげている程度というのが普通である。この狭さのために、ほとんどの若者が結婚を機に地域の外に流出し、第4章の表4-5 (79頁) で見たように、地域の人口が高度成長期をピークに、25年くらいの間に半減している。しかも、女性の一人暮し老人世帯が特徴的に見られる、地域人口の高齢化が、昭和45年頃から急速に進んでいる。地区の高齢化率は、昭和60年に15.9％(神戸市平均10.1％)、平成2年で17.7％(神戸市11.5％)と、いずれも神戸市平均より5ポイント以上も高い。表8-5 は、広原盛明が真野のうちの2町内で行った調査の結果[3]であるが、ここの場合、

表8-5　高齢者単独世帯創出のメカニズム

（構成比）

| 世帯グループ<br>世帯構成 | 54歳以下のみの世帯 | 55～64歳を含む世帯 | 65～74歳を含む世帯 | 75歳以上を含む世帯 |
|---|---|---|---|---|
| 夫婦のみ | 7.0 | 25.7 | 24.5 | 17.6 |
| 夫婦と子供 | 47.0 | 30.0 | 12.0 | 2.0 |
| 三世代 |  | 4.0 | 8.0 | 30.6 |
| 男単身 | 23.3 | 15.0 | 8.8 | 5.6 |
| 女単身 | 3.9 | 19.5 | 31.4 | 27.7 |
| 父子 | 3.0 | 6.0 | 4.9 |  |
| 母子 | 13.4 |  | 9.8 |  |

（「長屋街区再生事業計画」調査研究報告書（平成元年）70-72頁より作成）

表8-6 真野の生活保護世帯率、65歳以上一人暮し老人世帯率

|  | 生活保護世帯率 | 65歳以上一人暮し老人世帯率 |
|---|---|---|
| 真野 | 7.9 | 9.3 |
| 神戸市 | 3.0 | 3.0 |

（平成2年5月現在、市社会福祉事務所）

母子家庭が比較的多く、子どもが転出することにより、お婆ちゃんだけが残るという形がかなり多いということが出てきている。とくに、一人暮しの場合、年金と仕送りの生活になることから、路地裏長屋の住人の高齢化と低所得化が重なることが多い。表8-6は、真野の生活保護世帯率と65歳以上の一人暮し老人世帯率であるが、神戸市全体よりはるかに高く、また聞き取りでも、路地裏に年金暮しの高齢者や、身障者、生活保護世帯が多く住んでいることが、ごく普通に出てくる。そして、この高齢化と低所得が、のちほど見るように、地域の再生にとって大きなネックになってくる状況がある。

〔注〕
1) 長田のケミカルシューズ産業は、平成7年の阪神大震災で壊滅的な打撃を受けた。震災以前にすでに、バブル景気崩壊のあと、ファッションの切り替わりで多品種少量生産への転換もあって、仕事の量がだんだん減りつつあり、また、高級品もイタリアなどからの輸入ものに押されて、厳しくなってはいた。震災直後、靴は供給が少なくなるだろうということで、逆に注文もあり、残った工場はその年の暮れまでは受注していた。しかし、実際には応じきれないということで、海外製品が入ってくるようになり、暮れの段階で低価格の靴の90％以上は海外製品というところまで落ち込んだ。一方、高級品も材料がなかなか入手できず価格の面で高くつき、その後の不況が追い打ちをかけている。
2) この点は地域で確認をしていないが、たとえば、神戸市都市問題研究所 1981：83頁に、この指摘がある。
3) 神戸市長屋街区再生研究会 1989。

## 3 路地裏のお年寄りの救済——まちづくり推進会が抱える問題

住民運動の先駆的な経験をもつこの地区は、昭和57年に神戸市と「まちづ

くり協定」を結ぶが、自治会を母体にして地区内の各種団体の代表を含んだ、「まちづくり推進会」という自発的な協同のための仕組みを、すでに昭和55年にいち早くつくっている。神戸市は協定締結とともにこの推進会を認定するが、市にとってみれば、この「まちづくり推進会」が、事業を地域におろすための受け皿になっている。市が直接、都市計画で半強制的に再開発事業を行うのではなく、推進会が住民サイドで地区計画をつくって事業を引っこむという形がとられている。事実ここの推進会は、内発的に「まちづくり」を進めるだけの力量を行政に対してもっている。まちづくり推進会の仕組みや構成については、第6章で見ているので、ここでは、推進会が当面抱えている特徴的な問題を取り上げておこう。

　このまちづくり推進会が、どれだけ地域の代表たりえているかは、あとで見ていくように、まだまだ課題が多いという段階のようである。基本的には、まちづくりの組織がもつ論理と、「まちづくり」への対応を迫られているフォロアー層の生活者の論理とが、部分的に十分に整合しない形で運動が進められてきている面を看過できない。極端な言い方をすれば、自治会の代表や推薦という人たちには、「まちづくり」の道路拡幅とか建替えが当面直接かかってこない場所の、どちらかといえば裕福な人たちもいて、福祉の精神でお世話をするという形である。しかし、その福祉の精神というのも、この10数年来この地域で高齢者福祉の活発な活動を続けてきた、民生関係の人たちが考えている福祉ともまた違っている。地域のなかで、福祉の考え方に関し、次の二つのような両極が共存している。

　Zさんは、次のように回顧する。昭和53年、「まちづくり」がはじまり、55年、56年頃は盛りあがった。その後順調に来て、物ができてきたが、反面いろいろな摩擦が出てきた。まちづくりで金がいくら出るかばかりの話になり、利害計算で率が悪いとなれば、さっさと推進会を出ていってしまう。道路にしても、両側から拡幅部分を取ることに決めていたはずなのに、利害関係を持ち込んでこのブロックだけは片側で取るとしてみたり。その

場その場で、めいめいが自分の勝手で主張するから、最初に決めた原則、基本が守れない。皆、利己主義が強すぎる。「まちづくり」は役所にも責任があるのだから、地域の皆さんにご協力いただき、役所に青写真を引いてもらえばよい。「まちづくり」が補償を引っ張ってくれるのだから、まちづくりによって皆さんがよくなる。全体をよくすることでのまちづくりでなければならない。まちづくりは人づくりであり、福祉につながる。福祉の精神で、できるだけのことをするしかない。〔「まちづくり」のいまのやり方だと、どうにも動けないお年寄りなどは、出て行かざるをえなくなりますね、の問いに〕それはし方のないことではないですか。でなければ、「まちづくり」は進みませんよ。

Oさんは、いまのまちづくりは、ハードな面で、たとえば道路を広げようとか、ここにつくろうとかの検討はするが、いまある道路をどう使いましょうというのを、ちっとも問題にしないと感じている。もともと狭い道路に自動車が駐めてあったり、自転車が停めてあったりで、お年寄りが安心して一人で歩けない。お風呂やさんに行く道路くらい、お年寄りも安心して通れるくらいの広さが欲しい。まちづくりはこういった視点からなされるものであり、基本は福祉だと思っている。福祉は、人づくりであり、そのためには、人間関係の輪を広げることが大事なのではないだろうかと思う。

Zさんの意見は、ある意味で最大多数の最大幸福の考え方であり、多数者のための福祉で、絶対的弱者のための福祉ではない。どちらかというと、土地に余裕があり、金に余裕のあるものの発想といえる。他方、Oさんの意見には、もっとも弱い人の立場に立ったまちづくりをという主張が含まれている。そして、現にまちづくり推進会が直面している問題も、最後にとり残される路地裏長屋のお年寄りをどう救済するかという点である。

## 4 住環境の更新・整備への住民の対応

　住環境の更新・整備は、地区の再開発に、市場メカニズムがそのまま働かないように地域の内在的な力を介在させる、「まちづくり」方式がとられている。関西では地価が昭和63年頃からじりじり騰り出し、平成に入ってから急上昇しているが、真野のなかは、周辺に比べて地価が現在のところ半値である。マンション業者が、真野のなかの土地を買うことはできるにしても、建替えに際しては推進会にかけなければならないということで、容易に入ってはこられない状況になっている。こんなところに地域の内在的な力を見ることができる。

　このような仕組みの下で、老朽長屋の建替えと、東西、南北1本ずつの地区内主要道路の拡幅、工場跡地への市営住宅の建設、コミュニティセンターの建設が「まちづくり」の大きな柱であるが、平成2年現在直面している大きな問題は、道路拡幅とその並びの共同建替えである。道路拡幅にかかり事業にかかると、家屋を取り壊しサラ地にしてくれ、移転補償、事業期間中の家賃補償、営業補償といったものが入ってくることになっている。家が狭いので、拡幅に伴う建替えになると、拡幅分の減歩と建蔽率からいって、2、3軒共同して、上に3階を積まなければならなくなってくる場所が多い。共同建替えには小ブロックごとのまとまりが必要になってくるが、総論賛成各論反対で、現実には困難である。

　ここで、住民一人ひとりが、「まちづくり」とどう関わり合っているかということで、いくつかのケースをあげてみる。

### (1) 持ち家、仕事の関係で真野から動かない

　町工場や、商店の自営業者のなかには、ここでなければ家業が続かないという人たちの層がある。真野のなかには、すでに第2節で指摘したように、関連産業や下請けのネットワークがあり、町工場と商店の間にもネットワークがある。この層の人たちの場合、自宅や第2工場を地域の外に移しても事

務所だけは真野に置きたいというように、残るメリットが地域のなかにある。一般に、真野の外に出てもかまわない、かつ、出る余裕があるという、地域から出るべくして出る人は、もうすでに出ていってしまっている。したがって、この層で残っているのは、仕事の関係で出るに出られない人たちであるといえる。Ｓさんは、工場や店を真野に残し自宅は地域の外に、という選択をしている人たちの一人である。

　Ｓさんは56歳。自分と妻そして、常勤雇いの従業員8名でやっている、鉄工所を経営している。春休みとか夏休みになると、大学生の長男と学生のアルバイトが2〜3人加わる。従業員のうち3名は親戚で、真野出身の妻の弟(真野の外の長田区内在住)と、妻のいとこ二人(ともに真野在住)という構成になっている。現在の場所に自分の工場をもっているほか、真野のなかに、貸事務所1ヵ所、町工場が入っている貸家2ヵ所(いずれも鉄工所)をもっている。一家の収入は月50万円以上、家賃だけで月30万円は入ってくる。現在工場は、手狭になりつつあり、大阪市の郊外に第2工場をと考えている。自宅は真野の外(長田区内)にある。Ｓさんの工場には、道路の拡幅計画がかかってきている。
　Ｓさんの親は、九州の出身で、鉄工の職人として阪神を転々としていた。Ｓさん本人は大阪に生まれ、戦時中一家は母の実家である四国に疎開。終戦後、昭和24年、両親と姉の4人家族は長田区内にいた親戚を頼って出てき、父親は鉄工所に勤め、自分も16歳のときから鉄工業に入り、町工場を転々とした。昭和25年、真野に移り、父親と鉄工所をはじめる。当時三ツ星が発展途中で、この地区はゴム屋さん(工場)が多かった。鉄工所、ゴム屋、お好焼き屋、おフ屋、ありとあらゆる職業が混在していた。ゴム屋さんというと、音、匂いだけでなく、よく火事を出すので嫌われていた。昭和31年、姉が中央区に婚出、両親と3人暮しになった。昭和38年、結婚、須磨に夫婦で移った。昭和40年、長女が生まれ、父親とやっていた工場の2階に、親と同居。昭和42年長男誕生。昭和43年頃から妻が鉄工所を手伝うよ

うになり、以来今日までずっと一緒に仕事をしている。昭和44年に工場を真野のなかで移転し、大きくした。昭和50年、住居を真野の外に移す。母親が昭和59年死去すると、父親は、真野がいいと真野に戻り、一人で住んでいる。86歳で元気だが、金銭的援助をするほか、毎日様子を見に寄っている。昭和62年、長女が大学を終わり事務系会社に就職し、自宅から勤め出した。あととりは現在のところ未定である。長男自身は家業のあとをとりたい気のようだが、妻の弟が来て一生懸命やっているので、当面長男は他へ就職させるつもり。

　工場はいつまでも現在の場所に置きたいし、ずっと置くことになるだろう。現在三ツ星の仕事を専属にもらっており、この地を変わったら仕事を切られてしまう。仮に真野のなかの他の場所にといっても、まちづくりが住工協調街区に指定している真野の南部で、同じだけの敷地を確保できないだろうし、鉄工は音、地響き（振動）、匂いで嫌われるので、鉄工団地以外は現実に移転は無理だろう。うちの場合、1台の基礎に200万〜300万円かかる大型工作機械が10台入っているので、移転をするのは費用的に難しい。兵庫区に市がもっている工場団地があるが、ここに移るとしても、市は同じ面積の代替地しかよこさない。敷地面積がよっぽど増えるのならいざ知らず、お得意先とまで切れて移るのでは意味がない。道路拡幅への話にはのりたくないし、応じられないというのが正直なところだ。何よりもこの場所は、取引関係ばかりでなく、生活の点からいっても、便利がとてもよい。移転することによって、この仕事と生活のシステムを崩したくはない。これは一つの財産であり、この財産は手放したくない。市はここまで保証はしてくれない。

　道路拡幅になれば、自分の工場敷地の道路面を3m分削られる。削られる分は工場の入り口面で、駐車場と事務所になっているところだが、すぐ近くに代替地として事務所と駐車場が欲しい。第2工場を造りたいと考えているが、第2工場の方に家族の住居も移し、普段は自分だけ真野の第1工場の事務所に寝泊りしてもよいかなとも考えている。

このグループの人たちは、他のタイプの人たちに比べれば敷地も広くもっていて、条件次第では拡幅に応じてもよいという、余裕のあるものが多い。

同じくここでなければ家業が続かないという層のなかには、住宅を積極的に地域内の住宅街区に求めようというグループがある。

　Rさんは48歳。鉄工所を経営している。従業員は自分と妻を含めた5人。真野内に作業所兼2階部分住居の家をもつ。真野外にも1事業所あり。収入月50万円以上。家は住工協調街区にあり、まちづくりの拡幅などがすぐにはかかってきそうもない場所にある。

　Rさんは真野に隣接する町内で生まれ、父親はそこで鉄工業を自営していた。昭和34年工業高校を卒業し、1年間よその工場で鉄工の修業をし、その後、父親の鉄工場で働くようになった。昭和39年、そこが都市計画にかかり、真野の現在地を代替地でもらった。真野も学区に入っている苅藻中学だったので友達も多く、真野全体の状況はある程度知っていたが、代替地にもらったいまのところは環境が最悪で、10年くらい苦労した。製缶工場、鋳物工場、市の屠殺場に囲まれた所で、匂い、騒音、鋳物からの砂埃、蠅に悩まされた。両親は、前の町内の別の場所に残り、来てはくれなかった。当時、自分の住んでいる真野南部の地区で、公害工場追放運動が起こり、自分の問題をどう解決するかを聞いておかねば駄目だと思い、運動によく参加した。昭和45年兵庫区出身の妻と結婚し、翌年長男が生まれたが、子どもの健康への影響が一番心配だった。市からも何回も来てもらい、昭和48年に屠殺場の改善がなされ、その後、製缶工場が兵庫区へ、鋳物工場が都市計画で西神にあい次いで移り、やっと環境がよくなった。忙しい仕事のなかでも、関心のあるものについてだけでもいいから参加しておかなんだら、あかんというのをこのとき学んだ。昭和49年次男が生まれ、51年に長女が生まれた。長男は、昨年大学に進学し、他出。いずれ長男、次男のいずれかが、家業を継いでくれるだろうと期待している。昨年、現在の工

場兼住宅を、3階建てのビルに建替える計画で具体化したが、最後の段階で資金の都合から取り止めた。現在、自分の母と妻の母が、それぞれ真野に隣接する町内に住んでおり、2日に1度、3日に1度、様子を見にいっている。

　真野のなかに中学の同級生、同窓生の友人も多いので、仕事、生活にわたって、助け合いもすぐにできる。いつまでもここに住みたいし、ずっと住むことになるだろう。母親をひきとって一緒に住みたいのだが、住居部が狭く、部屋数がない。子どもが一人よそに行っているので、いまのところはいいが、いずれ狭くなる。子どもの教育費などもあり、昨年建替えを取り止めたが、住居と作業場が一緒だと仕事のけじめもつかないので、いまは、ここを工場だけにして、自転車で通勤できる真野の北部地区（住宅街区に指定されている）のなかに、住宅を探したいと思っている。まちづくり推進会のなかで、市の共同住宅で内装を各人自由にできるコーポラティブ住宅の話が出ているので、そちらを考えている。このコーポラティブ研究会のメンバーは、現在12人いる。

住宅を真野のなかに求めようという強い動機に、真野のなかの人間関係の良さがあがってきている。

(2) 持ち家、事業は一代でいずれは他出

　このように自営業者のなかにも、積極的に真野に残り、できれば事業規模を拡大して行きたいという層がある反面、家業は自分一代で終わり、やがて真野の外に出ることになろうという層もある。いわゆる、家業の安楽死である。

　　Ｖさんは67歳。3人の従業員を使って、鉄工所を自営している。梁が切り離されている5軒長屋の一画が家で、下が工場、上が住居部になっている。建物のみ自己所有で、敷地の地主は真野外の個人。地代は月3万5千円。

昭和4、5年頃の建物で古く、大修理の必要な時期に来ている。老夫婦二人暮しで、一人息子は大阪におり、家業は継がないことが決まっている。息子とは、月に2、3度会っている。一家の収入は月20万円前後。支出で大きいのは、家賃と食費だと思う。

　Vさんは東海地方出身。高等小学校卒業後、昭和11年、真野で鉄工所をしていた伯父を頼って転入、伯父の工場で働いた。昭和26年、四国出身の妻と結婚。35年、長男誕生。昭和31年、伯父が亡くなりあとを継いでやっていたが、43年いまの場所を買い取り独立した。作業場に鉄骨柱を入れ、大改築を行っている。昭和53年、息子が会社就職で、他出。

　近所におつきあいの方もあるし、知らない土地へ行くのは淋しいので、気持ちとしてはここから出たくないが、ゆくゆくは息子の家に近い所にとも考えており、先行きどうなるかはわからない。

　自治会の役員をしていたので、町内の街区計画案をつくり共同建替えの話を3回ほどやったが、いずれも高齢者が多く資金面で行き詰まった。まちづくりの発端には、夢のような話と思ったが、少しずつでも実現してきており、町がよくなる希望が多い。自分のところの個人建替えは、いずれは息子のところに行くことになるので、計画していない。


　Tさん52歳。夫と二人で印刷業を自営。1階の作業場と併用した一戸建の住宅に住む。敷地、建物とも自己所有で、昭和50年に建替えている。まちづくりには当面かからないであろう場所にある。子どもがないので、老後は甥にあとを頼みたいと思っている。一家の収入月50万円以上。工場の建替え費用の返済、中小企業事業団の退職積立金、所得保障保険料が、支出の大きいところを占めている。

　Tさんは兵庫県中央部で生まれ、高等学校卒業後、昭和34年長田区内の伯母の家に転居、経理事務所に勤める。昭和44年結婚し、垂水区で夫と印刷業をはじめる。昭和50年、現在の家を購入し真野に転入、すぐ建替えた。当時家のまわりは、蝿が多く、すぐ近くに鋳物工場があり、音と埃が凄

かった。転居してきて3年たったら鋳物工場が移転する話が出、昭和56年に移転になった。

　先行きやがてはどこかに転出することになるだろう、と考えている。ここは、仕事せえへんかったら、そんなに生活するに魅力のないところだと思っており、あと6年、夫が60歳になるまで仕事をし、仕事をやめたら、どこかに移ることを考えている。

　まちづくりはいまのところ自分の家には直接に関わってはこないが、市営住宅の建設など新しいものが建つことは、人口が増え、町に活気が出ることなので、いいことだと思う。しかし、古い住宅の建替えによって、前に住んでいた方、とくにお年寄りが、元のところに戻ってこれなくなると思う。お年寄りが、望むと望まざるとにかかわらず、老人ホームに行かざるをえなくなるのは、大変なことだ。いまのままでいいと言っているのだから、ぼけなどならばし方がないが、できるならば現状のまま置いてあげたいなと思う。お年寄りにとって、自由に生きたいというのが夢だと思う。お年寄りは庭に重点を置くが、建替えによって庭がとれない方、前の形を残したいと思っている方は、諸手をあげて賛成はできないだろう。

(3) 持ち家、勤め人で子どもを呼び戻したい

　さらに、家業をもたず子どもも他出したが、子ども家族を地域に呼び戻して、一緒に暮したいという層がある。

　　Lさんは、61歳。真野の外にある事業所規模約100人ほどの会社の管理職である。平屋の2軒長屋の一方に住んでいる。家屋のみ自己所有で、地主は真野の外の個人、地代は月5,000円。3畳、6畳、4畳半くらいの台所からなり、昭和のはじめに建った建物。3畳は妻が内職（洋裁）の作業場に併用している。子どもが3人いるが、それぞれ中学にあがると、すぐ近くの文化住宅を1部屋ずつ借りてやった。いまも、物置に1部屋借りている。道路の拡幅計画にかかっているが、広がるのは向かい側になったので、直接

影響はなさそう。一家の収入は月30万〜40万円。6年前までは教育費がかかり、その後、子どもの結婚費用がかかったが、いまは楽になり、交際費がかかるくらい。

　Lさんは、淡路島生まれ。大学卒業後公務員になり、昭和30年真野に住んでいた妻と結婚し、妻の父の家に同居。妻の父は、同郷出身で、昭和26年に真野の現在地に家を購入し、娘と二人で転入。妻は、結婚前から家で洋裁をやっていた。昭和30年当時は、まだ前に豚小屋があったし、大手工場の煤煙でゴムの粉が畳の上に降り、環境が非常に悪い所だった。公害工場追放運動には、PTAの役員をやっていたこともあり、積極的に参加した。途中仕事が忙しくなり抜けた時期もあったが、自治会の役員としてずっとまちづくりに関わってきた。昭和31年、33年に、長男、長女が生まれる。34年、妻の父が死亡。昭和37年、次男誕生。昭和55年長男が転勤で、関東方面に他出。57年、公務員を定年退職し、現在の関連会社に再就職した。同年、長女が就職で大阪に転出。63年、次男が兵庫区に婚出。

　夫婦二人きりだし、子どもはよそに行っているので、いずれ子どもの所に行くか、郷里に戻るか、先行きどうなるかはわからない。一方で、子どもも帰ってきてもいいという希望をもっているようなので、帰ってくるのであれば、負担に耐えられるようなら共同建替えの話に子どもと一緒にのってもいいと考えているし、コーポラティブ住宅でもいいと思っている。共同建替えは、近所がほとんど年寄りで、借家人も多いので、難しいだろう。この場所に個人での建替えといっても、まちづくりで決めた家建替えのルールで3mうしろに下げると、積み上げても家にならなくなってしまう。子どもが、親の近くに住みたいと、まちづくりでつくった市営住宅に申し込んだが、条件に満たずはねられた。一度出た子どもが戻りたくとも戻れないというのでは、人口は定着しない。他出した地域の子どもが戻ってきたいという場合には、入居条件の緩和が必要だと思う。

　この層は、50歳代、60歳代のサラリーマンに多く、真野のなかに住宅を探し

ていると同時に、真野以外にも住宅を探してもいるというように、Rさんたちのグループに比べると、選択可能性の網を広く張っている人が多いように見える。

(4) 持ち家、退くに退けない

以上はいずれも、持ち家層の対応であるが、持ち家層のなかにも退くに退けないという層がある。

　Pさんは53歳。規模300人ほどの機器メインテナンスサービス会社の営業担当である。勤務先は真野の外。4軒長屋の一区画に住み、建物のみ自己所有、敷地は賃借り。地主は真野外の個人で、地代は月6,500円。長屋は60年以上前につくられた平屋の建物で、3年前、梁を切り離し自分の家の部分を建替えた。下が4.5畳の居間と台所、上が6畳、4.5畳、3畳の間取り。建替え前は、近所の工場の振動で瓦がズレ、たえず雨漏りがしていた。建替えてない家では、屋根だけ改造しているところも多い。建替えのとき、壁を切ったら土が落ち、隣から苦情がきたりした。前は道路ぎりぎりまで建っていたが、まともに建替えると建蔽率の関係で本当に狭くなってしまう。推進会を通して、市に相当緩和の措置をとってもらったが、それでもずいぶん狭くなった。夫婦二人だけの生活で、子どもはない。老後、兄弟には頼る気はないので、お金を貯めて老人ホームにでも行ければ幸せだと考えている。妻は、昭和49年からデパートの売場にパート勤務。一家の収入月30万〜40万円。生活費で大きいなと思うのは食費。
　本人は、岡山県出身。高校卒業後自衛隊に入り、退職して昭和35年神戸市須磨区に転入。縁故をつたって電気関係の製造業に就職。その後、機器メインテナンス関係の会社を何社か転々として、兵庫区の会社に転職。昭和42年結婚。妻は真野のいまの家に住んでいたが、その両親は定年になり、妻の結婚を機に長男（義兄）と妹たちを連れて垂水に購入した家に移る。一番下の妹が、昭和48年まで一緒に真野で生活した。昭和45年、業種が同じ

いまの会社に転職。最初真野に移ってきたとき、鉄工所はあるし、商店もあるし、便利なようで騒音があるなという印象だった。すぐ前の食品加工会社から夏場は玉葱の匂いがするし、裏には鉄工所が2軒あり、タガネを打つ響きで大変だった。ここ3年くらい前から、やっとおさまってきた。まちづくりがあったがゆえに、よくなってきたと思っている。

　真野からできれば移りたいが、これ以上の出費はできないだろうから、ここにずっと住み続けることになるだろうと思っている。いまでも表通りをトラックが通ると振動があるし、夏になると夜遅くまで工場が作業をするので騒音がある。前の路地が拡幅にかかるようなことがあれば、家を引っ込めねばならなくなるが、これ以上家を狭くしたくはない。長屋の共同建替えの話が出たとして、話にのってもいいと思うが、現実にのれるかどうかわからない。隣近所だいぶ借金のある方もいるし、お年寄りだけという家が多いので、現実には無理だろう。自分のところとしても、さらに1千万、2千万の借金は無理だし、この歳になってあまり苦労したくはないという気持ちが強い。

　これから先この街区がどのようなまちづくりの形式になり、どういう方向で立退きになるのかが、一番心配。

　まちづくりの説明会でも、全体的な話しか出ず、お宅はこうなるという具体的な話がなく、その場限りの説明会に終わってしまうのが普通なので、無関心のままになってしまう。


(5)　借家、立退かざるをえなくなる

　借家層になると、「まちづくり」で拡幅なり共同建替えがかかってくると、立退かざるをえないという層が出てくる。


　Eさんは、64歳。真野地区外にある250人規模の食品製造工場に、3年前からパートで勤めている。夫は退職後、真野の外にアルバイト程度の仕事に出ている。3軒長屋の一画が住居。現在道路拡幅がかかってきている。建

物、敷地とも賃借りで、地主は真野外の企業、家主は真野内の個人。家賃は合わせて、月1万4千600円。大正10年に建てられたとかで古く、修理をしたい所もあるが、まちづくりに入りどうなるかわからないので放ってある。間取りは、5畳、3畳、6畳、台所と狭いが、子どもが二人だったので不自由はしなかった。長田区内真野の外に息子がマンションを買っており、老後は息子の所に移る予定でいる。一家の収入は、本人の収入と夫の年金、国民年金で月30万～40万円。交際費と孫に行くお金が大きい。

　Eさんは鳥取県生まれ。尋常小学校卒業後、家にいたが、昭和24年真野に婚入。夫は四国生まれで、小さい時真野の現在の所に移ってきていた。昭和27年長男誕生。昭和30年長女誕生。婚入当時から、夫は真野内の進駐軍の工場に勤めていたが、病気で入院。昭和33年退院して、建築関係の仕事に移った。昭和50年、長男、長女が、あい次いで婚出。

　この地域はものすごく親密さがあるので、できればここに住みたいが、先行きどうなるかはわからない。近所の人たちとの人間関係がいいので、ここにおるんだったらいまいる街区がいいが、地域の外に出てしまって、いまやっている地域の役職の忙しさから開放される一つの機会か、という考えもある。道路拡幅の話は、家主にはきているらしいが、こちらには具体的な話はきていない。この問題で、こちらからやいのやいの言えないし。長いこと住んでいるのである程度の権利があるから立退きたくはないが、まちづくりもかかっているので、話があればのらねばいかんのだろうとも思う。立退きするに際してどのくらい自己資金がかかるのか、ここが建替えになったあとに入れるような家賃になるのかが、大きな心配事だ。

　私たちの意見は、まちづくりに案外取り上げられていないように思う。推進会の委員はみんなの声をもっと聞くことが必要だし、そのために、街区小委員会をもっと頻繁にもつことが必要だと思う。

(6)　借家、退くに退けない年金生活のお年寄り

さらに、年金生活のお年寄りの場合、退くに退けないという層が出てくる。

Gさん63歳の場合、昭和61年まで真野の外の規模2,500人の会社で一般事務の仕事をしていたが、定年退職になり、現在は年金生活。住居は2軒長屋の一つ。建物、敷地とも賃借りで、地主と家主は別、いずれも真野地域外の個人。3DKで、家賃は1万9千500円。戦前の建物で古いが、個人で修理してきているので、いまのところこれといって修理の必要はない。家がある場所は、街区計画案では、街区のなかに新たにつくられる通り抜け道路の用地にあたっている。家族は、夫婦と娘一人。娘を嫁に出すつもりなので、老後は娘の相手次第。親戚や出た娘に面倒をかけられないので、二人で元気なうちは二人で暮し、どちらか亡くなれば老人ホームに行くつもりではいる。一家の収入は、月20万～30万円。年金のほか、娘もいくらか小遣いをとってあとを家計に入れている。支出の大きな項目は、食費と、健康・生命保険料。

　Gさんの父親は淡路島生まれ。本人は兵庫区に生まれ、昭和元年、赤ん坊のとき、真野のいまの所に移ってきた。真野小学校、兵庫区の高等小学校卒業後、昭和18年三菱電機に就職し、昭和20年兵庫区の川崎重工に移った。昭和30年、兵庫区出身の妻と結婚。同年、同居していた弟が結婚し、真野のなかに転居。昭和33年父親死亡。昭和40年、長女誕生。昭和57年母親死亡。昭和59年、定年で系列会社に再就職し、昭和61年定年退職した。

　できればどこか真野の外に移りたいが、年齢も年齢なので行かれないし、住み続けることになるだろうと思っている。

　仮に道路ができることになったとして、ここを出たあとこの近くに居続けようとなれば家賃が高くなる、高層住宅ということになればつきあいが壊れるという問題が出てくる。道路計画にかかっている路地の奥の長屋の家々には、身障者や子どもも出てしまった一人暮しのお婆さんが普通なので、こういった方々には、自分もそうだが、いま1万5千～2万円の家賃が倍になるのは耐えられないだろう。また、一人では高層の市営住宅に入れない。さらに、いまだと、留守に電気の集金が来ても隣近所の人に頼んで

おけるといった長屋の人間関係があるが、これが壊れてしまうことになる。これを機に家をもとうといっても、40歳代ならば踏み切れるだろうが、年金生活者だとすれば無理な話。自分の場合も、息子でもいればなんとかなろうが、踏み切るには遅すぎたというのが実感だ。新設道路の話には、正直のところ、のりたい気持ちが4割、のりたくない気持ちが6割、全体を考えるとのれないだろうというところだ。真野のなかに親戚もあるし、近所の人と一緒に市営住宅にでも入りたいが、家賃などの経済的なことと年齢的なことを考えると、話にのれない。さらに、いまのおつきあいを壊したくない、という気持ちが強い。

　まちづくりに関することは、大きな枠は伝わってきても、細かいことが伝わってこない。まちづくり構想が出たときには、いいことだと思ったが、結局は低所得者、貧乏長屋泣かせのまちづくりだと思う。

　Xさんは65歳。一人暮しのお婆さん。昭和61年から年金（遺族年金と国民年金）と、子どもたちからの仕送りで生活している。64年春まで、ケミカルシューズの内職をやっていたが、目が悪くなったのでやめた。住居は、8軒長屋の一画で、道路拡幅にかかっている。昭和のはじめの家だが、雨漏りがするので若干の修繕が必要なくらい。建物、敷地とも賃借り。地主は真野外、家主は真野内の個人で、地主と家主は兄弟になっている。1階が6畳、6畳、台所、風呂、2階が6畳、2畳の間取りで、家賃は3万7千円。子どもは娘3人で、みな婚出。次女が真野の隣の町内におり、1日1度、自転車で様子を見にきてくれる。真野のなかに友人の数が多いので、元気なうちは一人でも淋しくない。体の具合が悪くなれば、施設の世話になると思う。収入は、月7万〜10万円。支出のなかでは、家賃と健康保険料が大きい。

　大阪の出身で、尋常高等小学校卒業後、飲食店に勤めていた。真野で飲食店をやっていた親戚が、歳とって引退したので、昭和18年真野に転入し、店を継いだ。昭和19年、大阪生まれの夫と結婚、長女が生まれる。昭和20年、空襲で立退きになり、真野内でいまの場所に移転、ゴム工場を自営。昭

和22年次女、26年三女誕生。昭和35年、ケミカルシューズのミシン加工に切り替える。昭和39年、夫死亡。昭和44年、長女婚出。50年次女婚出。51年三女婚出。昭和55年、同居していた母が死亡。昭和59年、工場の雇用人をすべて整理し、一人での内職に切り替える。

　できればどこか真野の外に移りたいが、ずっと真野に住み続けることになるだろう。道路拡幅の話がきているが、地主さんが売るといったら、家主さんは退かねばならなくなる。借家人は立場的には一番弱い。45年も住んでおり、修繕など自己負担をしてきているので、立退き料や引越し料は出してほしい。家主からは出ないのだろうから、まちづくりとか市が出してほしい。移るとすれば、真野のなかのマンションタイプの市営住宅がいいが、一人では入居できないということだし、家賃も上がるし、近所の人とばらばらになるのも嫌だ。本当のところは、ここを動きたくない。このまま、まいらしてほしいわ。

　まちづくりは、一般住民の古くから住んでいる人のことをあまり考えていないと思う。隣保ごとに意見を細かく聞いてくれないので、はじめの段階からよく話をまとめないまま進んでしまっている。

### (7)　借家の自営事業者

　また、借家で自営業を営むものの場合、立退いたあと真野のなかに新たに店舗を借りて続けようという選択をする層のほか、高齢者の場合これを機に家業を止め、真野の外に出るという選択をする層もある。

　Yさん61歳。一人で美容店をやっている。本人は健康。夫は体が弱く、勤めていた会社を昭和63年に退職、現在年金生活。病気がちで、通院をしている。未婚の娘と3人家族。道路拡幅にかかる通りに面した、8軒長屋の一画の住宅兼店舗に入っている。建物、敷地とも賃借り。地主、家主は別で、いずれも真野地域外。家賃1万7千700円。長屋は70年以上前に建てられたもの。23年前、入居時に大改造をしたが、最近雨もりがするようになった。

しかし、いまのところ住宅で困っていることは、これといってない。一家の収入、月30〜40万円。内訳は夫の年金が7割、あと本人の収入と娘が給料から入れる食費代。

　Yさんは、鹿児島県出身。尋常高等小学校卒業後、戦時中挺身隊に入り、昭和20年、21歳の時大阪に出、美容学校に入る。昭和21年結婚、夫も同郷出身。岐阜に住み、美容店に勤務した。昭和25年神戸市に移り、真野の西隣り、川沿いのバラックに住む。家が古く、ゴミゴミしていて、汚いところだなと思った。当初美容店に勤務し、昭和28年にそこのバラックの一つで美容店をはじめる。バラックだったので借金も少なくて済んだ。昭和39年、娘誕生。昭和40年、高速道路建設のため立退きになり、真野の現住地に転居。昭和42年、権利金120万円を入れ、柱だけ残し全部ぶち壊し、改造した。1階が店舗(6畳)、台所3畳、中2階に3畳だったが、子どももできていたことだし、中2階を壊して、2階に6畳と3畳をつくった。昭和59年娘が短大を終え、就職。現在、店には、永年来てくれている顧客(高齢者)がついている。

　できればこれからもここに住みたいが、住めない状況。真野は気楽なところ。物価は安いし、店も多い。自分はダイエーや、神戸デパート、ジョイプラ、地元のスーパーと、安いところを探して自転車でどこへでも行く。人間的にも、ミエをはることないし、キバランでもいいから楽。しかし、排気ガスで空気がよくないのと、ここいら汚いし、散歩する場所すらない。汚い町に住みたくない、どこかに逃げて行きたいと、いつも思ってもいた。立退きになるという話が6年前から出ているし、建替えたあと入るにしても店舗料入れて家賃が10万円くらいになるし、器具を新しく買いそろえたりしなければならないが、取り返すとなると人を使って大きくやらねばならず、いずれにしても資金が要る。この歳ではもう無理なので、仕事を止めざるをえない。止めると夫の年金だけ。家賃4万払って、光熱費を払ってとなると、やってゆけない。自分の家をもちたいとずっと思っていたので、昭和61年、うんと郊外に地目山林の土地を80坪購入した。立退き料と

親戚からの借金で、家を建てようと思っている。いまからチョコチョコ行っては、周囲を手作りしている。家を建てたあと、内装も自分たちの手でやるつもり。立退きが具体化しないので、中途半端のままでこの4〜5年やっている。

4〜5万の家賃を払い続けるよりローンにした方がいいし、畑いじりでもしながら暮すつもり。美容の仕事ができないのはつらいし、不便なところで店屋も2軒しかなく、医者まで歩いて30分もかかるので不安なのだが。いま10年早ければ、もっと違った対応ができたのだが、この歳になっては選択の余地がなかった。

この一画は、道路の拡幅と共同建替えに、いずれかかる。自分たち表通りは、最初から拡幅になると知らされていたし、自分は借家住まいなので、外に出る選択をした。まちづくりに対してほとんどの人は、いつのことだ、そんなのできても何10年も先の話だろうと思っている。皆、関心はないのと違うだろうか。計画が自分の身の回りに具体化してくると、関心をもつ。自分の身にふりかからなんだら、考える気になれない。表通りと違って裏通りの人たちは、いきなり話が来るから大変だろう。裏の人たちは、一日中陽のあたらん部屋で、じめじめしたところで電気をつけて暮さねばならず、気の毒。綺麗になるのなら、どんどんぶっ壊して直してほしいという気もする。ここも拡幅、立退きをやるならやるで、さっさとやってほしい。歳はどんどんとっていくし、だんだん、生活設計ができなくなってしまう。

(8) 対応の規定要因

　道路拡幅なり共同建替えにどのような対応を選択するかは、基本的にその時点で、自分の人生設計の岐路に立つわけで、自分の人生設計とのかねあいのなかで、「まちづくり」への対応を選択することになる。基本的には、世帯主の年齢とあととりの状況、すなわち、その家の家族周期と、職業、そして、持ち家か借家かという三つの要素で、どのような対応をするかが決まってくるといえる。

50歳代の若い層は、建替え等で必要になる借金を背負ってでも返し切るため、積極的な対応ができる。60歳代以降になると、子どもがあととりとして同居している層は、積極的な対応をするものが多いのに対し、子どもが残らないという場合には、いまさら借金をしてまでもという形になり、消極的になってくる。とくに、60歳代後半で、子どもも戻ってこないという層は、年金や仕送りでの生活者が多くなり、自営業であれば家業の安楽死を考え、したがって、対応のし方も消極的になる傾向にある。

　職業の点でいうと、自営業が、真野に留まらざるをえない比較的強い理由をもつのに対し、サラリーマンの場合は、必ずしも真野でなければならないという強い理由をもつわけではない。ただ、全般に貧困層には、家賃の安さという理由から、いま住んでいるところから出るに出られないという構造が見られる。対象者全員に共通に見られることであるが、ひとたび真野に居を据えたあと、真野周辺以外で暮した経験をもったものはいない。

　持ち家か借家かは、土地・家屋とも自己所有あるいは借地で自分の家持ちというグループと、借地で借家のグループとで、その対応のし方が大きく異なってくる。持ち家層にはそれ相応の補償が入ってくるが、借家層の場合はそうはいかない。建替えそのものが基本的に地主、家主のレベルの問題になるために、借家人が一番弱い立場に置かれる。この借家層のなかで一番問題になるのが、退くに退けないグループであり、60歳代以上の人たちで、EさんGさんのような老夫婦の年金暮し、さらには、Xさんのような、一人暮しのお婆さんで年金と仕送りで細々と暮らしているというのが、ここに入る。しかもこの層の多くの人たちが、家賃の安い路地裏の長屋住まいである。「まちづくり」は現在のところ、住民の合意がなければさわらないというのを基本としているので、この層が最後までネックになる。Xさんのように「もう長いこともないんだから、このままここでまいらしてぇなぁー(死なせてほしい)」というシビアな声が出てくるのも、この路地裏の長屋住まいの年金生活のお年寄りたちからである。

表8-7 真野における長屋の権利関係

| AAA | ABB | AAC | ABC |
|---|---|---|---|
| 25% | 20% | 30% | 25% |

記号は、地主・家主・居住者の順。
(出所：昭和56年3月、神戸市都市開発局民間再開発課『真野地区のまちづくり』3頁)

(9) 「まちづくり」を困難にする要因

ケースから得られた、「まちづくり」を困難にする要素は、次の8点くらいのものである。持ち家層にとっては、PさんやGさんが指摘しているように、①長屋の隣同士世帯主の年齢、職業がまちまち(商売、町工場、勤め人、年金生活のお年寄、生活保護世帯)、②増改築の時期がまちまち、といったことがまずあがってくる。さらに、③話がまとまるまでの間の加齢——とくにこの加齢は大きな阻害要因で、Gさん、Yさんのような「もう10年早ければ別の選択ができたのに」という声が随所で出てくる。さらになかには、Lさんの場合に端的に表われてくるように、④建蔽率の制約で3階建てに積み上げても家にならない、という場合もある。また、借家人の場合は、⑤地主・家主関係が入り組んでいることが話をさらに複雑にしている。実際、表8-7のように非常に入り組んでおり、一つの長屋にこの3タイプが混在し、同じ一つの長屋でも所有関係が家ごとに細切れで、隣の家とは地主や家主が別人という形がざらに見られる。さらには、Eさん、Gさん、Xさんに共通に見られるように、⑥立退き料などの補償だけでは新たな場所に移れない、⑦移ったあとの高家賃に耐えられない、⑧いままでの良好な近所づきあいが壊れる、といった問題が加わる。

## 5 まちづくり組織と住民

前節に見てきたタイプのなかで、「まちづくり」に強い関心をもっている層は、RさんやLさんのような、住宅を地域内の住宅街区に求めるという選択をする層と、子ども家族を呼び戻して一緒に暮らしたいと考えている層である。真野の場合、子どもの他出先が長田区内というケースも比較的多い。この二つのグループがどの位の割合で地域のなかにいるのかはわからないが、こういった層に推進会はもっと積極的にアプローチしていく必要がある。

インナーシティ真野の地域再生にあたって、行政が受けもっている「公」の部分と、地域のなかの個々の家の事情である「私」の部分との間に、大きな隔たりのある今日、両者の間をつなぐ地域の人びとの自発的な協同の部分が必要であり、この「共」の部分を担わされているのが、真野の場合推進会であるといえる。ところが、現在のところは、推進会の組織と住民が乖離しているという、大きな問題がある。まちづくりで「さわられた人」の側からは、「まちづくり」に対する要望として、Eさん、Gさん、Xさんが述べているように、広報がないとか、みんなの意見をちっとも聞いていないとかいう批判が多い。それだけではなく、推進委員のなかからも、広報が足りないとか、運営のし方が悪いとかいう批判が出ている。

　長屋の借家の高齢者から共通に出てくる、「まちづくり」がかかってきたときの問題点に、公営の市営住宅には一人では入れない、移転費用がない、市住に入れたとしても、老後の高家賃に耐えられないという3点がある。しかし、神戸市の側からはこれに対する一定の救済措置がある。ところが、この情報が、推進会までは伝わっているが、そこで切れてしまっていて、下まで伝わっていかない。「まちづくり」に関する情報は、現在、月1回定例の推進会から、各町の自治会長を通して住民に伝えるという方法をとっているが、自治会長によって、熱心に伝達する人もいれば、まったくやらない会長もいるというのが、震災前までの状況である。

　推進会は、「共」の部分の担い手として、地域のみんなが多少とも得をしている、自分だけが一人損をしていると思うことのないような接点を探ってゆける場を、つくり出してゆくことが期待されている。「まちづくり」には、推進会といった地域住民組織の存在が住民の合意をつくり出していく上に不可欠であり、その意味でインナーシティの再生には住民のコミュニティが欠かせない。推進会という自発的な協働の仕組みがうまく機能していくための最大の課題は、フォロアー住民とのパイプをどう強化していくかにある。リーダー層とフォロアー住民との間での情報の共有が、この自発的な協同の仕組みがもっともうまく機能していくために、非常に重要であることが示されている。

# 第9章　コミュニティ形成と住民の意識

本章では、真野の人びとのコミュニティ形成に関わる住民意識を取り上げ、コミュニティ形成への参加行動とコミュニティ意識との関連を明らかにする。

## 1　問題の所在

　社会学における都市コミュニティ形成に関する実証的研究の多くは、組織レベルで問題にされてきた。住民運動を素材に、リーダーの資質、組織の民主的な運営のし方、組織の末端単位の小集団の重視、参加各種組織の自律性を保証する仕組みなどの、重要性が論じられてきている[1]。

　一方、住民意識論のなかでも、住民意識に重きを置いたコミュニティ形成の実証的研究がなされてきた。そこでは、住民意識類型と住民個々人の属性との相関が問題にされてきた。しかし、類型間の移行は十分には解明されず、個人の側からのコミュニティ形成に関するメカニズムの、動態的なモデル構築にはおよんでいない。どういう人がどういうタイプの住民意識をもつかは明らかになっても、新しい生活価値が体現された「コミュニティ」意識をもつ人を、どのような条件(要因)が、どのようにつくり出すかという動態的プロセスは、十分に明らかにされてこなかった。

　こうしたなかで、近年、資源動員論に依拠した、個人の側からのコミュニティ形成運動への参加に関する研究が、いくつか出てきている[2]。たとえば大畑裕嗣の論文は、大都市近郊のニュータウンで、賃貸集合住宅居住者の住

民運動への参加メカニズムを分析している。そこでは、参加行動に影響を与える要因として、年齢、社会経済的地位などの構造的要因のほかに、個人がもつ社会的ネットワークという社会関係的要因の存在が、数量的処理を使って明らかにされている。大畑の分析結果では、個々人の近隣交際ネットワークが地域集団、リーダーと相即的に作用して運動参加を促すとされている[3]。しかし、社会関係レベルで、近隣交際ネットワーク(社会関係的要因)の影響が個人の選択行動に顕在化するためには、この両者の間に、当人がもつコミュニティ形成に関わる住民意識(コミュニティ意識)が介在していると考えられる。

〔注〕
1) たとえば、中村八朗 1973：107-120頁、奥田道大 1983：114-124頁、越智昇 1986 など。
2) 大畑裕嗣 1985、鵜飼孝造 1988など。
3) 大畑裕嗣 1985：415、416頁。

## 2 住民意識類型とコミュニティ形成

住民意識に重きを置くコミュニティ形成論のなかで、シカゴ学派都市社会学の流れを汲む優れたものの一つに、奥田道大の著作[1]がある。奥田は、住民のコミュニティ意識(地域社会意識)のなかに、体制との関わりにおける住民の行動の主体―客体軸と、住民の価値意識の特殊―普遍軸を弁別し、それぞれの軸の掛け合わせから、村落の旧部落・都市の旧町内に典型的に見られる「地域共同体」モデル、急速にスプロール化しつつある大都市近郊農村地帯に見られる「伝統的アノミー」モデル、近代的自我の権利意識が確立した市民意識である「個我」モデル、住民にとっての新しい生活価値がつくり出される「コミュニティ」モデルという、住民意識の4類型を設定した。そして、それぞれの住民意識を測定する設問項目(標準設問)を、他調査での経験・討議のなかから試案的に設定し[2]、八王子市で数量的な意識調査を行った。その結

果に、居住地域、性別、年齢、学歴、職業、職場、帰属階層、収入階層、家族形態、居住形態、在住年数、前住地、出身地などの客観的属性（構造的要因）、および、集団参加状況という社会関係的属性を掛け合わせることによって、それぞれのモデルの意識をもつ住民の性格を分析・記述している。

「地域共同体」と「コミュニティ」を価値意識の特殊―普遍という軸上で分離させた点で、奥田のコミュニティ論は洞察に満ちたモデルを提示している。しかし、その射程は、「個我」から「コミュニティ」へという、コミュニティ形成のプロセスを解明することに成功していない。「コミュニティ」は「個我」の成立を前提とするものの、「個我」→「コミュニティ」の道程は同時に、「個我」→「地域共同体」への契機も内包しているという点を明らかにしているのみである。「個我」から「コミュニティ」への移行のプロセスは、住民運動への参加が移行をもたらすと、抽象的に述べられているにすぎない[3]。

菱山謙二・岡元行雄は、奥田のコミュニティ意識論を継承・発展させる形で、コミュニティ意識を把握するための調査項目を検討している[4]。先の奥田の設問項目の選択肢を分解して16項目の検討用質問項目に変換し、これを用いた筑波学園都市の住民意識調査を行った。この16の項目要素の分散状況とその軸を数量化Ⅲ類を使って見るなかから、奥田が設定したコミュニティ類型モデルと、個人の意識がどのモデルにあたるかを確定するための質問項目との、対応関係を検討している。その結果、奥田の質問項目に含まれている諸成分は、①コミュニティへの関与の「積極性」―「消極性」の軸と、②「伝統的アノミー」―「近代的アノミー」の軸との二つの軸で決定される空間に分布することが明らかになる。①の軸は奥田の主体化―客体化軸に相当するが、②の軸は奥田の伝統的アノミーモデルの部分を拡大した尺度に位置するのであって、奥田の図式のなかには、内的連帯を問う項目はあるものの、特殊―普遍の軸に対応する設問項目が含まれていないことを明らかにしている。

他方、奥田のモデルに対してマルクス主義の視点から、住民運動発生の社会的および歴史的背景を深く考察せずに、そこにいきなりコミュニティ形成を見ようとしているとする批判がなされている[5]。1960年代後半の住民運動

が内包していたコミュニティ形成を、資本主義の発展過程のなかに位置づけなければならないのに、この点を軽視しているとする批判である。この視点から庄司興吉は、経済が高度成長から低成長に移行するのに合わせて、住民運動が「消費者的主体性」の運動から「生活者的主体性」のそれへと転換したことを、見定めている[6]。高度成長期に噴出した住民運動が、「たたかう」形（要求・阻止型）であったのに対し、低成長期に入ったそれには、「つくる」形（地域づくり運動）への質的転換が見られる。

　こうした発見を前提に庄司は、地域社会意識に限らず広く現代の大都市住民の社会意識構造全体を問題にした、住民意識論を構想している[7]。このなかで庄司は、現代の住民は、近隣社会から地球規模の社会までの、地域社会の重層的構造のなかに生きていると見る。狭義の地域「住民」意識、「国民」意識、「階級」意識、「人類」意識の四つの成分の比重づけの組み合わせから、主要な住民意識類型として、「ナショナリズム意識」型、「戦後型階級意識」型、「広義の住民意識」型、「ネオ・ナショナリズム意識」型、「可能的に新しい意識」型の5類型を設定し、それぞれの類型差を決定する要因に、「主体性」、「日常的関心」、「共同・参加意識」の三つの要素を考えている。そして、東京中野区と墨田区の住民意識調査をもとに各意識タイプの住民属性を分析し、次のような知見を得ている。「ナショナリズム意識」、「戦後型階級意識」、および、狭義の「住民」意識に重きを置く「広義の住民意識」の3タイプが、主体性に関していうと行政協力や地元有力者依存が多く、未だ共同体的な共同・参加意識にとらわれている。これに対して、「ネオ・ナショナリズム意識」と、日常的関心からいって人類の一員意識に重きを置く「可能的に新しい意識」は、主体性については消費者主体性と生活者主体性への両極化が見られ、市民的政治文化をふまえた共同・参加意識をもっている[8]。

　奥田のコミュニティ意識論に相当する部分についての庄司たちの分析枠は、近隣、住区、町会、区への帰属意識を合成した、地域帰属意識がベースになっている。住民の地域帰属意識それ自体が、伝統的な共同体意識に近いか市民的なコミュニティ意識に近いかを測る手段として、迷惑施設の地域へのもち

込みに対する住民の対応態度が使われている。行政協力、有力者に委ねる、何もしないとするものを「主体性なし」、転居補償要求を「消費者主体性」、再検討・撤回要求を「生活者主体性」と解釈することによって、主体性を判別している[9]。また、共同・参加意識の測定も、自助処理か行政依存処理かで判別している。この行政・近隣への対応態度は、奥田のモデルのなかでは主体化―客体化軸に相当し、「個我」と「コミュニティ」との判別基準に使われていたものである。一方、奥田の普遍―特殊の軸に相当するものに関しては、庄司のなかにも明確な設問設定がなく、参加行動に関する設問複数を掛け合わせることにより、「地域への帰属意識や愛着が、『平和』や『自然』や『第三世界』の問題に直接に結びつくような性質のものではない」[10]ということが明らかにされているにすぎない。地域への帰属意識や愛着が普遍性と直結しないわけで、普遍―特殊を測る方法が困難であることがわかる。

　庄司たちの地域住民意識の分析枠は、地域共同体意識から消費者主体性を経て、生活者主体性へという推移のなかで、行政への対応を軸に構造化されていると見ることができる。そこでのコミュニティ形成過程には、職業、居住年数や年齢といった構造的属性に規定される地域帰属意識が、生活者主体性（行政への異議申し立て）を媒介にして、地域参加行動に結びつくという図式が想定されている[11]。

　奥田も庄司も、コミュニティ形成についてはそれぞれの立場から、「個我」→「コミュニティ」への道、「地域共同体」→「消費者主体性」→「生活者主体性」への道を、枠組みとして設定している。同時に、一方で、「地域共同体」、「ネオ・ナショナリズム」への回帰の可能性を否定しえない現実も指摘している。庄司は、「コミュニティ」意識成立の要件として、生活者主体性を指摘しているが、生活者主体性の個人の側からの獲得メカニズムについては言及していない。

　地域社会レベルでの住民意識類型の移行を個人の側から捉えた場合、奥田のいう「個我」から「コミュニティ」への移行、庄司のいう生活者主体性を個人に獲得させるのは、地域の友人関係ネットワーク（仲間）なのではないだろ

うか。年齢や経済社会的地位などの構造的要因よりは社会関係的要因の方がより直接的に、「コミュニテイ」意識を媒介に参加行動をつくり出すのではなかろうか。社会関係的要因が、生活者主体性を内包した「コミュニテイ」意識をつくり出し、この「コミュニテイ」意識が参加行動をもたらすと考えられる。

　本章では、この点を明らかにするために、真野地区で展開されている「つくる」形での住民運動を取り上げ、「まちづくり」事業計画への住民の積極的対応を、真野の「コミュニテイ」形成への参加と捉える。この下で、参加行動に影響を与える諸要素といわれている客観的条件(構造的要因)と社会関係的要因(近隣交際ネットワーク)が、真野のなかで個々人に即して具体的にどのようにたち現われてくるかを明らかにし、社会関係的要因と参加行動とを媒介しているコミュニティ意識のあり方を探る。調査においてコミュニティ形成に関わる意識を測定するにあたっては、基本的に奥田の図式に基礎を置き、これを修正した菱山らによる設問項目選択肢[12]を使用した。

　その際、従前のアンケート調査による手法では、意識と社会関係的要因および参加行動との間のメカニズムを、分析し切れないと考えねばならない。地域の同一問題に直面して住民が抱える問題はその置かれた立場によって異なるために、住民が地域にどのような意識をもつかはその人の状況によって異なる。この状況の違いが反映するメカニズムは、ある抽象度のレベルでの一律の質問項目では押さえ切れないからである。構造的要因がさまざまなレベルにある人たちの、意識と参加行動との間の具体的なメカニズムを知るためには、事例分析的な手法が必要になる。そこで、地区計画の実施がかかってきている人たちの事例を類型化し網羅することによって、この問題にアプローチしたいと思う。

〔注〕
1) 奥田道大 1971。
2) 同上：141頁。
3) 同上：174、175頁。
4) 菱山謙二・岡元行雄 1981。

5) 似田貝香門 1976：6-8頁。庄司興吉 1980：236頁。
6) 庄司興吉 1980：239頁。
7) 庄司興吉編著 1986。
8) 同上：301-321頁。
9) 同上：144、301頁。
10) 同上：147頁。
11) 同上：4章。
12) 菱山らによる住民意識類型設問項目は、「地域共同体モデル」、「伝統的アノミーモデルⅠ」、「伝統的アノミーモデルⅡ」、「個我モデル」、「コミュニティモデルⅠ」、「コミュニティモデルⅡ」の7類型に見合う選択肢が工夫されている。詳しくは菱山・岡元 1981（上）：82頁を参照されたい。

## 3 調査の概要

　真野の「まちづくり」は、昭和53年の「まちづくり検討会議」の結成から数えて10年がたち、構想の第1期計画が終わるなかで、これまでに生活環境のインフラ整備が相当進められてきたといえる。平成3年から第2期計画に入り、いよいよ本格的に路地裏長屋の共同建替えを進める皮切りとして、地区内幹線道路の拡幅とそれにともなう共同建替えの推進が現在はかられている。「まちづくり」事業計画は、地域の自治会、各種団体の役員、各自治会からの推薦者を中心に構成されている「真野地区まちづくり推進会」の主導の下でその大枠が構想され、その細部は該当する街区住民全員の合意の下に確定される形になっているが、「総論賛成、各論反対」の正念場にさしかかり、街区住民の対応が大きな鍵になってきている。そこで本章では、コミュニティ形成への参加をめぐるイッシューとして、「まちづくり」計画の道路拡幅・共同建替えという「まちづくり」の事業がかかってきたときに、個々人がどのような対応を選択するかを取り上げる。

　調査ではまず、「まちづくり」に積極的に関わっている人たち（真野地区まちづくり推進会の委員層、地区内各種団体の役員層、ボランティアで活動している人た

ち)を中心に、調査票を使った何ケースかの予備的な聞き取りを行った。そのなかで、年齢とあととりの状況(子ども家庭との関係)、職業、持ち家か借家かが、対応をある程度左右する重要な要因であることが、確認された[1]。そこで、自営業、サラリーマン、年金仕送り生活者と、40・50歳代、60歳以上のもの、そして、持ち家、借家のものという軸を組み合わせ、「まちづくり」の事業で道路拡幅・共同建替えがかかってきている人たちを中心に、各セルに該当し話をしてくれそうな人を探し、計38名からの聞き取りを行った。

〔注〕
1) 家族周期、職業、持ち家・借家の3要因が対応を基本的に規定している点の確認は、本書の第8章で見たところである。

## 4　住民の対応と構造的規定要因

「まちづくり」事業で道路拡幅・共同建替えにいままさに直面している人たちは、基本的に「自分の人生設計の岐路に立つわけであって、その生活設計の大枠のなかでまちづくりにも対応するだろう」という視点に立って、対応のし方を、持ち家か借家か、職業、そして、年齢とあととりの状況に考慮しながら、整理してみた。その結果言えることは、まず、次の3点である。①30歳代は、まちづくりにほとんど関心がない。②表通りのまちづくりに対する関心に比べると裏通りの関心度は低い。③生活設計は基本的に職業と年齢で決まってくるが、その上に、まちづくりへの対応のし方が持ち家層と借家層で大きく異なってくる。持ち家層は一般に比較的裕福なのに対し、借家層は貧困で立ち退くしか選択の方法がないということが出てくる。

対応のし方として最も典型的な21名を取り上げ、定住志向、その選択理由、道路拡幅・共同建替えへの対応、その選択理由、対象者の属性(年齢、職業、事業所の場所・規模、あととりの状況、家族構成、一家の収入、真野への居住年数、地域団体での現在の役職)、住宅の種類・用途、住宅の所有形態、家賃の15項目につ

いて整理し、これを対応選択のプロセスという観点からさらに整理したのが、表9-1である。左半分がその選択対応のプロセスの図示である。道路拡幅なり共同建替えの地区計画がかかってきたときの対応のし方は、持ち家か借家住まいかで大きく異なる。持ち家（借地・自己の家も含める）か借家かは、地区の外に出る出ないを決定するだけでなく、その土地の広さが、資金という経済的な条件や家族的、個人的な諸条件とあいまって、地区のなかに残るとするとどこにどのような形で残るかを規定する。

　持ち家層のなかで「まちづくり」に積極的な対応ができるのは、定住志向をもつ、真野でなければ商売や町工場の稼業が続かない層と、子ども家庭を真野に呼び戻して一緒に暮したい層である。真野の外に出てもかまわない、しかも出る余裕がある人は、もうすでに出ていってしまっているので、前者のグループに残っているのは、仕事の関係で出るに出られない人たちである。このなかで、工場や店を真野に残し自宅は地域外にという選択をする人たちは、「拡幅で土地を削られることに応ずるか」という問いにネガティブな態度を示すが、他の人たちに比べれば土地も広くもっている人が多く、条件次第では応じてもいい、できるだけ有利な条件を引き出したいという人たちである。年齢も50歳代はじめの人たちが多く、あととりもいて、借金を背負ってでも返し切るだろう層といえる。一方、住宅を真野のなかに求める人たちが、その理由として一様にあげるのは、下町的な人間関係がよいからという理由である。1013、1020、1007、1014とも、のちほど表9-2で見るように、近隣とか地域団体のなかでの友人とのつきあいが非常に親密で、その数も多い。積極的に残ろうという層で、年齢も50歳前後のものとなっている。

　子ども家庭を呼び戻して一緒に暮らしたいという層は、50歳代、60歳代前半のサラリーマンに多い。理由には、やはり人間関係と、通勤の便の良さ、それから生活の便がよいというのが出てくる。

　持ち家層は資産にかかるさまざまな補償の対象になるが、借家層はまったく条件が違ってくる。借家層でも裕福であれば家を買い取って共同建替えにのることも可能であるが、ほとんどの場合、地区計画は基本的に地主、家主

表 9-1 「まちづくり」事業への

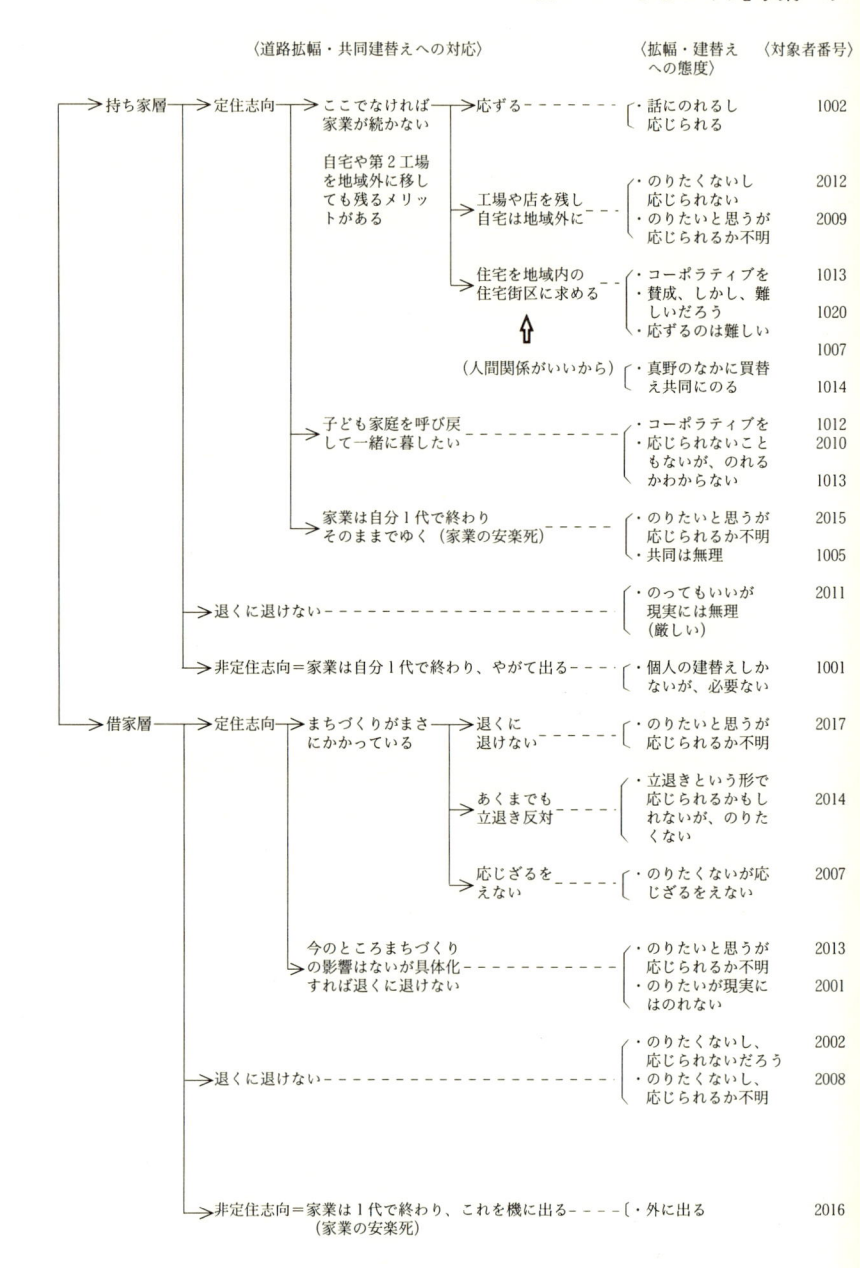

| 層 | 志向 | 〈道路拡幅・共同建替えへの対応〉 | | | 〈拡幅・建替えへの態度〉 | 〈対象者番号〉 |
|---|---|---|---|---|---|---|
| 持ち家層 | 定住志向 | ここでなければ家業が続かない | → | 応ずる | ・話にのれるし応じられる | 1002 |
| | | 自宅や第2工場を地域外に移しても残るメリットがある | → | 工場や店を残し自宅は地域外に | ・のりたくないし応じられない | 2012 |
| | | | | | ・のりたいと思うが応じられるか不明 | 2009 |
| | | | → | 住宅を地域内の住宅街区に求める | ・コーポラティブを | 1013 |
| | | | | | ・賛成、しかし、難しいだろう | 1020 |
| | | | | | ・応ずるのは難しい | 1007 |
| | | （人間関係がいいから） | | | ・真野のなかに買替え共同にのる | 1014 |
| | | 子ども家庭を呼び戻して一緒に暮したい | → | | ・コーポラティブを | 1012 |
| | | | | | ・応じられないこともないが、のれるかわからない | 2010 |
| | | | | | | 1013 |
| | | 家業は自分1代で終わりそのままでゆく（家業の安楽死） | → | | ・のりたいと思うが応じられるか不明 | 2015 |
| | | | | | ・共同は無理 | 1005 |
| | → 退くに退けない | | | | ・のってもいいが現実には無理（厳しい） | 2011 |
| | → 非定住志向＝家業は自分1代で終わり、やがて出る | | | | ・個人の建替えしかないが、必要ない | 1001 |
| 借家層 | 定住志向 | まちづくりがまさにかかっている | → | 退くに退けない | ・のりたいと思うが応じられるか不明 | 2017 |
| | | | → | あくまでも立退き反対 | ・立退きという形で応じられるかもしれないが、のりたくない | 2014 |
| | | | → | 応じざるをえない | ・のりたくないが応じざるをえない | 2007 |
| | | 今のところまちづくりの影響はないが具体化すれば退くに退けない | → | | ・のりたいと思うが応じられるか不明 | 2013 |
| | | | | | ・のりたいが現実にはのれない | 2001 |
| | → 退くに退けない | | | | ・のりたくないし、応じられないだろう | 2002 |
| | | | | | ・のりたくないし、応じられるか不明 | 2008 |
| | → 非定住志向＝家業は1代で終わり、これを機に出る（家業の安楽死） | | | | ・外に出る | 2016 |

## 対応選択のメカニズム

| 〈年齢〉 | 〈あととりの状況〉 | 〈職業〉 | 〈収入／月〉<br>(単位10万円) | 〈直面する問題〉 |
|---|---|---|---|---|
| 70代後半 | 有（子が家業を継いでいる） | 自営 | 5以上 | ・補償金が有利な条件になるか ・建替えには建ペイ率があるので共同も可だが隣が高齢者のみ |
| 50代はじめ | 未定（子は継ぐ気）<br>有（子が継ぐ予定） | 自営 | 5以上<br>無回答 | ・土地に余裕がない ・建替え資金 ・移転の経費 ・市の補償不明 ・得意先が真野なので外られない ・代替地が真野でむずかしい ・生活の体系（生産消費両面での「つけ買い」の構造）がこわれる ・建ペイ率の緩和を ・建替え後の固定資産税の据置を |
| 50歳前後 | 未定（子は学生）<br>未定（子は他出）<br>未定（子は学生）<br>未定（子は高校生） | 自営 | 5以上<br>5以上<br>5以上<br>3～4 | ・建替え後間もないので共同にはのれない ・土地に余裕がない ・移転するにも補償が少ない ・得意先に地域から出られてしまうと困る ・隣が建替え後間もないとか年金暮しの老人のみ |
| 50代<br>60代前半 | 未定（子は遠方他出）<br>有（子は他出<br>同居を望む） | サラリーマン<br>（新中間層） | 3～4<br>4～5 | ・建ペイ率の緩和を ・年齢からいって今さら建替えても（子供と一緒なら買替えを） ・市住の入居条件がきつすぎて子どもたちが戻ってこれない ・隣が借家住まい、年金暮しの老人のみ《買替えやコーポラティブを考える層》 |
| 40後半 | 未定（子は学生） | 自営 | 5以上 | |
| 70代前半 | 有（娘婚出、老後を見る）<br>（子は他出、老後） | 自営 | 2～3 | ・地主との話がつくか不明 ・移転にせよ建替えにせよ資金の問題（今さら借金までしても） |
| 60代後半 | 有　を見る、家業は継がない） | 自営 | 1.5～2 | ・隣に高齢者が多い |
| 50代前半 | 無（子なし） | サラリーマン<br>（新中間層） | 3～4 | ・建替えをしたばたかりなのでこれ以上の借金無理 ・建ペイ率で狭くなったので、これ以上狭くしたくない ・隣がお年寄りばかり |
| 50代前半 | 有（子なし、老後は甥に） | 自営 | 5以上 | ・まちづくりと直接かかわらない街区 |
| 40代前半 | 未定（子は会社員） | 自営 | 3～4 | ・市の補償が不明 ・客がついているので移りたくないが建替え後家賃があがる ・隣にお年寄りや生活保護世帯がある |
| 40代後半 | 未定（子は高校生） | サラリーマン<br>（新中間層） | 2～3 | ・立退きになる ・安い家賃が高くなる ・高層住宅に入りたくない ・移転に自己負担が必要 ・今の近所づきあいがこわれる《むしろ近くに安い家を買うことも》 |
| 60代半ば | 有（子は他出、老後子の所へ） | パート<br>（＋年金） | 3～4 | ・立退きになる ・高家賃にたえられない ・移転の経費が大変 ・市の補助がどの位出るのか ・家賃のあがった分狭くなる ・高層住宅には入りたくない ・年がいきすぎた（今さら借金までしてとも） |
| 50代 | 有（子は家業を継がない）<br>有（子は他出予定<br>老後子の所へ） | 自営<br>サラリーマン<br>（労働者層） | 2～3<br>3～4 | ・立退きになるのか ・家賃が高くなる ・自己資金がどの位あるか ・移転の経費が大変 ・建替えの間の営業補償 ・年がいきすぎた |
| 60代前半 | 未定（一人娘）<br>未定（娘のみで婚出） | 年金生活 | 2～3<br>0.7～1 | ・立退きになる（地域外には出たくない） ・移転の経費 ・年齢的にあとの高家賃にたえられない（市住に入れば家賃補助あるのか） ・年がいきすぎた（40代なら踏み切れる） ・今までのつきあいがこわれる ・一人で市住に入れない ・隣も近所も年寄りのみ、身障者、生活保護世帯（「このままここでまいらしてほしい」、補助は大半が地主に流れ一番弱い立場） |
| 60代前半 | 未定（一人娘） | 自営<br>（＋年金） | 3～4 | ・借家住まいなので立退き料をもらって外に出るだけ ・年いくし、生活設計が立たないので、早くしてほしい ・今10年早ければ、別の対応ができた |

の問題であり、立退き補償の対象になるくらいで、一番弱い立場に置かれる。対応のし方としては、地域内で市営住宅や新たな借家を探すか、家賃の安い他地域に出るしかなくなる。この借家層のなかで一番問題になるのが、退くに退けないグループである。とくに、60歳代以降で、あととりがなく老後の展望がたたないとか、いずれは地域外の子どもの所にという人たちは深刻である。2002のように老夫婦の年金暮し、さらには、2008のように、一人暮しのお婆さんで年金と仕送りで細々と暮らしているというのが、ここに入る。しかもこの層の多くの人たちが、家賃が安い路地裏の長屋住まいである。「まちづくり」にとっては、この層が最後までネックになる。2008のお婆さんのように、「もう長いこともないんだから、このままここでまいらしてほしいわぁ（死なせてほしい）」という生々しい声が出てくるのが、この層からである。

　積極的、消極的、どのような対応を選択をするかは、その人なり家のもつ職業と、その家の家族周期、そして持ち家か借家かという、三つの構造的条件によって大きく左右される。地区計画の実施という各論段階で「まちづくり」に積極的な対応がとれるのは、あととりが地域に残るめどもついている、40歳代、50歳代の、自営業者層、サラリーマン層であり、持ち家、ないしは借家でも買い取りや地域のなかに借り替えの余裕があるものである。逆に、年金生活をしている高齢者の借家層は、現状の生活を変えたくとも変えられない、積極的に参加できない構造を、生活のなかに抱えている。

## 5　住民の対応と社会関係的要因

　「まちづくり」事業への対応のし方は、職業、年齢・あととりの状況、持ち家か借家かという、三つの構造的な条件で大枠が決まるが、この三つの条件の上に、対応のし方を規定する他の要因が見えてきている。一つは地域の人間関係であり、もう一つは、その人の生活環境改善への意欲、すなわち、地域社会にどう関わるかの意識である。

　道路拡幅や建替えには直接かからない地区に居住してるが、「まちづくり」

に積極的な関心をもっているものを3人を加えた24人について、「まちづくり」への対応と住民意識のタイプ、地域でのつきあいに関する項目を整理したのが、表9-2である。この表は、地域の誰でも参加できる毎月定例の「推進会」の会合や、その行事に裏方として頻繁に顔を出している「まちづくり」運動のリーダー層と、ほとんど推進会と往き来がないフォロアー層の順で並べてある。リーダー層は積極的な参加行動をしている人たちであり、とくに1002～2010および2015は、積極的に「まちづくり」に対応している。フォロアー層は、消極的な対応をしている人たちで構成されている。「地域の親しい友人」は、日用品の貸し借りをしたり、留守番・子どものお守・買物を頼んだり、一緒に遊びに出かけたり、個人的なことでの相談をする、というつきあいの相手としてあげてもらっている[1]。

さて、表9-2をながめると、積極的な参加層であるリーダー層と参加に消極的なフォロアー層とで、違いがかなりはっきり出てくる。この表から、次のようなことが言える。

①リーダー層は、大半が持ち家である。一方、フォロアー層には借家が多い。

②リーダー層には、「コミュニティ」モデル意識をもつものが多い。フォロアー層の住民意識は、多様である。

③地域共同体モデルの意識は、地域団体での役職経験、とくに自治会関係のそれと相関しているようである。

④地域共同体モデル意識をもつものにも、住民運動を熱心にやっているものが多いが、地域共同体モデルと「コミュニティ」モデルとの差、両者の関係は、サンプル数が十分でないこともあり、この表からはっきりつかめない。

⑤リーダー層は、ほとんどのものが地域団体での役職をもっている。しかも、一人が多種の団体役職を同時にもっている。フォロアー層では、役職にまったくついていないものが多く見られる。

⑥リーダー層はほとんどのものが、住民運動の地域活動へのボランティア

## 表9-2 住民意識と「まちづくり」事業への対応

住民意識と「まちづくり」への対応―その1

| 調査票番号(年齢) | リーダー・フォロアー別 ○現在拡幅がかかる | 拡幅・建替えへの対応 持ち家・借家別 | 住民意識類型 | 定住志向(居住年数) | 過去の運動への参加 40年代の参加状況 | 過去の運動への参加 50年代の参加状況 | 地域団体での役職経験 現在(団体名) | 地域団体での役職経験 過去(団体名) | きっかけ別地域の親しい友人数 |
|---|---|---|---|---|---|---|---|---|---|
| 1002 (79) | Ⓛ | 住めなくはならないので拡幅には応ずる 有利な条件なら共同も可 (持ち家) | コミュニティI | いつまでも住みたいし、ずっと住むだろう (62) | 常に参加した | 福祉活動のための署名、カンパに協力 | 自治会 防犯 氏子会 推進会 | なし | 自治会10 隣 保6 |
| 1013 (48) | L | 拡幅・共同に該当しない コーポラティブを考えている (持ち家) | 地域共同体 | いつまでも住みたいし、ずっと住むだろう (25) | よく参加した | 福祉チャリティーバザーにボランティアで | 自治会 同志会 PTA 推進会 | 子ども会 | 同志会2 子ども会4 PTA2 同級生2 隣 保1 |
| 1020 (53) | L | 共同に賛成だが、現実には難しいだろう (持ち家) | コミュニティII | いつまでも住みたいし、ずっと住むだろう (53) | 他街区で関係なし | 福祉チャリティーバザーにボランティアで | 自治会 同志会 推進会 青少協 | 氏子会 青年会 | 幼なじみ3 青年会2 同志会2 隣 保3 |
| 1007 (49) | L | 該当しない 個人建替えを考える 地域内に買替えも (持ち家) | コミュニティII | いつまでも住みたいし、ずっと住むだろう (28) | 他街区で関係なし | 役員として参加 | 自治会 子ども会 氏子会 同志会 福祉 PTA 推進会 青少協 | なし | 子ども会4 同志会2 隣 保3 |
| 1014 (46) | L | 該当しない 個人建替えをせざるをえない 買替えをして共同建替にのりたいとも思う (持ち家) | コミュニティII | いつまでも住みたいし、ずっと住むだろう (16) | 当時まだ住んでいなかった | 福祉チャリティーバザーにボランティアで | 自治会 子ども会 同志会 PTA 氏子会 | 青少協 | 子ども会1 同志会3 隣 保3 |
| 2018 (39) | L | 拡幅・共同に該当しない場所 借家なのでコーポラティブに関心あり (借家) | コミュニティII | できればずっと住み続けたい (17) | 当時まだ住んでいなかった | 福祉チャリティーバザーにボランティアで | 自治会 子ども会 同志会 推進会 | なし | 同志会3 隣 保1 |

第9章 コミュニティ形成と住民の意識 225

| 調査票番号（年齢） | リーダー・フォロアー別（○現在拡幅がかかる） | 拡幅・建替えへの対応 持ち家・借家別 | 住民意識類型 | 定住志向（居住年数） | 過去の運動への参加 40年代の参加状況 | 過去の運動への参加 50年代の参加状況 | 地域団体での役職経験 現在（団体名） | 地域団体での役職経験 過去（団体名） | きっかけ別 地域の親しい友人数 |
|---|---|---|---|---|---|---|---|---|---|
| 1012 (61) | Ⓛ | 共同 隣りに若い者がいないので難しい コーポラティブを考えてもいい （持ち家） | 地域共同体 | 先ゆき不明 (34) | 常に参加した | 友愛訪問のボランティア 給食サービスに役員として参加 | 自治会 福祉推進会 氏子会 | 防犯 PTA | 隣 保3 |
| 2010 (53) | L | 共同 応じられないこともないが話にのれるかわからない 地域内に買替えも （持ち家） | コミュニティⅡ | 先ゆき不明 (53) | まったく参加しなかった（会社勤めで忙しく） | 関係なし | 自治会 推進会 | なし | 幼なじみ1 同志会3 隣 保1 |
| 2015 (71) | Ⓛ | 拡幅・共同のりたいと思うが、現実に応じられるかわからない（今共同をすすめている） （持ち家） | 地域共同体 | いつまでも住みたいし、ずっと住むだろう (44) | まったく参加しなかった | 関係なし | 自治会 防犯推進会 | なし | 隣 保1 |
| 1005 (67) | L | 拡幅はこないだろう 共同は無理だろう （持ち家） | コミュニティⅡ | できれば住みたいが先ゆき不明 他街区で関係なし (53) | 給食サービスにボランティア 福祉バザーにボランティアで | | 自治会 防犯 子ども会 氏子会 推進会 青少協 | なし | 自治会3 防 犯1 隣 保2 |
| 1001 (52) | L | 該当しない 個人建替えしかない場所 （持ち家） | コミュニティⅡ | やがては転出 (14) | 当時まだ住んでいなかった | 友愛訪問にボランティアで福祉活動に役員として参加 | 婦人会 福祉 | なし | 福祉1 隣 保2 |
| 1016 (67) | L | 該当しない 新築なので関係なし （借家） | コミュニティⅡ | いつまでも住みたいし、ずっと住むだろう 他街区で関係なし (37) | | 福祉バザーにボランティアで | 婦人会 推進会 青少協 学校開放委 | なし | 婦人会9 隣 保1 元隣保1 |

☐印：女性

## 住民意識と「まちづくり」への対応―その2

| 調査票番号（年齢） | リーダー・フォロアー別 ○現在拡幅がかかる | 拡幅・建替えへの対応（持ち家・借家別） | 住民意識類型 | 定住志向（居住年数） | 過去の運動への参加 40年代の参加状況 | 過去の運動への参加 50年代の参加状況 | 地域団体での役職経験 現在（団体名） | 地域団体での役職経験 過去（団体名） | きっかけ別地域の親しい友人数 |
|---|---|---|---|---|---|---|---|---|---|
| 1008 (62) | L | 該当しない個人で建替えをするしかない場所 （借家） | 個我 | いつまでも住みたいし、ずっと住むだろう (62) | 他街区で関係なし | 友愛訪問にボランティアで福祉活動に役員として参加 | 自治会 子ども会 福祉 氏子会 推進会 青少協 | なし | 自治会 4 福 祉10 隣 保 7 |
| 2012 (56) | Ⓕ | 拡幅話にのりたくないし現実にも応じられない （持ち家） | 個我 | いつまでも住みたいし、ずっと住むだろう (39) | つきあげられた側だった | 活動があることを知らない | なし | なし | なし |
| 2009 (50) | Ⓕ | 拡幅・共同話にのりたいと思うが、応じられるかどうかわからない（条件次第） （持ち家） | コミュニティⅡ | 移りたいが、住み続けることになろう (50) | まったく参加しなかった | 関係なし | 自治会 防 犯 少年補導委 | なし | なし（仕事が忙しいので） |
| 2011 (53) | F | 拡幅・共同のってもいいと思うが現実にのれるかわからない（のれない） （持ち家） | コミュニティⅡ | 移りたいが、住み続けることになろう (22) | 他街区で関係なし | 関係なし | 自治会 （公園管理委） 防 犯 | なし | バレーボール 2 マージャン 1 隣 保 2 |
| 2017 (48) | Ⓕ | 拡幅・共同のりたいと思うが、現実に応じられるかわからない （借家） | コミュニティⅠ | いつまでも住みたいし、ずっと住むだろう (22) | 他街区で関係なし | 関係なし（妻婦人会で福祉バザーに参加） | なし | なし | 隣 保 4 |
| 2013 (58) | F | 共同のりたいと思うが、現実にはのれないと思うし、のれない （借家） | コミュニティⅠ | やがては転出 (20) | 他街区で関係なし | 関係なし | なし | 推進会 | ソフトボール10 仕事関係 3 |

第9章　コミュニティ形成と住民の意識　227

| 調査票番号(年齢) | リーダー・フォロアー別 ○現在拡幅がかかる | 拡幅・建替えへの対応(持ち家・借家別) | 住民意識類型 | 定住志向(居住年数) | 過去の運動への参加 40年代の参加状況 | 50年代の参加状況 | 地域団体での役職経験 現在(団体名) | 過去(団体名) | きっかけ別地域の親しい友人数 |
|---|---|---|---|---|---|---|---|---|---|
| 2001 (51) | F | 共同のりたいと思うが、現実に応じられるかわからない (借家) | 地域共同体 | いつまでも住みたいし、ずっと住むだろう (51) | 他街区で関係なし | 関係なし(妻は友愛、給食のボランティアの経験あり) | 自治会 防犯同志会 氏子会 PTA 青少協 | 推進会 | 隣　保2 |
| 2014 (47) | Ⓕ | 拡幅 現実には立退きという形で応じられるかもしれないが、のりたくない (借家) | アノミーⅠ | いつまでも住みたいし、ずっと住むだろう (47) | 関係なし | 関係なし(妻がやっているみたい) | なし | なし | 隣　保1 |
| 2007 (64) | Ⓕ | 拡幅 のりたくないが、応ぜざるをえないだろう (借家) | 地域共同体 | できれば住みたいが、先ゆき不明 (40) | 常に参加した | 関係なし | 自治会 氏子会 | 婦人会 子ども会 PTA 推進会 | ― |
| 2002 (63) | Ⓕ | 立退き・共同 のりたい4割、のりたくない6割、応じられないだろう (借家) | 地域共同体 | 移りたいが、住み続けることになろう (62) | 常に参加した(連合会で) | 関係なし(妻は給食ボランティアの経験あり) | 自治会 防犯 氏子会 | 子ども会 推進会 | 喫茶店で1 友人を介し1 隣　保3 |
| 2008 (65) | Ⓕ | 拡幅・共同 のりたくないし、現実に応じられるかわからない (借家) | コミュニティⅠ | 移りたいが、住み続けることになろう (46) | まったく参加しない(事業をしていたので臭いなど気にしていなかった) | 関係なし | なし | なし | 隣　保5 仕事関係3 |
| 2016 (61) | Ⓕ | 拡幅 借家住まいなので外に転出 (借家) | コミュニティⅡ | できれば住みたいが、やがて出る (24) | 活動があることを知らない | 活動があることを知らない | なし | なし | 隣　保1 店の客2 |

☐印：女性

を何らかの形でやっている。フォロアー層には、関係なしが多い。
⑦リーダー層はそれぞれ、地域活動をきっかけとした地域内の友人をかなり多くもっている。フォロアー層には、隣保を除くと地域内の友人がまったくいないものが多い。
⑧リーダー層の若手に、同志会が契機での地域の友人が多い。これは、同志会が、現在の「まちづくり」にとっていかに大きな存在であるかを示唆している。
⑨真野は隣保の活動の盛んなところ[2]であるが、隣保の友人というのも多い。

以上のことが確認できるが、1008と2012の対照が注目される。どちらも自営業(建築業と町工場)であり、あととりもすでに決まっている、ないし、ほぼ決まりそうであり、1008は家主地主と買い取りの交渉をしているという余裕がある借家層で、客観的(構造的)な条件は似ている。いずれも住民意識は個我モデルタイプであるが、1008は地域団体の役職を多く引き受けており、親しい地域の友人も多く、住民運動に積極的に参加している。同じようなことが、2015と2017の対照についてもいえる。2015は地域共同体モデルの意識をもち、家屋のみ自己所有であることもあるが、老夫婦二人暮しで娘は婚出という家族的条件にもかかわらず、道路拡幅に伴う自分の長屋の共同建替えで、街区のまとめ役として現在積極的に活動している。本人はその理由に、地域の役職をもったことをあげている。このふた組の対照はいずれも、「まちづくり」運動、住民運動への関わり方に作用する要因として、人間関係と地域集団への参加の重要性を示している。

〔注〕
1) 真野では、隣保とのつきあいの場合、「お互いに訪れて世間話や日常話をする」「お土産や手料理のやりとりをする」「吉凶禍福時の労力交換・贈り物の交換」は普通に行われていることが多いので、ここではそれ以上に親しい隣保のみを、表中に拾った。
2) 真野で現在も行われている隣保としての活動には、冠婚葬祭の手伝いや、お祝

いを集める、入院見舞いをするといったことがある。

## 6 社会関係的要因と住民意識タイプ

　三つの構造的条件が同じような状況の下にある人でも、地域社会への意識のもち方の違いによって、対応のし方が異なってくる。2001 と 2014 との対応のし方は、このよい例である。

　　Fさん(2001)は、51歳。真野に隣接する地区にある事業所規模20人ほどの工場に、工作機械工として働いている。父親は高知の出身で、神戸で台糖、川崎重工に勤めていた。Mさんは真野で生まれ、高校を中退後、電気店、薪炭店に1年ずつ勤めたが、3年目に須磨区の鉄工関係の工場に転職し、翌年いまの工場に移り30年以上勤めてきた。家は路地裏の平屋7軒長屋の一画にあり、路地を挟んだ向かいの長屋の一画も借りており、いわゆる二戸一になっている。子どもが大きくなり向かいを借りたが、一部2階に改造した。間取りは6畳・2畳、玄関、台所が一方で、もう一つが6畳・2畳、玄関、台所、2階に4.5畳となっている。どちらも借家で、地主は2戸とも同じ地域外の企業、家主は別々でどちらも地域外の個人である、家賃は、1戸あたり月1万2千円ずつ払っている。家族は、妻と、妻の母、学生の長男と長女、そして、妻の姉の6人。妻は洋裁の内職をしており、妻の姉は長田区内のゴム会社に働いていて、一家の収入は、月平均30万〜40万円くらいのところ。支出は、ボーナスをもらってならしてとんとんというところ、大きいところは子どもの教育費だと思う。大学生の長男は、教育学部にいっており教師志望だが、県内の採用事情から見て、やがて家を出てゆくことになるだろう。
　　真野は医療、買物など近くにあり、生活するにも便利なのが魅力で、自分の代は仮に転居しても地区内に留まるだろう。妻や姉、母も、ここから離れたくないだろうと思う。長屋は共同建替えの可能性がある場所にあた

るが、もし共同建替えの話が出たら、話にのりたいとは思うが、建替えの間の資金面と、家賃からいっていまよりも狭くなる可能性とからいって、現実に建替えにのれるかどうかわからない。長屋の両隣りの事情を考えても、老人の方、生活保護を受けている方もおられるので、やれば半分くらいはのれるかもしれないが、あとの半分は無理だろう。「まちづくり」は、年寄り以外に底辺の方をも積み残しており、ごく一部の方がただけで進んでいるところがある。

Nさん (2014) は、47歳。真野に隣接する従業員60人ほどの靴販売会社に勤めている。営業のため、出張であちこち歩くことが多い。真野に生まれ、高卒後いくつかの会社を転職したが、25年前にいまのところに入った。道路拡幅計画のある通りに面した、3軒長屋の梁の離れた一戸を借りている。下が2部屋に台所と風呂、上が3部屋で、地主は真野外の企業、家主は地区内の個人で、家賃は月1万5千円。家族は妻と母、会社員の長女と学生の長男で、収入は月平均30万円くらいである。

ここは生まれ育ったところだし、知り合いがいっぱいいるし、生活するのに不自由のないところで、家賃の安いところだから、いつまでも住みたいし、ずっと住むことになるだろう。拡幅・共同建替えの話がきているようだが、いまのままで十分なのに動けといわれる筋合いではないので、現実に応じられなくはないだろうけれども、話にのりたくはない。親の代から住んでいるのに、なぜ動かねばならないのかと思う。住んでいる人が散り散りバラバラになるなら、まちづくりなど要らない。真野は下町で、すでに人と人との良好な関係があるのだから、まちづくりなど必要な段階ではなかろうがと思う。絶対に動きたくはないが、どうしても立退きということであれば、立退料を使って近くに安い家を買いたい。市に格安の家を斡旋してほしい。

このように、同じような構造的条件をもちながらも、対応が違う人たちが

表9-3 住民意識類型と社会関係条件—二つのケース—

| 調査票番号（年齢） | 意識類型 | きっかけ別地域の親しい友人 | 地域にいる親しい親戚数 | 地域外の親しい友人数（所在・きっかけ） | 地域外の親しい親戚数（所在・続柄） | 参加集団（○役職経験）地域内／地域外 | 日常生活上一番大切な集団 | 大切な関係 | 対象者の属性 職業 | 事業所の場所・規模 | あととりの状況 | 家族構成 | 一家の収入 | 真野での居住年数 | 住宅の種類・用途 | 所有形態（地主と家主） | 家賃 |
|---|---|---|---|---|---|---|---|---|---|---|---|---|---|---|---|---|---|
| 2001 (51) | 共同体 | 隣保2 他にとくに親しい人はいないが、自治会、同志会の会合があれば出る | なし | 東灘尼崎旧い友人3 | 長田区・姉1 | ○自治会、○防犯、○同志会、○PTA、○氏子会、推進会（昔）、○青少協――仕事の関係の会 | 自治会（連合会事務局） | 近隣 | 工作機械工（会社員） | 真野外20人 | 有 息子は多分他出、老後はめんどう見てくれよう | 母本人妻子ども2人本人の姉 | 30〜40万円 | 地元生まれ | （2戸一）長屋・住宅のみ | 借・借（別） | 1万2千円／1戸 |
| 2014 (47) | アノミーI | 隣保1 | なし | 長田区・弟1・仕事上1 | 兵庫区・弟1長田区・いとこ1 | 自治会、氏子会 野球クラブボートのサークル | とくになし | 友人・知人 | 会社員営業（セールス） | 真野外60人 | 未定 子どもがまだ高校生 | 母本人妻子ども2人 | 20〜30万円 | 地元生まれ | 長屋・住宅のみ | 借・借（別） | 1万5千円 |

いる。片や地域に無関心ななかで、むしろ自分の家族を考え、片や地域のことに関心をもつ。この相違には、地域にどう関わっていったらよいかに関する、両者の意識の違いが関与している。

表9-3のように2001も2014も共に勤め人であり、ほぼ同じ年齢で地元生まれ、最終学歴も高校中退と高校卒業、両者とも長屋の借家住まい、親と同居する家族持ちであり、あととりも未定と、客観的条件は非常に似ている。しかしながら、住民意識の違いははっきりしている。2001は地域共同体モデルの意識をもち、2014は伝統的アノミーモデルIの意識をもっている。そして、この意識の違いが、「まちづくり」による道路拡幅・共同建替えへの、両者の対応の違いをもたらしている。地域共同体モデル意識は、共同建替えに対して、「話にのりたいと思うが現実に応じられるかどうかわからない」という意

識をつくり出す。その理由は、家賃が高くなる、最終的に落ち着くまでの間の資金がないという個人の理由と、長屋全体を考えたとき、応ずる余裕があるものは半分くらいだろうというものである。他方、伝統的アノミーモデルⅠの意識は、拡幅に対し、「現実には立退きという形で応じられるかもしれないが、話にのりたくない」という意識をつくり出し、立退き反対という態度をとらせるのである。客観的な条件が同じでも、主体性が関わる意識の違いが、対応の違いとして現われてきている。

　このような意識の違いがどこから生まれてきているのだろうか。両者は同じ勤め人といっても、片やブルーワーカーであり、片やセールス業務従事である。この違いが意識タイプの違いを規定していると、考えられなくもない。しかし、もっと明らかな規定要因が、両者を取り巻く人間関係のなかにある。2001、2014共に、どちらも隣保を除くと、地域に親しい友人はいない。両者とも生活に追われ、地域のなかで友人と社交をもつ余裕がないといえる。とはいうものの、2001の場合、親しい友人とまでいかないにしても、地域団体の会合で頻繁に会う地域の人たちはいる。地域のなかでの役職経験を見ると、2001は積極的に役職をいくつか引き受けている。中学校のPTA会長も経験しており、まちづくり推進会には推進会発足当時、自治会からの要請で委員として入っていた。「推進委員は4年ほどやったが、役が多く、引かしてもらった」と言っていることから、当人の生活時間のなかでは、現在の兼任役員の活動で手一杯であろうことが推察される。2001は、「自分は中途半端なことはいやなたちで、頼まれるとつい引き受けてしまう。任期が終わったあと、楽しかったとなる」と述べている。2001が、加入している地域内外の団体のうち一番大切なのは、自治会連合会の事務局であり、また、日常生活をしていく上で一番大切なのは近隣関係だとしているのが、地域の役職をもたず、一番大切なのは地域の外にいる仕事の関係でできた知人・友人だとしている2014と対照的である。こうして見ると、2001の地域共同体モデルの意識は、団体活動のなかから生まれてきたものと考えられ、地域活動を共にする親しい友人たちとの人間関係のなかからつくられてくるといえる。これに対して

伝統的アノミーの意識は、地域活動にも地域の友人にも関わりをもたない。

## 7　むすび

　真野の「まちづくり」事業計画への積極的、消極的な個別対応の諸事例は、参加行動が構造的要因に規定されると同時に、地域の人間関係的要因と住民自身の生活環境改善への意欲に規定されていることを、明らかにしている。「コミュニティ」モデルの意識ばかりでなく、「地域共同体」モデルタイプのコミュニティ意識も、コミュニティ形成への積極的な参加行動に作用している。構造的要因が同じであるにもかかわらず対応のし方が異なる典型的な二つの事例は、コミュニティ形成に積極的に対応できるコミュニティ意識が、地域の友人との人間関係ネットワークの保持と地域の団体活動（集団参加）のなかから形成されてくることを示している。以上の分析から、コミュニティ意識が、行動レベルで、参加行動と地域の仲間や集団参加との間を媒介していると結論できる。

　また、個我からコミュニティへの移行として、1008は、「個我」モデルタイプの意識に近隣ネットワークが作用することによって、「コミュニティ」モデルの意識にむかいつつある道筋上の、一つのケースであることが、2012との対比で考えられる。

　大都市下町の真野の場合、コミュニティ形成運動を担っている層は自営業者層とブルーカラーのみならず新中間層も含まれる勤め人層であるが、主導権をもっているのは前者である。これらの人びとは、意識的には「地域共同体」と「コミュニティ」タイプの意識をもつものが混在している。「地域共同体」モデルの意識をもっていても積極的に参加行動をとりうる背景には、この地域で昭和40年代から続いた住民運動への参加が与っている。行政と対峙する形ではなく、和を大切にし行政をとり込みこれと協力もできる形での、したたかな「主体性」をもった「都市的な地域共同体」意識が真野には芽生えていると見られ、そこには、「個我」から「コミュニティ」へという道ばかりで

なく、「地域共同体」から「コミュニティ」へという道程もあると考えられる。新中間層の「新しいコミュニティ」像とは別の、「都市的な地域共同体」と「コミュニティ」両タイプを含み込んだ形での、下町自営業者層と労働者層とが織りなす「新しいコミュニティ」のあり方が、真野にはあるように思われる。

# 第Ⅳ部
# インナーシティのコミュニティ形成

# 第10章　自治能力
## ——まちづくりにおける住民主体と行政主導——

　コミュニティは、行政と住民一人ひとりとの間に形成される限定的コミュニティの側面をもっている。住民の内発的な主体性は、公と私の間に「共」の部分を形成するが、その住民の主体性を保障する仕組みは、どのようになっているのだろうか。本章では、まちづくりにおける住民と行政との関係を見るなかで住民の主体性を浮き彫りにするために、真野と同じような条件の下にある東京の京島と対比して検討する。

## 1　はじめに

　日本の経済が低成長期に入った昭和50年代以降、現代日本の地域社会のポテンシャリティはきわめて低くなっているというのが、多くの人の認識である。人びとは地域でボランティア活動をせず、地域社会がもっている豊富な人的資源は組織化されずに放置されている。高度成長期の急激な経済の発展や開発のしわよせに抵抗する形で生じた、住民運動がもっていた住民の主体的なパワーのエネルギーは、地域の社会形成力そのものが高度成長期を通じて崩壊するなかで、行政や企業におおかた取り込まれてしまった。

　とはいうものの、地域社会に向ける住民のエネルギーは、今日まったく途絶えてしまったわけではない。土地利用規制や再開発、地域福祉活動、町並み保存などを通じて住みよい地域をつくってゆこうとする、現在日本の各地に見られる「まちづくり」の運動は、こうした住民エネルギーのほとばしりと

見ることができる。こうした「まちづくり」のなかには、地域に内在的にはじまった住民主体のものと、行政側からの仕掛けではじまった行政主導のものとがある。昭和60年以降の「まちづくり」の大きな流れは、行政主導から住民主体へであるといわれるが、行政側からの仕掛けではじまったところも、容易に住民主体に移行できないのが現実である。

　ここで取り上げる神戸市長田区真野地区と東京都墨田区京島地区は、土地利用規制や再開発の「まちづくり」としては、現在日本でもっとも先進的なまちづくりを行っている地区の代表的なケースとされている。真野と京島、どちらも大都市中心部にあって近代日本資本主義の発達を底辺から担ってきた地区で、戦後経済の安定成長期に入った今日、どちらもインナーシティ問題という共通の地域課題を抱えている。こうしたなかで両地区は、昭和50年代半ば以降、コミュニティ住環境整備事業（密集市街地住環境整備事業）を導入し、「まちづくり」を修復型の再開発事業として進めてきている。

　両地区の「まちづくり」の推移はその経過が類似しているとはいえ、その内実はかなり異なっている。真野地区の「まちづくり」は住民主体、京島地区の「まちづくり」は行政主導といわれる。本章では、両地区の「まちづくり」を組織、活動の面で対比して見るなかから、両者の違いがどのようなものであり、その違いはどのような要因によって規定されているのかを検討する。

## 2　産業空洞型インナーシティ

　ここで比較検討の対象として取り上げる真野と京島は、どちらも大都市の一角で日本資本主義の発展を底辺で担ってきた地区である。どちらの地区の沿革も、日本資本主義の発達過程にみあう形で、変化をヴィヴィッドにたどることができる。すでに第4章で、インナーシティということで両地区を対比して見たが、その共通した特徴を再度まとめると、次のようになる。

　①真野、京島とも、近代日本の産業化とともに、大正年間以降昭和戦前期を通じ、それまで農村地帯だったところから急速に開発された。隣接す

る大工場の職工向け社宅として開発がはじまり、同時に一方で、小工場も立地していた。

② 両地区ともに第二次大戦の戦火を免れたため、現在まで当時の木造長屋が老朽不良住宅として残り続けている。

③ 戦後の経済の高度成長期を通じ両地区では、主に製造加工の底辺的加工部門である部品加工業を中心にした、家族労働形態での零細な町工場が成長してきた。地元の職工が会社をやめて独立したり、地区外者が長屋を買い取り工場にしたりという形で、町工場の成長期が訪れた。

④ しかし昭和40年代にはすでに、京島では東京都の工場等制限法により主力メーカーが都外へと転出しはじめ、地区のなかにある二次、三次下請けの町工場が衰退し、また、真野では公害反対の住民運動による町工場の地区外移転が生じ、さらに、その後の低成長期を通じて、周辺の大規模工場の転出によって地場産業の衰退がはじまった。

⑤ こうして経済の低成長期に入ると、両地区とも地場産業の衰退と、地区人口の減少および高齢化、建物・施設の老朽化という、いわゆる産業空洞型インナーシティに共通する問題が顕在化する。

真野、京島両地区ともに大都市の産業空洞型インナーシティの特徴として、ブルーカラー層住民が多く[1]、また地区の多くの住民が生活の基盤を置いている小零細工業は家族労働力によって担われているが[2]、低成長期以降その地場産業が著しく衰退してきている。真野地区、京島地区ともに、年々町工場も商店も減少しつつあり、地域の活力が失われてきていることを示している。町工場経営者の高齢化と高学歴化した後継ぎのホワイトカラー化による後継者難によって、いわゆる家業の安楽死が次つぎと進行している。

地場産業の衰退とともに、地区の人口が減少し高齢化するという現象が低成長期になると急激に顕在化し、これが何より大きな地域の問題として浮かび上がってきている。真野地区、京島地区の人口と高齢化率の推移を見ると、どちらも人口が、戦後最盛時であった高度成長期に比べて半減していることが示されている。世帯数推移も両地区とも減少の一途をたどっており、この

人口減少は地場産業の衰退と相関しているといえる。

　さらに、両地区は戦災で焼け残った戦前からの老朽住宅が多く、真野地区では、昭和56年の神戸市再開発課の調査で、長屋が49.4％、全住宅の73.0％が不良住宅という結果が出ている。また京島地区(昭和55年)でも、長屋住宅が58.2％、老朽住宅が43.9％を占めている。狭小さゆえに共同建替えが必要になるが、地域の活力の衰退ばかりでなく高齢者の一人暮し、生活力のないものが多いために、建物の更新が困難になっている。

　このように、真野も京島も住商工混住の大都市インナーシティであり、客観的状況は類似している。真野、京島、どちらも高度成長期までは日本の資本主義の発展を底辺で担ってきた地区であるが、昭和60年代に入ってから顕在化してきた大都市インナーシティ特有の問題状況である、地場産業の衰退、家屋・施設の老朽化、地域人口の激減と急速な高齢化の現象が、典型的に現われてきている。

〔注〕
1) 真野地区の産業分類別就業者数を見ると、昭和45年に製造業従事者が52.1％、昭和50年に42.7％と、昭和50年の神戸市の製造業従事者25.0％と比較しても高い。京島地区においても昭和45年に製造業従事者が41.9％、平成2年に32.6％と、町工場が多い墨田区(墨田区の製造業従事者比率31.6％、東京都の比率20.1％、平成2年)のなかでもさらに高い。(国勢調査)
2) 真野地区では3人以下の製造業事業所が40.9％、4人以上9人以下が41.3％を占め、30人以上99人以下はわずか3.4％、100人以上は0.6％にすぎない(昭和53年事業所統計)。京島地区でも、製造業事業所の83.3％が従業者規模4人以下のもので占められ、30人以上99人以下はまったくなく、100人以上はわずか0.3％しかない(平成3年事業所統計)。

## 3　「まちづくり」の推移と組織体制

　真野、京島両地区とも、地域の活力の衰退を前に、人口の呼び戻しを最大の課題とした「まちづくり」をはじめている。大都市インナーシティの密集老

第10章　自治能力　241

表10-1　真野地区、京島地区の「まちづくり」

| 真野地区 | | 京島地区 | |
|---|---|---|---|
| 昭40-50 | 公害追放、緑化の運動 | 昭49 | 墨田区京島調査 |
| 51 | 一人暮し老人の友愛訪問 | 53 | 「住宅建設事業調査（まちづくり意向調査）」東京都 |
| 53 | 寝たきり老人の入浴サービス | 55 | 京島地区まちづくり検討会 |
| 55 | 「真野まちづくり構想」の提案 | 56 | 京島地区まちづくり計画案の提案 |
| 55 | 真野まちづくり推進会 | 56 | 京島地区まちづくり協議会 |
|  |  | 56 | 協議会案を計画の大枠に決定 |
| 57 | 住環境整備モデル事業承認 | 57 | 京島まちづくりセンター開所（墨田まちづくり公社） |
| 57 | 「真野まちづくり協定」を市と締結 |  |  |
| 57 | 「真野地区計画」の決定 | 58 | 住環境整備モデル事業承認 |
| 58 | 8m道路拡幅方針案の提案 | 58 | モデル住宅建設計画説明会 |
| 58 | 神戸市モのふくモデル支援内容決定 |  |  |
| 58 | 真野ハイツ（分譲モデル）16戸竣工 | 60 | まちづくり助成制度発足 |
| 59 | コミセン用地市先行取得 |  |  |
| 60 | 公営住宅用地市先行取得 | 62 | 南町会コミュニティ住宅（26戸）竣工 |
| 60 | 東住宅（賃貸モデル15戸）Ⅰ期竣工 | 62 | 京3モデル住宅（3戸）竣工 |
| 61 | 推進会、事務局制に改組（移行） |  |  |
| 61 | コーポラティブ住宅用地市先行取得 | 平1 | 京島まつり |
| 63 | 併存住宅・市営公営住宅（107戸）竣工 | 平2 | コミ住環境整備事業主体が都から区に |
| 平1 | 東西道路拡幅地市先行取得 | 2 | 京島まちづくりセンター現地事務所化 |
| 2 | 東住宅第2（12戸）、まちづくり集会所竣工 |  |  |
|  |  | 3 | 京3モデル建替住宅竣工 |
| 2 | コーポラティブ住宅グループ結成 | 3 | 京3コミュニティ住宅（6戸）竣工 |
| 2 | 真野まちづくりフェスティバル | 3 | 京島子ども祭り |
|  |  | 3 | 京島文化祭 |
| 3 | 共同建替モデル住宅（2戸）竣工 | 4 | 京3コミュニティ住宅（8戸）竣工 |
| 4 | 6戸共同建替住宅竣工 | 4 | まちづくり後継者共栄会結成（工業部会） |
| 4 | 推進会事務所、まちづくり展示場所所 | 5 | 京3コミュニティ住宅（12戸）竣工 |
| 5 | 東尻池市営公営住宅（20戸）着工 | 5 | 京3コミュニティ住宅前道路拡幅整備 |

中央に「まちづくり」の出来事を、両側に関連事項を記した。

朽家屋の更新を広範な面積にわたってはかるという、ハードな面での「まちづくり」を行政が行う場合、このような地区では狭小住宅の地主、家主、居住者の権利関係が複雑に錯綜しているため、できるところから手をつけていくという修復型の再開発の手法がとられるのが普通である。その際、プロセスへの住民参加が強調され、まず、地元有志で「まちづくり」検討のための会がつくられる。そこで作成された地区改造の全体的な構想が住民と行政に提案され、地元住民の代表者を広く網羅した「まちづくり」推進のための組織をつくり、構想計画を推進する、という手続きがほぼ共通のパターンとして確立されてきた。

表10-1は真野地区、京島地区における「まちづくり」の経過に関する年表であるが、次のようなことを指摘できる。

両地区に共通する点として、

①どちらも昭和55年前後にまちづくり構想(計画案)を住民、行政の両者に提案している。

②両地区ともまちづくりの計画案を具体化するに際し、修復型の再開発の手法を選択し、国のコミュニティ住環境整備事業を導入している。

③まちづくり推進会、まちづくり協議会を発足させ、コミュニティ住宅の建設と道路拡幅のとりまとめを行い、着実に事業を進めてきた。

また、差異として、

④真野地区では、公害追放の住民運動の歴史があり、「まちづくり」スタート以前に民生委員を中心に地域福祉の活動の経験をもつ[1]。京島では「まちづくり」がスタートする以前は、公害反対の動きもなく、地区をあげての住民の活動はとくに見られなかった。

⑤京島地区では、主に行政側の働きかけで「まちづくり」がスタートしている。

⑥真野地区では、地区計画制度を援用した「真野地区計画」を策定している。

まちづくり構想(計画案)は、両地区ともインナーシティの問題状況を反映して、表10-2のようなまちづくりの目標、計画の柱を置いている。いずれも、

表10-2 まちづくり構想(計画案)―真野地区、京島地区―

| | まちづくりの目標 | 計 画 の 柱 |
|---|---|---|
| 真野 | 1. 人口の定着<br>2. 住宅と工場の共存・共栄―地区において住宅と工場を適度に分離する<br>3. 潤いある住環境―戦前の長屋に代わる良質の共同住宅 | 1. 土地利用―住宅街区、工業街区(住工協調街区)の地区分け<br>2. 道路―街区道路の拡幅、整備<br>3. 建物―市営住宅、コミュニティセンターの建設、長屋の共同建替え、市場の整備 |
| 京島 | 1. 良好な住居環境<br>2. 住商工が一体化した職住接近<br>3. 大震火災に強いまち<br>4. 人口1万人以上が定着する活気あるまち | 1. 生活道路の拡幅、整備、計画<br>2. 老朽建物の共同建替え、不燃化<br>3. コミュニティセンター、児童遊園の建設 |

人口の呼び戻し、良好な住環境の整備、下町の特性を生かした職住近接の維持という点で共通しているが、京島ではもう一つ、防災のまちが強調されている。調査においても真野では住民の防災意識が京島ほど強く出てきておらず、京島において「まちづくり」が、行政によって防災のまちづくりの観点から仕掛けられた事情が、強く反映している。

真野においては、神戸市が昭和56年「神戸市地区計画及びまちづくり協定等に関する条例」を制定し、翌年、真野のまちづくり構想を尊重しながら「真野地区まちづくり協定」をとり結び、協定の内容の一部を「真野地区地区計画」として決定している。まちづくり構想がもっていたまちづくりのルール、①建物用途の制限――地区にかかっている用途地域(準工業地域、工業地域)に合わせた、住宅街区での工場建築の抑制と住工協調街区での大規模共同住宅建設の抑制、②建替え・新築時の壁面の後退、③区画道路の交差点の角切りを内容とする、「まちづくりのルール」をオーソライズ(承認)し、市への届出を義務づけている。京島では、その後ルールづくりにまでは至っていない。

真野では、神戸市との「まちづくり協定」のなかで、住民だけで構成しているまちづくり推進会がオーソライズされ、住民間の個別の利害の間に推進会が入って調整を行っている。また、推進会主導で街区(おおむね町会単位)ごとに街区計画をつくる話し合いが進められている[2]。一方京島では、事業ごとに関係する住民を集めて街区懇談会が開かれており、行政が住民を集めて説明会を行い、大半が同意するとあとは墨田まちづくり公社[3]による個別交渉

**表10-3 まちづくり検討会、まちづくり推進会の構成**
真野地区まちづくり検討会議、まちづくり推進会
京島地区まちづくり検討会、まちづくり協議会

(人数)

| | 真野地区 | | 京島地区 | |
|---|---|---|---|---|
| 検討会段階 | 自治会長 | 15 | 町会推薦 | 14 |
| | 商業者代表 | 5 | (ほとんど商業者・工業者、町 | |
| | 工業者代表 | 3 | 会長1を含む) | |
| | 婦人会、青年会代表 | 3 | 都、区行政側 | 4 |
| | 小学校長 | 1 | コンサルタント | 1 |
| | 学者、学識経験者 | 4 | | |
| | 市職員 | 4 | | |
| 推進会段階 | 自治会長 | 15 | 町会推薦 | 25 |
| | 自治会推薦者 | 14 | 商店街代表 | 9 |
| | 婦人会、老人会、壮年会、 | | 都、区委員 | 9 |
| | 　子ども会、PTA代表 | 9 | 専門委員(コンサルタント) | 1 |
| | 工業者、商業者関係 | 19 | ┬計画部会 | |
| | 小学校長 | 1 | ├商業部会 | |
| | 学者、学識経験者 | 4 | ├工業部会 | |
| | ┬企画部 | | └運営委員会 | |
| | ├庶務部 | | | |
| | └広報部 | | | |

が行われる仕組みがとられている。事業終了まで住民同士が一堂に会して話し合う場はないのが普通で、まちづくり協議会も「個人の所有権に関わることなので」という理由で、行政と住民の間に入ることを避けている。住民自治の成熟度という点では、真野の方が先行しているといえる。

　推進会と協議会の構成を両地区対比すると表10-3のようになっている。まちづくり推進会(協議会)の段階で、京島では行政側委員が加わる構成になっているのに対し、真野では、毎月1回定例の推進会議に市職員がオブザーバーとして参加する形がとられている[4]。真野では、昭和61年から事務局制がとられ地元住民とコンサルタントとで推進会を運営するようになっているが[5]、京島では、事務局が行政(京島まちづくりセンター)のなかに置かれている。真野で事務局制をとるようになった背景には、力量をつけてきた同志会OBが推進会を運営するようになったという、世代交代があった。推進会は住民個々人と行政(神戸市)の間に位置する中間集団であり、まちづくりのハー

ドな事業推進に際して、「私」の部分(住民個々人)と「公」の部分(行政)をつなぐものとしてつくり出された「共」の部分と考えることができるが、ここにも、真野の住民主体的な性格と、京島の行政主導的性格との対比をかいま見ることができる。

　両地区推進会の委員構成は、どちらも基本的に自治会、町会が母体になりこれに地元産業の代表が加わる形になっているが、真野の場合は単位自治会の自治会長が全員入っているのに対し、京島では意識的に町会長がはずされる構成になっている[6]。京島では町会推薦者が協議会に入るが、町会のなかにまちづくりに対応する部会がつくられているわけではなく、町会と協議会は必ずしも相互に連動し合っているわけでもない。もちろん真野でも自治会のなかに「まちづくり部会」のようなものがあるわけではないが、自治会長が推進会の委員ということで、自治会長の性格いかんにもよるとはいえ、自治会が巻き込まれる仕組みになっている。

　両地区とも、委員になっているものは自営業者が圧倒的に多いが、真野ではサラリーマンが若干多い。真野の場合、地区内の各種団体の代表が推進会のなかに入っているが、京島ではこれが見られないのが特徴である。すでに真野のなかでは、昭和55年段階には自治会の一元化構造が崩れ、自治会もいろいろある地域団体のなかの一つにすぎないとする、地区内各種集団が対等で構成するネットワークの構造が、地域のなかにできあがっていたことを示している。地域での町会の一元化構造の下では、町会費からの補助金交付を通じて婦人会や子ども会、老人会など地区内の諸集団が町会の下部組織化しており、民生委員も町会長からなる推薦委員会で選考されるということで町会の下に置かれる。ところが真野においては後述のように、各種集団がそれぞれ強い自律性をもっている。こういった真野の地域構造は、公害追放、緑化、地域福祉の活動を通じて獲得されてきたものである。これに対して京島では、地域のことに関しては町会の力がいまだ強いという下町の構造が続いており、協議会、行政も町会を無視しては事業を推進できない事情がある[7]。

〔注〕
1) 公害追放の住民運動、地域福祉の活動の経緯については、すでに第5章で見たところであるが、京島地区まちづくりの専門委員（コンサルタント）は、この地域福祉の活動が前段にあるがゆえに、真野のまちづくりの住民主体が可能だったろうとの指摘をしている。
2) 「まちづくり協定」は、小地域のまちづくりで公共性が関わる部分について、市に認定されたまちづくり推進会（小地域レベルの住民組織）が決定した地区の総意を、神戸市長の意志とすることによって、地区の総意を公権力の公共性をもつものとして制度的に認知するものである。しかし、住民の私的権利の部分については、決定内容を強制する公権力をともなっていないという特徴がある。とはいっても、住民には、公権力の物理的強制力がなくとも、事実上、まちづくりのルールを遵守する義務が生じる。こうした神戸市の「まちづくり条例」がもつ意義を、国家の「決定権限の（地域）分散」という観点から、ドイツの「地域評議会」制度、「事後改善事業」における住民参加制度との対比で詳細に検討しているものに、名和田是彦 1998 がある。
3) 京島では「まちづくり」事業推進に際して、墨田区と住民の間に墨田まちづくり公社が介在している。真野では、神戸市の民間再開発課が直接に住民、まちづくり推進会と対応している。墨田まちづくり公社は区出資の都市整備公社で、京島地区のなかにその出先である京島まちづくりセンターをもち、個別的かつ複雑な折衝を要する京島まちづくり事業、不燃化誘導事業の柔軟な運営のための行政補完と、公共施設の管理運営を通してのコミュニティ推進事業を行っている。
4) 推進会（協議会）の会合の場所は、真野では小学校の開放教室が、京島では京島まちづくりセンターの会議室が使われてきた。
5) 真野でも、それ以前は推進会の事務局が神戸市民間再開発課のなかに置かれ、推進会の代表、副代表が加わる形で運営されていた。
6) 町会長がまちづくり協議会に入ると、協議会の決定が町会長を縛ることになるというのが、町会長をはずす理由である。このきっかけは、「まちづくり」の早い時期にコミュニティ住宅の事業をめぐり地元住民がもめ、協議会委員になっていた地元町会長が町会長の職を辞任するという出来事にあった。協議会が住民を十分に代表し切れていなかったことを示している。
7) 京島のまちづくりの推進体制、および、その根ざしている地域の構造の詳細は、今野裕昭 1994 を参照されたい。

## 4 地域基盤と後継者のネットワーク

　まちづくり推進会(協議会)を支える地域の構造を図化すると、真野地区、京島地区それぞれ図10-1のようになっている。ここで、まちづくり推進会(協議会)の活動を支える地域の力量を見るために、地区内の制度化された諸地域集団の活動を見てみよう。表10-4は、真野と京島の年間の主な地域行事であるが、真野地区の地域行事の豊かさに驚かされる。真野については、小学校区レベルで恒例になっているものをあげてあるが、このほかに、単位自治会レベルでの行事、たとえば、各町子ども会単独で夏のハイキングやクリスマスの行事をやっているところもあるし、自治会、婦人会、同志会の独自の活動がある[1]。この表の真野の行事は、行政の下請けとしてではなく、地域独自に行っているものである。寒餅つき、チャリティーバザーの収益金は、民生委員協議会の高齢者福祉活動の資金として寄付されている。また、敬老会の費用は婦人会のバザー収益金でまかなわれている。　一方、京島の場合は、ほとんどの行事が行政の下請けとして行われており、地域独自の行事は祭りと納涼踊り(盆踊り)くらいである。このほか、敬老の日には、町会からお祝い金やお祝いの品が、婦人部の役員によって届けられるような活動が行われている。こういった行事は、限られた役員層の労力奉仕で行われている。

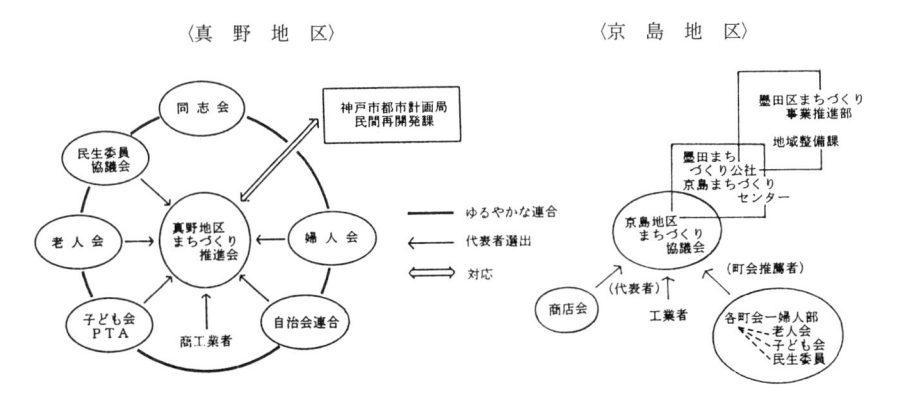

図10-1　「まちづくり」を支える地域の構造

**表10-4　年間の地域行事（学区、連合町会レベル）**
—真野地区、京島地区—

| | 行　事 | 関係団体 |
|---|---|---|
| 真野地区 | チャリティ寒餅つき（寝たきり老人、一人暮し老人に配布）<br>花まつり<br>上郷町との交歓会<br>駒栄橋精霊流し<br>納涼盆踊り大会<br>長田神社秋祭り<br>敬老会<br>子供会連合会運動会<br>少年野球団チャリティ餅つき<br>バレーボール・卓球・ソフトボール大会<br>チャリティーバザー<br>廃品回収<br>一人暮し老人給食サービス（毎月2回）<br>寝たきり老人友愛訪問<br>寝たきり老人入浴サービス | 自治会主催、婦人会、同志会、老人会、子ども会<br>自治会、老人会<br>子ども会、同志会<br>自治会、老人会<br>婦人会主催、運営協議会方式：自治会、同志会、子ども会<br>自治会<br>婦人会主催、同志会<br>子ども会、同志会<br>少年野球団、同志会<br><br>子ども会、同志会、それぞれ<br>婦人会、同志会<br>小学校PTA、中学校PTA、婦人会、それぞれ<br><br>民生委員協議会、ボランティアグループ<br>民生委員協議会、ボランティアグループ<br>民生委員協議会、ボランティアグループ |
| 京島地区 | 成人式<br>納涼踊り<br>神社祭り<br>交通安全<br>衛生、薬剤散布<br>防災訓練<br>奥様コンクール（消火訓練）<br>廃品回収 | 自治会<br>自治会（自治会婦人部）<br>自治会<br>自治会<br>自治会<br>自治会<br>自治会婦人部<br>老人会、あるいは、子ども会 |

　真野では地域独自の活動が多く、動員される住民も団体の役員層だけでなく有志も参加する形が多いが、注目すべき点は、こうした行事が複数の地域団体の連携でお手伝いが出され行われていることである。正月の寒餅つきや盆踊りなど、さまざまな地域行事をめぐってその都度つくられる関連地域団体のゆるやかな連合があるが、こうした地区内各種団体のゆるやかなネットワークは、昭和55年頃にまちづくりがはじまるそれ以前にできあがっていた。昭和40年代はじめの公害追放運動は、町工場や幹線道路通過交通の排気ガス公害（苅藻ぜんそく）がとくに激しかった一つの単位自治会の規模から生じ、

緑化、地域福祉の活動を通じて学区全体へと広がった。こういった運動の拡大は、自治会組織の運営がそれまでの名望家支配的な伝統的運営から民主的運営へと脱皮したことに端を発している。この動きを通じて、地域全体の仕組みのなかで自治会が相対化され、活動面で他集団との連携が可能になっていった。どういった行事のときに、どのような人に声をかけるとどんな人びとにつながるのだろうかという構造、言い換えると地域の人と人とのネットワークが見えるような形でつくり上げられていったのである。そこで追求されたのは、行政からの縦割りの活動ではなく、住民の生活連関であった。

こうした単位自治会を超えた住民相互の認知があり協同で活動ができる土壌は、伝統的町会、自治会の下ではせいぜい連合町会範囲での町会会長同士のレベル、あるいは、祭りの氏子の役員レベルで見られるくらいのものである。実際には、新しい協同の話をもち帰ってみても、町会内にはさまざまな意見の人があり、まとまるのは難しいことが多い。諸地域集団の連携の土壌は、真野においても当初はなかったわけで、真野の住民運動の大きな成果であり、まちづくりの大きな活力源になっている。この意味で、まちづくりの推進のための組織が地域内諸集団と必要な活動を連携して組めるような、地域集団間のネットワークが存在する意義は大きい。言ってみれば、旧来の町会体制のなかにどれだけ遊びの部分がつくり出せるか、町会以外のところで住民が何かをやり出したときこれを阻害するのでなく自由にやらせるという町会の許容度といったものが、非常に大きな要素になる。

京島においても、行政によってまちづくりが仕掛けられるまでは、町会を超える活動は行政からの縦割りで下りてくる連合町会単位の行事と神社の氏子のつながりくらいのもので、基本的に単位町会を超えたつながりはなかった[2]。協議会の活動を通して各町の委員が相互につながりをもったこと、協議会がはじめた京島文化祭、京島子ども祭り、後継者共栄会の活動など、まちづくりの活動によって、未だ規模は小さいとはいえ町会を超える人のつながりができたことのもつ意味は大きい。ただ、京島地区の場合、小学校区と地域諸集団の範域が自然と重なっていないという、まちづくりにとってはは

なはだ統合がつくられにくいハンディを背負っている。

　真野地区では、1小学校区に連合町会が二つ、婦人会と老人会がそれぞれ一つ、単位自治会ごとの子ども会の連合が一つ、神社の氏子単位が一つ、民生委員の協議会が一つと、ほぼ小学校区で一つの統合範域が設定されている。これに対して京島地区は、三つの小学校区各々の一部ずつが組み合わさってその範域が設定されており、ここに二つの連合町会の一部ずつ、三つの氏子単位の一部ずつが複雑に組み合わさり、町会婦人部、老人会、子ども会は単位町会ごとに独立しているという形で構成されている。しかも単位町会のなかは、ほぼ町会に一元化されるという構造をもっている。コミュニティという観点からしても京島がこのような特異な形をとっているのは、まちづくりの出発の時点から行政がもっぱら防災の観点で範域割りの網をかけた結果である。

　真野において、学区規模での諸地域集団のゆるやかな地域ネットワークの形成をさらに強固にしたのは、同志会という後継者グループの存在であった。表10-1にあるように、真野では昭和55年に同志会が結成されている。京島で工業部会の後継者のグループ、まちづくり後継者共栄会が平成4年に結成されたのよりもずっと早い。昭和55年、真野でまちづくり推進会がつくられたとき、まちづくりに若い人の意見も取り入れねばということで、各町の若者有志に呼びかけ、同志会が結成された。その中心的メンバーになった数人は、昭和30年代に青年団活動で知り合っていた仲間で、5大都市青年団体協議会の指導者講習会にまで参加したものもいた。彼らが、各町2～3人くらいずつの有能な若者に呼びかけて、56人で同志会を結成した。その後、会員が個別に勧誘する形で会員を増やし、現在100人ほどの集団になっている。

　すでに第6章でも触れたが、同志会はその会員資格を20歳から50歳まで（現在は上限をはずしている）の男性とするボランタリーな団体で、地域内他団体が主催する地域行事への参加と、同志会独自の地域福祉の行事とリクレーション行事を活発に行っており、月2回くらいの行事があり、常時40～50人くらい参加する。これら行事には、会員の奥さんたちも参加することが多い。

会員は自営業者だけではなく、約3分の1は会社員である。会員同士は会のなかで、年齢とかやっている商売の規模にかかわらず友達づきあいができる比較的自由な雰囲気をもった会で、会員同士のネットワークは非常に親密である。この同志会の会員も、他の団体との関係においては相手の年齢とか社会的地位をやはり意識する。

発足当時40歳代だったこの同志会のメンバーが、10数年たった現在同志会OBとなり、自治会をはじめとする各種団体の長、役員層に続々と参入してきている。真野学区は二つの自治会連合に分かれているが、一方は早くから伝統的な名望家的支配型の体質を突き崩す運営を取り入れてきたのに対し、もう一方は伝統的な体質の既成秩序型の町内会の性格を比較的遅くまで残してきていた。その結果、地域を二分し両者が対立する状況が長く続いていたが、同志会OBによる世代交代で地域の統合が一気に高まりつつある。同様の世代交代の現象がまちづくり推進会にも生じており、昭和61年の事務局制導入以来、事務長以下事務局員になった同志会OBの手によって、「まちづくり」が進められている。自治会をはじめとする制度化された既成地域団体の間に、同志会OBのネットワークがインフォーマルな関係として介在することにより、地域のなかでの遊びの部分をさらに許容度のあるものにしていると見ることができる。

このような真野でのまちづくりの推移は、後継者のネットワークづくりの重要性を示しており、真野は、同志会という後継者グループを生み出したことによって、世代交代をスムーズに成功させているケースといえる。

同様の後継者づくりが、規模はまだ小さいとはいえ、京島でもいま、はじまった段階といえる。京島では、工業部会のなかにまちづくり後継者共栄会を結成しており、工業者の後継者13人が月1度懇談会をもち、工業部会主催の京島子ども祭りの実行部隊として活動をはじめている。

〔注〕
1) 婦人会単独のものに、消費者学級や国道清掃の活動などがあり、同志会単独で

は、防災訓練、防災パトロール、ファミリーハイキング、講演とパーティーの夕べなどがある。
2) 京島のこのような状況については、今野裕昭 1994 を参照のこと。

## 5 公共施設の管理・運営

　昭和60年代に入ってからの「まちづくり」は、まちづくり計画の実現のためのルールづくりやコミュニティ施設の住民による共同管理と使用のルールづくりに、力点が置かれるようになったと一般にいわれている。この観点から真野と京島の「まちづくり」を、ここで整理しておきたい。

　地域のなかにある行政のコミュニティ関連の公共施設で、一般住民の利用が関わるものには、真野地区では、①コミュニティ住宅に併設されたコミュニティ集会所(2ヵ所)、②公園(8ヵ所)、③保育園、④小学校開放教室、⑤老人憩いの家がある。公園の一つのなかには「ほたる園」があり、地元住民が試行錯誤のなかでほたるの飼育に成功したケースとして知られている。集会所はまちづくり推進会と隣接自治会役員で管理運営委員会をつくって自主運営をしており、また、公園、保育所、開放教室、憩いの家もそれぞれ地元住民で管理委員会、協議会、運営委員会をつくるというように、すべて住民が運営委員会をつくり自主管理しているのが特徴である。

　一方、京島地区では、①京島まちづくりセンター2階の会議室、②まちづくりのための(自営業者用)仮営業施設、③長寿室、④公園(2ヵ所)があるが、このなかで住民が直接管理に携わっているのは長寿室の夜間一般開放と、公園の管理である。そのほかここでは、地元町会から要望のあったときに、まちづくり公社が町会と一時利用協定を結び、まちづくり先行取得用地を家庭菜園地や駐車場用地として町会に貸し付けている。真野地区では、先行取得用地はすべて行政が管理している。

　真野地区のまちづくり推進会の管理の力量は高いが、こうした積極的な自主管理の気運は、まちづくりがはじまる以前に蓄積されてきていた、保育園、

学校開放、公園の自主管理の積み上げのなかから生み出されてきた。京島では、総じてコミュニティ施設の管理は行政によって行われる部分が多く、地元住民も行政依存の姿勢が強い。

## 6　むすび──行政主導と住民主体

　真野地区の「まちづくり」が、全国のまちづくりのなかでも住民主体の「まちづくり」だといわれているゆえんは、まちづくり推進会の委員構成や運営への住民のかかわり方、まちづくりのルールの制度化、公共のコミュニティ関連施設の自主的管理といった点に、象徴的に現われてきている。

　本章で展開した真野地区と京島地区の対比のなかから、次のような点が導き出せる。

① 「まちづくり」において、ハードな部分は行政の手で、部分部分、事業として進められるが、修復型まちづくりの持続性を考えたときには、「まちづくり」のソフトな部分（コミュニティ形成）が同時になされる必要がある。この点は、真野のみならず京島にあっても、昭和57年墨田まちづくり公社が設立される際、その趣意書に「従来の行政依存から地域の問題解決の能力主体として新しいコミュニティの形成が促進されなければならない」と明示されていることからも明らかである。

② 「まちづくり」のハードな面を推進してゆくためには、行政（＝「公」）と住民個々人（＝「私」）との間に「共」の部分をつくり出すことが必要になる。「共」の部分は、行政（国家）が公共の名の下に独占してきた個人の私的権利への制限の一部を、委譲される領域であるが、「まちづくり」の構図のなかでは、住民の各層からの代表者で構成されるまちづくり推進会、まちづくり協議会が、この「共」の部分の担い手に相当する。ソフトな面での「共」の部分は、「まちづくりのルール」に関する住民の合意であると考えられる。

③ 推進会（協議会）は本来ボランタリーな集団であり、その委員構成、さら

には事務局体制に行政が入るか否かが、「まちづくり」の住民主体性に大きく影響する。住民とコンサルタントだけで推進会の運営がなされるためには、住民の側に十分な力量が必要であり、また、行政による推進会権限の一定のオーソライズが必要である。

④「まちづくり」への住民の主体性、ひいては力量の違いは、公共のコミュニティ関連施設の自主管理に象徴的に現われているが、この点での両地区の違いは、行政の姿勢の違いとも対応している。真野では、新しい施設ができるたびに推進会が、意識的、積極的に施設の自主管理を広げてゆく方向をもっているのに対し、京島では、ほとんどをまちづくり公社が管理する仕組みが、枠としてできあがっている。

⑤「まちづくりのルール」が合意できるか否かも、行政の対応のし方によって規定されてくる部分がある。とはいえ、真野においていち早くルールが制度化できた背景としては、地域の力量に負うところが大きく、それ以前の地域福祉に至るまでの積み上げが大きく寄与している。

上記の諸点に関し、真野地区のまちづくりと京島地区のまちづくりの、あり方の違いを規定している要因として、次の3点が重要なものとして見えてくる。

①地域にコミュニティが形成されやすい条件がどの程度あるか。これは、空間的な広がりにおける地域集団の累積の状況と、地域内各種集団相互の相対的自律性の確保という、二つの要素が組み合わさり、構成されてくる。前者で、コミュニティ単位の設定が問題になる。後者では、諸地域集団の運営の民主化が端緒になると思われるが、同時に、地域的広がりのなかでの後継者のネットワークが、やがて地域集団相互のネットワークを強化し、地域の統合度を高める作用をしているケースから見ても、後継者の集団なりネットワークの形成も重要といえる。

②住民の住環境改善に対する意識の違い。この主体性の差は、公共のコミュニティ関連施設の自主管理の姿勢に、象徴的に現われている。自主管理の積み上げが、住民の地域自治の力量を増している。

③行政の事業の進め方の違い。究極的には、京島では、行政が住民個人々々に(対個人として)働きかけているのに対し、真野では、住民の集団に(対集団として)対応しているという、行政の姿勢の違いが見られる。この姿勢の差は、ソフトな面での「まちづくり」(コミュニティ形成)をどの程度重視するかという観点をも含んでいる。

まちづくりのあり方を規定するこれら三つの要因、それはすなわち、「公」と「私」との間に「共」の部分を創出するための条件とも関わるのであるが、真野でこれらの要因が活性化するに至った経緯を見ると、これらの要因を総合化していく地域の力量の蓄積がいかに大切かが見えてくる。住民の日常生活圏範域で地域自治が獲得できるか否かは、とりわけ既成の諸地域集団がどれだけ自律性を確立でき、相互にネットワークをつくれるかによるところが大きい。この意味で、その原点になる諸地域集団の運営の民主化への不断の努力が、なおも必要とされてくる。

# 第11章 インナーシティ・コミュニティの形成過程

## 1 インナーシティの特徴

　大都市インナーシティは、都心部と周辺郊外地に挟まれた、都心を取り巻く市街地の一部の衰退地区を指す。神戸市西部のインナーシティの一角である真野地区を通して見た、住工混在の産業空洞型インナーシティの特徴は、次の8点くらいに指摘することができる。

　①地付きの住民は、現在の世帯主の親あるいは祖父の世代に、地方(真野の場合は中国地方のみならず淡路や九州方面)から神戸に入ってきたものが多い。

　②インナーシティのなかに親戚のいるものが多い。この現象には、神戸に入ってくるに際し、すでに神戸に入ってきていた親戚を頼って出てきたという事情が働いている。

　③経済の高度成長期に、臨海部にある大工場の下請け、孫受けの零細な町工場が一気に増え、住工混在の地区になり、昭和30年代後半からは公害問題が多発した。

　④住宅は、戦災に遭わなかったこともあって、狭小で老朽化した木造住宅(多くは棟割長屋)がほとんどで、しかも、土地・住宅の権利関係が複雑に錯綜している。

　⑤高度成長期には人口が超過密で、この過密さと住工混在地区がもつ住環境・生活環境の貧困さが、若い世代を郊外に脱出させ、高齢者が滞留す

る。こうした高齢者は年金暮らしの低所得層が多く、結果として、住環境の更新はますます困難になる。

⑥住環境の貧しさが市内でも家賃が安い地区にし、低所得者層が多く滞留する地区になる。

⑦子どもが地区から他出するが、職場は神戸にあるので郊外住宅地を含む周辺にいることが多い。インナーシティの内部には高齢者が多く残り、過疎化と高齢化が進むが、子どもは、親の様子を見に頻繁に訪れているケースも多い。したがって、過疎といっても地方の過疎とは決定的に異なる。

⑧低成長期に入ると、都市の産業構造が製造業からサービス業へと転換するが、転換できない地場産業(製造業)の衰退が顕著になり、町工場の衰退は、町工場と密接に結びつくところで商売をしている商店の衰退をも引き起こす。

こうした真野地区に見られる特徴から、インナーシティの主要な特徴を、「地場産業の衰退」、「人口の急激な減少と高齢化」、「建物の老朽化」の三つに捉えることができる。欧米のインナーシティでは、戦後のそれこそ早い時期から外国人労働者が流入していたことがあって[1]、少数民族住民の問題が、とくに失業問題と結びついてインナーシティの顕著な特徴とされてきた。日本にあっては、外国人労働者の大量流入は平成期に入ってからであり[2]、神戸ではとくに震災を契機にインナーシティの問題として注目されはじめた。さらに、欧米のインナーシティの場合には、産業構造の転換にともなう職場喪失、失業問題が、直接的に人口減少、建物の老朽化、スラム化を引き起こすというメカニズムが作用すると見られている。しかし、真野を見ていると、地場産業の衰退が直接に顕著な失業問題を引き起こしているとは見られない。人口の減少、建物の老朽化は、むしろ高度成長期の「地域環境の急激な悪化」と「老朽狭小住宅(戦前からの棟割長屋の残存)による貧しい居住状況」によって引き起こされたという歴史的な所産と見た方が、より適切であるように思われる。このメカニズムは、産業空洞型インナーシティの日本的な特徴と考

えてよいと思われる。

　住工混在型のインナーシティでは、地域のなかに社会的地位と威信の上昇移動ルートが設定されていて、町工場独立自営への上昇志向が住民の間にエートスとしてもたれている。このエートスが象徴的に表象されている手段が、小地域のなかで地域集団の役職を引き受けることであり、この下町住民のエートスが、インナーシティの決定的なスラム化を防いできたと考えられるし、年齢、経済力の序列が強く作用するという否定的な側面をともないつつも下町社会の地域秩序を維持してきた。低成長期に入ってからは、真野の二世、三世の間には、大学を出てホワイトカラー化するのものが増えてきており、インナーシティ社会は、一方でブルーカラー労働者層の自営業主化と、他方でホワイトカラー化との、二極分解にむかう段階に入っていると見られる。

〔注〕
1) ヨーロッパでは、戦後すぐにドイツが労働力不足からトルコ系移民の積極的移入政策をとったのにはじまり、イギリスやフランス、スペインなどには旧植民地から労働力が大量に流入してきていた（宮島喬 1993）。
2) 日本への就労目的外国人入国者数は、バブル経済期に急激に増え、その後も微増してきているが、その定住化が進んでいる。これにともない、社会学のなかでも奥田道大はじめ一部の研究者によるエスニック・コミュニティの研究が発表されてきている。

## 2　インナーシティのコミュニティ形成

　インナーシティ地区の衰退は、すでに明らかにしてきたように、都市における資本主義の発達から構造的につくり出されてきた。こうしたインナーシティを再生するためには、住民の新たなコミュニティ形成が必要である。これはとくに、住環境といった生活面での再生にとって必要になってくる。産業空洞型インナーシティの場合、生産面でいえば、住民の生産活動は小地域

を超えて広がっているため、都市全体を考えた経済の内的循環のなかにインナーシティ地区を位置づけた上での、産業活性化策がとられるであろう。これに対して、住環境といった生活面では、まず何よりも、小地域レベルでの足元からの積み上げが必要であり、そのための地域コミュニティをしっかりとさせることが求められる。真野でも京島でも、「まちづくり」を進めてインナーシティ問題の解決をはかろうとしたとき、住民の合意をつくり出すためにコミュニティ形成をせざるをえなかったことからも、このことは傍証できる。都市の小地域はそれぞれ歴史的個性をもっており、これをふまえた上での新たな地域コミュニティの形成が、まず必要とされる。

新たな地域コミュニティは、どのように形成されてゆくのであろうか。

奥田道大は、組織面から見た大都市郊外地区におけるコミュニティ形成の過程を、次のように指摘していた。

コミュニティ形成は、新中間層が担うボランタリー・アソシエーションからスタートし、やがて、運動の持続性を保障する新しい組織を模索して、地域のなかにボランタリー・アソシエーションである運動的組織(非定型型)と日常団体としての活動組織(定型型、地域団体)との二重構造をもつ、重層的な組織モデルへと移行していく。この重層的な組織モデルにおいて運動組織と活動組織の両者が結びつくためには、一方において、日常団体としての地域集団の側に、コミュニティ関連集団・組織が横並びになった「地区協議会方式」が提案される。それとともに、他方で、第一次ベビーブーム以降の新世代(現在50歳代前半以下)がつくるネットワーク型の個別サークル・クラブの活動と日常団体としての地域集団とを結びつける、「人」中心のネットワーク(コミュニティ・フォーラム的なもの)の創出が想定される。この「人」中心のネットワークにおいて、地域組織を担う旧世代とボランタリー・アソシエーションを担う新世代との接合がなされるであろう点に、われわれは注目する必要がある。

他方、インナーシティでのコミュニティ形成に関して奥田は、昭和60年(1985年)頃に、郊外型の新中間層に相当する、コミュニティを担う「成熟した

市民」が見られないし、住民運動・活動の先進的事例もあまり聞かないと、その内発的な組織形成の追求を切り捨てている。しかし、すでに見てきたようにインナーシティでは、自営業者層、ブルーカラー層のなかに、「成熟した市民」がたしかに存在している。真野地区の考察から得られた、インナーシティでのコミュニティ形成のプロセスは、次のように定式化できる。

　インナーシティ旧市街地の下町文化をもつ真野では、既成の地域集団の枠組みが強すぎて、ボランタリーな集団が新たに生まれる余地はまったく見られない。この点が、郊外型コミュニティ形成との決定的な違いである。新興住宅地とは異なり、インナーシティの小地域のなかには、すでに歴史のなかでつくられてきた既存の、町内会とその系列下の各種団体、自治会長が推薦に関与する民生委員・保護司といった行政委嘱員体制、そして、社会福祉協議会を柱とする、行政と連結した「支配的文化」の構造の論理があり、この論理の上での住民たちの綱引きで地域が動いている。既成の地域団体の枠組みがきついがゆえに、いままでになかった要請（住民生活上のニーズ）が出てきても、まったく新たにボランタリーな機能集団が生じる余地はなかなかない。有志だけでまったく新たに機能集団をつくろうとしても、農村社会と同じように、必ず既成の地域集団の枠組みのなかでの承認の手続きが必要になる[1]。真野の場合も、世帯を単位にする半自動的な加入形態をもち包括的な機能をもった、自治会のような地域の公認の組織によって、こうした新たな要請にも答える形が基本的にとられてきた。

　このような下町の小地域構造のなかで、新しいコミュニティへと至る道は、既成の地域集団のなかからはじまるしかない。既成の地域集団の枠組みの点で、真野がほかの下町と決定的に異なっていたのは、早い時期にこうした「支配的文化」の下での町会一元化構造が崩れ、自治会もいろいろある地域集団のうちの一つにすぎないというところまで、諸集団が相対化されたという点である。地区内各種集団の対等のネットワークの構造が、小地域のなかにできあがっている。こうした諸集団のゆるやかな連合を基盤にして、各種団体が代表者を送り込む「まちづくり推進会」が結成されている。奥田の言う

「地区協議会方式」が、これにあたる。これを可能にしたのは、自治会運営の徹底した民主化への努力であったし、さまざまな地域行事を関連する諸団体の実行委員会方式で行うことによる諸地域集団のゆるやかな連合ネットワークの形成であった。地域問題に端を発する地域住民の活動（イベント）が実行委員会方式で組まれるとき、諸団体の運営の真の民主化がなされていくように見える。真野の住民たちは、関連する諸団体が実行委員会を組む形での地域行事やイベントの実施を積み上げることによって、地域の総合的な力量を増し、まちづくり推進会という協議会方式を可能にする基盤をつくり上げてきた。他方、できあがった協議会は、代表を送出してくる各種団体の長がその集団を十分に代表し切れていないと、協議会からもち帰った意見への対応を表明することができない。この意味で、自治会だけでなくほかの各種団体の運営も民主化されていないと、協議会方式は成立しない。こうして成立する協議会は、これまた一元的なものである必要はなく、真野で推進会のほかにさらにふれまち協議会がつくられたように、活動目的別に生活領域に合わせて複数あってよい。

　真野の事例で注目すべきは、こうした動きが最初は単位自治会の運営の民主化からはじまり、徐々にコミュニティの統合の範囲を広げていったという点である。自治会組織運営の民営化には、住民から信頼されている優れたリーダーの存在が必要であったし、徐々にコミュニティの統合を広げていくプロセスには、真野同志会という若い世代（現在では50歳から60歳前後のもの）による同世代仲間のネットワークの形成と、彼らが既成の地域集団の役員層に参入したという地域集団の世代交代が大きく関与している。既成の地域集団の役員層の世代交代は、下町の「支配的文化」の構造を打破してきた直接の動因になっていると見られる。旧世代が志向するところは、下町住民のエートスに支持された役職者ルートのなかでの上昇であり、これがかつての地域共同体的な小地域社会の再生産過程であったといえる。この構造が、新世代の役員層への参入によって崩れてきた。そこに住み合わせることを前提に少しでも楽しく暮らしていこうと考える若い世代による、自分たちの生活環境

の共同での見直し作業であり、地域組織の運営を変えることもこの一貫である。新世代の同世代仲間のネットワークが、一元的な体制を打破し、多元的でゆるやかな諸集団の連合のシステムをつくり出してきた。

　こうして見ると、結論として、インナーシティでのコミュニティ形成は、次の４点に整理できる。インナーシティのコミュニティ形成は、もともと存在している既成の地域組織のなかからはじめる小地域社会の再編といえるが、コミュニティの再生は、住民から信頼されているリーダーたちがいて、その上に、組織面では、①「既成の地域組織の内部を民主化」し、②「地域組織間の対等でゆるやかな連合」を組む方向のなかに追求されていると見ることができる。そして、複数の地域団体による実行委員会方式での地域行事やイベントの実施を積み上げるなかから、最終的に地域問題に端を発する③「諸地域団体の協議会方式をつくり上げていく」方向である。真野では、既成の諸集団間のゆるやかな連合の仕組みの上に、問題ごとにいくつもの実行委員会を複数の地域組織で組む方式で、そのつどボランタリーな活動がなされるという現象が見られてきた。いってみれば、小地域社会の諸団体を、テーマごとにボランタリー・アソシエーション化する方向だと言えよう。インナーシティ・コミュニティの場合、地域公認の組織間のゆるやかな連合のなかにこそ、ボランタリズム（自発的活動）が生じる余地がある。こうした実行委員会がコミュニティ・フォーラムの役割を果たし、真野地区最大規模のコミュニティ・フォーラムがまちづくり推進会なのである。

　この一連のプロセスにもう一つの要因として、新しい価値観・組織運営のあり方観をもつ④「若い世代に、同世代仲間のネットワークをいかにつくり出せるか」、という点が加わる。真野で、単位自治会あるいは自治会連合の範域を超えて、われわれ意識をもち続けられる最大の範囲である小学校区規模での地区協議会結成にまで、コミュニティ形成を広げてきたのには、若い者のネットワークがあずかっていた。この範域拡大は、小地域の担い手の世代交代の過程のなかでなされてきた。諸団体間のゆるやかな連合の形成は、実行委員会方式での活動だけでなく、役員相互の仲間のネットワークによって

も加速される。集団活動への積極的な参加には当人のコミュニティ意識が介在するが、その主体的なコミュニティ意識は、地域の仲間や地域団体の仲間との交際ネットワークのなかでつくられてくることが明らかになっている。真野がいま、まちづくり推進会やふれまち協議会といったまちづくりの組織に、まちづくりの第3世代にあたる20歳代、30歳代の若者をどう巻き込めるかの問題に直面しているように、既成地域組織を母体にスタートするコミュニティ形成は、後継者世代や異質な人たちをどれだけ取り込んでいけるかが最大の課題になってくる。

　こうした真野の経験に学べるかどうかが、いまインナーシティの多くの地区に問われている。

　インナーシティでのコミュニティ形成の過程の上述のような一般化は、郊外型のコミュニティ形成の理論化にも貢献する。ボランタリー・アソシエーションの運動組織体が卓越する郊外型のコミュニティを分析してきた理論が、十分に捉えていない部分が、運動組織体のカウンターパートとされる日常団体としての活動組織体（地域組織型の諸団体）の側での、上述のプロセスであった。運動組織体がフォーラムを組む相手の活動組織体の側も、十分運営が民主化され、諸地域集団のゆるやかな連合の仕組みがもたれるほどに成熟していなければ、郊外型の新しいコミュニティ形成には至らない。

〔注〕
1) 農業集落では、たとえば、集落のなかの一部の有志があるいは有志が集落をまたがる形で、営農集団をつくりたいというとき、自治会長が寄り合いの場で誰かやりたいものはいないかと手を挙げさせ、集落の承認が得られたところではじめて、具体的に有志だけによる集団結成が公的に動き出すという手続きがとられることが多い。

## 3　生活環境の「共」の領域を支えるコミュニティ組織

　インナーシティのなかで、真野は、まちづくりをテコに、いままでにな

かった新しい形でのコミュニティを形成してきた。まちづくりの活動は、地域に固有の地域問題に即して自分たちの貧しい生活環境を豊かにすることであり、昭和50年代半ばからは、住宅環境の改善をめざす「まちづくり」の段階へと到達し、地区の空間を共同で管理する活動を行ってきている。この一連のまちづくりの運動が地域のなかに新たに生み出した「まちづくり推進会」は、住民一人ひとりの個人の権利（「私」の領域）と公共の名の下に施策を進める行政（「公」の領域）との間に存在する、「共」の領域を扱う組織といえる。

現代の都市的生活様式は、「公」と「私」に完全に分断されているといわれる。地域の資源をどう使うかについて、かつては地域社会が生活の要であり、生活を補完する必要から個々人には絶えず共同の視点がもたれ、地域資源の使い方に共同のルールがもたれていた。しかしいまや、資源の使い方は個人の手を離れ、社会化され、行政や企業の手に委ねられている。地域生活の「共」の世界を、行政や企業が公共性の名の下に急激に奪いとり、人びとが「私」的生活へと追い込まれたのは、経済の高度成長の時期であった[1]。行政のサービスや民間のサービスをお金で買うのが、現代の都市的生活様式なのである。

真野のまちづくり運動がめざしてきたものは、地域の資源の使い方を住民の手に取り戻すことであり、地域の資源を住民共同でどう使うかの新しいルールづくりであった。中田実が指摘した住民の主体性に基づく「生活地自治」の基礎は、この活動のなかに存している。真野まちづくりの相談役として、まちづくりの立場から真野の住民とともに歩いてきた都市計画家の宮西悠司は、〈都市的〉というのは、密集した場所での共同生活とそこにおける居住者の礼儀、洗練を身につけることであると指摘し、内発的まちづくりはこの本来的な都市的様相を新しい次元でつくり出すことだと述べている[2]。都市の密集した場所で共同生活を送るための、共に住み合うためのルールが、「共」の領域にあたる。こうした、住民相互の共同性のなかに生み出される「共」の世界は、「公」の世界との対抗的相補関係のなかで獲得されてくる。

「共」の領域がつくり出されるためには、バラバラの住民の間に何らかの組

織的活動が必要とされる。真野では、「まちづくり推進会」という協議会方式と、その基盤になる地域住民組織の仕組み全体が、この活動を支えている。「共」の世界を支えるのは、こうした新しい開かれたコミュニティ組織である。

5年前の阪神大震災で、真野に限らず阪神・神戸の住民に見えてきたものは、個人の都市生活にとっての、「公」的領域の限界であった。行政をあてにせず自分の生活は自分で守らねばならないという状況は、行政の手が届かないところ、できないところをはっきりと見せつけ、近代都市行政システムの限界を浮き彫りにした。真野でつくられた小学校災害対策本部の活動は、震災による都市生活の危機的な状況のなかで、行政(「公」)と住民(「私」)との間に、両者を繋ぐ「共」的領域が必要なことを具体的に明らかにしている。戦後の都市づくりは、建物や道路、公園など、「ものづくり」はやってきたが、「組織づくり」に力を入れてはこなかった。真野まちづくりの相談役が、「公害追放をきっかけにはじまった自治のまちづくりは、災害にも強かった」とみじくも述べているが、住民自治の基盤になる新しいコミュニティ組織は、都市のソフトな面でのインフラといえる。 真野地区でつくられた小学校災害対策本部という組織は、行政と市民(個人)との間で「共」的領域を担う、新たに生まれてきた「中間集団」であった。災害時に限らず日常の都市生活においても、「共」的領域を担う中間集団の形成は必要である。「共」的領域においては生活場面ごとにさまざまな手段が必要なのであり、こうした中間集団は小地域のなかで決して一元的なものではない。さまざまな中間集団があってこれらが生活の論理に合わせてゆるやかな連合を組めるような仕組みこそが、いま小地域のなかに必要といえる。

〔注〕

1) たとえば、嘉田由紀子1991(：172-174頁)は、水という資源に焦点をあてて、具体的にこの問題を論じている。こうした見方は、すでに昭和50年代(1970年代後半)からもたれていた。似田貝香門1975(：217-219頁)は、経済高度成長期を通じての資本や官僚による「公共性」の拡大が、地域生活を「私事化」してきたと指摘している。

2) 延藤安弘・宮西悠司 1981：182頁。

## 4　コミュニティ再生の二つの道

　奥田道大のコミュニティ形成論に限らず、都市社会学における多くのコミュニティ形成論は、大都市郊外に研究が集中してきたがために、自治会を基盤とした地域組織よりは、新中間層住民（市民）が主導するボランタリーな運動組織体に重きを置くなかで構築されてきた。しかし、地域コミュニティ形成の理論にとっては、地域組織、運動体組織、両タイプの組織が最終的に連携してゆくメカニズムが、理論化される必要がある。

　すでに見てきたように、インナーシティにおけるコミュニティ形成では、地域組織のなかでこの形成メカニズムが作用してきているが、これまでの郊外型コミュニティ形成の理論では、この部分が十分に展開されてこなかった。ボランタリーなアソシエーションと既成の住民組織との接合部分を解明していくことが、重要となる。ここでは、この重要性を、大都市郊外でのコミュニティ形成とインナーシティでのコミュニティ形成とを対比するなかで、具体的に提示しておこうと思う。

### (1) 地域集団の二つの型

　都市の小地域のなかには、2種類の地域集団・グループが存在している。一つは、特定の目的意識をもった自発的な個人が集まって結成するグループ・サークルといったテーマ型のコミュニティ集団で、生活課題の解決を目的とする集団から、趣味のグループ、飲み仲間、遊び仲間まで、さまざまな集団が含まれる。もう一つは、自治会や婦人会、子ども会、老人会、民生委員協議会、PTAなど、いわゆる地域公認の団体からなる、地域組織型のコミュニティ集団である。どちらのタイプも小地域のなかには見られるが、普通はどちらかのタイプが地域のなかで卓越していることが多い。一般的な傾向で言うと、大都市下町は地域公認の団体が卓越していて、何か地域のことをやろ

うというと、まず、公認の団体のなかでやる形になり、そのテーマに関してボランタリーなグループを、既成の団体と無関係なところでまったく新たに結成しようという動きは、なかなか起こらない。他方、任意のボランタリーなグループがテーマごとにいっぱいあるのは、都市部では郊外団地である。そこでは、地域公認の団体はあっても、ボランタリーなテーマごとのグループの方が卓越している。

コミュニティ活動が小学校区範域くらいまでに活発に広がった全国の先進的な地区を見ると、「新たなコミュニティ」形成へのルートには、大きく二つの筋道がこれまであったように思う。一つは、テーマ型のコミュニティ集団の活動がネットワーク化し、ある時点で地域組織型のコミュニティ集団に連接してゆく方向であり、もう一つは、地域組織型のコミュニティ集団の活動がその枠組みを生かしながら多方向にテーマ化してゆく方向である。一般に、都市の郊外団地地区では前者のタイプが多く見られ、下町(旧市街地)では後者が多く見られる。もちろん、郊外団地に後者のタイプを、下町に前者のタイプを見ることもある。

(2) テーマ型の地域組織型への接合

テーマ型から地域組織型への接合タイプは、たとえば、横浜市の郊外団地ドリームハイツに見られる[1]。ここでは、自主保育をめぐる母親のボランタリーなグループを結成したのを出発点に、多彩な活動グループを次つぎと生み出し、やがて、地域給食活動のグループ結成を機に地域組織型集団との連携を深め、自治会と一体的に地区の長期ビジョンづくりを検討するところにまできており、25年にわたる活動を通して地域社会が成熟してきた。

ここは、昭和47年に開発された市営と県営の高層分譲マンションが23棟建ち並ぶ、2,300世帯、人口7,000人ほどの大団地である。開発当初、最寄りのJRの駅まで直通のモノレールが開通する予定で造成され、当初かなり大きな注目を集めた。ところが、モノレールが開業直後に営業を中止してしまったため、一転して交通の便が悪く、陸の孤島のようになってしまった。入居

世帯は小さな子どものいる家庭が多かったが、小学校は新設されたものの、保育所、幼稚園をはじめ中学校、病院、商店といった公共施設はなかった。こうして、ハード、ソフト両面での不備に対して、住民は自分たちの手で問題を解決しなければならない状況に置かれた。

表11-1に見るように、昭和49年に幼児をもつ母親たちが声を掛け合って、「自分たちの子どもは自分たちで育てよう」と、3歳児の幼児教室「たけのこ会」がスタートした。翌年、4・5歳児の幼児教室「すぎのこ会」が、中古のバスとプレハブを利用してはじめられる。この母親たちの自力での活動の輪は、小・中学校のPTA、子ども会、親子劇場、自治会などの活動にも引き継がれて、障害をもつ子と親を孤立させてはいけないと「水曜の会」が昭和58年にでき、その後も、すぎのこ会の卒園児の父親たちが「子どもと遊ぼう」をスローガンにつくった「おやじの会」や、若い母親たちの子育てを応援しようと0歳～3歳児の親子の遊び場「ありんこ」などが発足する。

主婦中心の人間関係をベースに置きながらも、個別活動ごとの幅広いネットワークがしだいに形成され、すぎのこ会、たけのこ会、なかよし幼稚園、苗場保育園などが行っていた「芽の勉強会」からの声を受ける形で、昭和60年には、子育て・自然・ゴミ・福祉などの生活課題をテーマにさまざまな人が話し合う場として、「地域のつどい」の活動がはじまる。

現在まで、この「地域のつどい」は重要な役割を果たしてきている。平成2年に発足した「ドリーム地域給食の会」は、前の年の7月に開催された「地域のつどい」で出された、調理師の免許をもった一人の主婦の提案がきっかけではじまったし、平成6年に発足した「ドリームふれあいネットワーク」も、管理組合の理事をやっていた一人の女性の発案が「地域のつどい」に出されたところから発展した。ドリームふれあいネットワークは、地域住民に呼びかけて会員を募集し、簡単な家事援助や通院・外出介助、ワープロ打ちなどの生活支援を有償でやりとりする非営利の事業体として活動を行っている。ごく最近、平成8年に開設された、高齢者、身障者の憩いの家、「夢みん」は、ボランティア・グループがマンションの空き室1戸を借り、市の社会福祉協

270　第Ⅳ部　インナーシティのコミュニティ形成

表11-1　ドリームハイツ「地域のつどい」の協働関係

ドリームハイツ内

自治会（県、市）
管理組合（県、市）
┌ たけのこ会（1974）
│ すぎのこ会（1975）（3歳児の自主保育）
│ 苗場保育園（4、5歳児の自主保育）
│ （無認可保育所）
└ 「芽」の学習会

→
┌ ありんこ（1986）（0～3歳児親子の遊び場）
│ 水曜の会（1983）（障害児と共に遊ぶ会）
│ おやじの会（1984）（コーラス、祭、田作り他）
└ OB

ハイツ外の関係機関・団体

なかよし幼稚園
┌ 横浜市教育委員会
│ 戸塚区、社会教育係
│ 全国幼児教室交流集会
│ 小児療育相談センター
│ （東やまた工房　施設課）
│ ちえのわ（小雀の障害児を囲む会）
└ 東戸塚療育センター

┌ 舞岡水と緑の会、近隣町内会、リサイクルの会
│ 横浜市、区政推進課、都市整備課、福祉保健サービス課、保健所
│ 福祉局（福祉のまちづくり課、福祉計画課、福祉保健サービス課、企画調査課）
│ 地域振興課、都市計画局（プロジェクト推進室・都市計画課）、建築局、市民局（女性計画推進室）、
│ まちづくりセンター検討会、市、県社協
│ 戸塚区社会福祉協議会、福祉のまちづくり戸塚
│ 大正地区社協、地区センター
│ 女性フォーラム
│ 横浜ボランティア協会、ボランティアコーナー
│ 聖母の園、上矢部ケアプラザ、たすけあい戸塚
│ りんどう、ふきのとう、積みみ木、他
│ 横浜リバーサイド戸塚ホーム
│ アリスセンター
│ ケアセンター成瀬（町田）、鶴の恩返し
└ 高齢化社会をよくする虹の仲間（緑区）
　　さわやか福祉増進センター

地域のつどい（1985）
┌ 地域給食の会（1990）
│ 小、中学校
│ 学童保育クラブ
│ 老人会
│ 文庫
│ 子ども会
│ 婦人
│ 民生委員
│ 個人
│ でてこぼこ会（1991）
│ 生活クラブ
│ いこいの家　夢みん（1996）
│ （ふれあいネットワーク）（1994）
└ まちづくりコンサルタント（内海宏氏）

（ビタミンブック刊行委員会編 1996：74頁より転載）

議会の補助金を受けながら自主運営をしている。

　このような自主的なグループの活動は、「地域のつどい」という定期的に集まるフォーラム（公開の討論会）の場で、地域のいろんな問題を話し合い、知恵を出し合うという形で、ゆるやかなネットワークをつくっている。自主グループは、最初の頃は地域公認の団体である自治会とはあまり関係をもっていなかったが、平成2年に「地域給食活動」のグループが結成されたのを機に、自治会との連携を深め、自治会と一体的に地区の長期ビジョンづくりを検討するところまできている。

　ドリームハイツに見られるような、このタイプの「新たなコミュニティ」形成が成熟するためには、発展過程の画期として、テーマ型のコミュニティ集団相互のゆるやかなネットワークの確立と、地域住民が知恵を出し合う場としての定例的な地域フオーラムの設定という二つが、重要なポイントとして読みとれる。しかし、生活課題別の活動が総合化されて地域課題にまで広がるためには、こういったボランタリーな集団の地域フォーラムの活動を、既存の小地域の構造に最小の摩擦でどうのせるかという点が、最大のポイントであるように思う。テーマ型の活動が、いま一つ地域全体に広がって行かない、行き悩んでいる地域が、全国にたくさんある。奥田道大が示唆している、ボランタリー・アソシエーションである運動的組織と日常団体としての活動的組織との二重構造をもつ、持続的で重層的な組織のあり方に行き着くまでの道程が、未だ見えてこないのである。

### (3) 地域組織型のテーマ化

　地域組織型のコミュニティ集団が多方面にテーマ化してゆくタイプの事例は、本書でそのコミュニティ形成の過程を詳細に検討してきた、真野地区に典型が見られる。ここでは住民のコミュニティ活動が、昭和40年代はじめの公害追放にはじまり、地域緑化、高齢者をめぐる地域福祉、修復型の「まちづくり」へと拡大してきた。30年におよぶ住民運動・住民の活動のなかで、地域公認の諸団体が対等の立場でゆるやかに連合し、さまざまな地域の課題に

合わせたテーマごとに、関係する団体が実行委員会を組む方式が確立してきた。真野では、自治会の地域一元化構造は崩れ、テーマごとの活動のなかでは町内会・自治会もいろいろな集団のうちの一つにすぎないというところまで、小地域のなかでの自治会の位置も相対化されている。この仕組みの上に、真野の人びとのネットワークが真価を発揮している。「まちづくり」も、このゆるやかな連合の上に、協議会方式で組まれて動いている。

　このタイプのコミュニティ形成では、自治会一元化支配を脱し日常生活範域での地域自治を獲得できるか否かが問われ、とりわけ既成の諸地域集団がどれだけ自律性を維持しながら相互にネットワークをつくれるかが最大のポイントになる。真野で見ていると、その原点になったのは自治会運営の徹底した民主化であった。さまざまな考え方、立場の人がどれだけ参加できるか、各種地域団体の運営を民主化する不断の努力が大事になる。ゆるやかな連合の仕組みの上に形成される協議会も一元的なものではなく、住民の生活の論理に合わせていくつかできている。このゆるやかな連合の前提の上に、リーダーの存在、住民意識の変革が重要な要素として加わり、地域が動いてきたといえる。

### (4) 真野とドリームハイツの組織的側面

　テーマ型の地域組織型への接合の事例としてあげたドリームハイツと、地域組織型のテーマ化の事例である真野の、両方を組織の面で調べて見ると、図11-1のようになっている。

　真野では、ハードな面でのまちづくりは、行政との関係が主であるので、自治会を中心に各種団体の役員、自治会推薦者が加わった「まちづくり推進会」をつくってやっており、ソフトな福祉面については民生委員を中心に関係者が集まった「ふれまち協議会」をつくってやっている。こうした推進会、協議会のコミュニティ活動が行われている一方で、地域の諸団体は、それぞれ豊かにさまざまな地域行事をやっている。学区全体として行われる行事のほかに、各町自治会や子ども会、さらに婦人会、老人会、壮年会などの、それ

第11章 インナーシティ・コミュニティの形成過程 273

神戸市真野の小地域の仕組み
（地域組織型）

神戸市ドリームハイツの小地域の仕組み
（テーマ型）

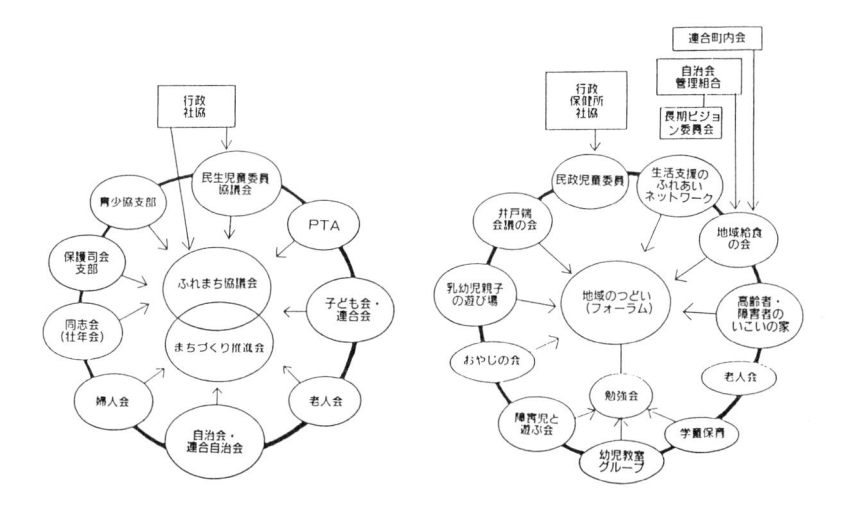

**図11-1 真野とドリームハイツの小地域の仕組み**

それぞれ独自の行事もあるので、平均すると月２回ぐらいは、どこかで何かの地域行事がある。こうした地域行事も、学区全体での行事は、どの行事もいくつかの団体の連携で行われているのが特徴になっている。こうして真野では、地域の諸団体のゆるやかな連合のネットワークがつくられている。

ドリームハイツの方は、最初、自主保育グループからはじまって、やがてフォーラム、討論会の場をつくった。このフォーラムのなかから、さまざまな活動グループがさらに生まれてくるが、このフォーラムもゆるやかな連合のネットワークになっているのが特徴である。いろいろなボランティア・グループがいっぱいあって、どこで、どんな人たちが何をやっているのかの情報をみんなで共有することが必要であるが、その情報の共有と知恵を出し合う場がフォーラムになっている。

このように両地区共通に見られるのは、地域にゆるやかな諸団体のネットワークが存在するという点である。ドリームハイツの事例は、奥田道大が解明してきた郊外型のコミュニティ形成の典型である。真野地区の事例は、イ

ンナーシティ型のコミュニティ形成であるが、大都市下町の真野の場合、最初からこうしたゆるやかなネットワークの構造が地域のなかにあったわけではない。一般に都市部の小地域は、各自治会単位でバラバラで、町内の諸団体は、婦人会はじめ子ども会、民生委員、保護司などが、町内会の下に一元化されている仕組みが普通である。自治会の役員も自分の町のことはわかるが、隣の町のことになると、どんな人がいるのか、もうよくわからない。昭和30年代までは、真野も16ヵ町バラバラで、同じ仕組みだった。昭和40年代にはじまった公害反対の運動は、たった一つの自治会からはじまり、やがて活動の輪を小学校区全体にまで広げ、自治会も地域のなかにあるいろいろな団体のうちの一つにすぎないという意識に、みんながなってきたという歴史がある。はからずも震災のときにはっきりと出てきたことであるが、真野の一角で火災が起きたときに、あの町（ちょう）にはだれそれがいるという形で、町を超えて具体的な人の顔が浮かぶほどに、コミュニティが学区単位で実体化していた。

　郊外地域においても、ボランタリーな活動組織のカウンターパートである地域組織型の団体のなかに、真野に見られるような、諸団体の民主的な運営・相互のゆるやかな連合の仕組みの形成が平行して進行することが、郊外での成熟した地域コミュニティ形成に必要といえる。

　こうした新しい開放的なコミュニティづくりを内発的に行っていくことが、都市的生活様式が浸透し切っているいま、深刻化する地域問題を乗り越えて住みやすい生活環境を地域のなかにつくり出してゆくために、まさに必要とされている。この意味で、真野やドリームハイツといった都市部に限らず、農村部やいわゆる混住化地区でのコミュニティ形成のプロセスを、さらに解明する努力が求められている。

〔注〕
1) ドリームハイツ住民のボランタリーな活動については、大都市生活構造研究会編 1996、ビタミンブック刊行委員会編 1996、名和田是彦 1998：5章の整理がある。

# むすび
―― コミュニティ施策・コミュニティ論の再構築にむけて ――

　本書で私は、インナーシティ真野地区での住民のコミュニティ形成を内在的に分析してきたが、最後に、真野でのコミュニティ形成の経験を通して得られた知見を、コミュニティ施策・コミュニティ論に即して述べることによって、本書の締めくくりとしたい。

(1) コミュニティ施策の課題

　経済の高度成長期を通じて都市的生活様式が全国規模で急速に波及し、生活の「個人化」が一層深化しているなかで、古い体質である「支配的文化」をもった地域共同体的な小地域社会は、もはや機能しなくなってきた。こうしたなかで、1970年代の自治省のモデル・コミュニティ事業を皮切りに、全国の市町村によって新しい〈コミュニティ〉づくりを標榜するコミュニティ施策が実施され、30年が経っている。この間、行政のコミュニティ施策に対して、コミュニティセンターの建設をはじめとする施設整備主義に終わりがち、という批判がなされてきた。しかし、他方、先進的な自治体では、施設利用のための住区住民協議会を結成することによって、住民参加型の管理・運営を進めるところが出てきたというように、コミュニティ施策は親交的コミュニティの創生という点では一定の成果を生み出した、との評価もなされてきた。

　とは言うものの、コミュニティ施策の先進的な東京都を見ても、そのコミュニティ施策は、1990年代末（平成10年前後）の時点で、脱地域的なネットワーク型市民活動を主体とする親交的コミュニティをたくさんつくり出した、

あるいは、既成の地域住民団体の親交的な活動を活発にしたのみで、地域課題の問題処理を目的とする小地域での自治的コミュニティの形成には、これらが至らなかったという総括がなされている[1]。

さらに、こうした先進的な小地域にあっても、アソシエーション・タイプの住区住民協議会と、自治会をはじめとした既成の地域住民組織とが、「しっくり」いかない状況が指摘されている。そこでは、コミュニティ施策のなかで行政が育ててきたアソシエーション・タイプの地区住民協議会が、その活動内容・役員の重複からして地域のなかで第2自治会化している、協議会の委員が固定化し高齢化している、協議会の地域代表性に問題がある、といったケースが多々報告されている。

先進的な自治体ではコミュニティ施策はもはや風化しつつある、という評価も聞かれるが、多くの自治体にとって、21世紀のコミュニティ施策の課題は、自治的コミュニティの形成、そして、アソシエーション集団と既成の地域住民組織との接合という、この2点になおもあり続けているといえよう。

(2) 地域課題の自覚化

前者の課題について言えば、自治的コミュニティの形成につながるコミュニティ活動として、小地域のなかで自分たちの生活環境を見直す活動がもっとあってよい。地域の課題を地域自らが解決できる自治能力の成熟は、住民一人ひとりが自分たちの生活圏のなかで生活課題・地域課題を自覚するところからはじまる。真野を見ていると、小地域のコミュニティをつくり上げていく力の形成は、結果的にとり残された相対的に「貧しい」ものが共同性を残しているなかでなされてきたとはいえ、自分たちの住環境が悪化したなかに生活課題・地域課題を明確化し意識化したことが、直接の契機になっている。悪化した住環境改善への強い意思をもち、地域の人間関係の煩わしさを厭わない人びとであるがゆえの、コミュニティを形成していく力なのである。

住生活の環境改善・整備にとっては、地域社会の形成力としての地域コミュニティの存在が、計画の合意をつくり出していく上にも、また、実施を

していく上にも、何よりも必要とされる。生活環境保全にとっての地域コミュニティの必要性は、真野のような大都市インナーシティだけでなく、地方都市や農村部についても同様にいえる。

1980年代(昭和50年代半ば)以降都市間競争が激しくなってきた現在、どの地方都市も、その地域性・歴史性に基づいた自分の都市の魅力を打ち出すことに、ますます懸命にならざるをえなくなってきている。こうしたなかで、事業を小地域に降ろす際も、地区住民の合意を得るためにも、また、住民主導で地区計画を立てるためにも、地域コミュニティはますます重要となってくる。

農村部では今日、農業生産はグローバル化のなかで、もはや小さな地域のなかだけでは完結せず、地域を超える結びつきのほうが強くなりはじめている。たとえば畜産一本で経営を志向する専業農家は、集落を基盤とする結びつきを飛び越えて、県内くらいの範囲で畜産農家相互に結びつき、共同購入・販売等、個人的なネットワークを基盤に生産を行うものが出てきている。しかし、彼らも、日常生活面では集落の枠を拠点として生活しているわけで、生活環境の整備の面では、共通の地域課題を処理する基盤として、地域コミュニティを大事にしている。「一生住み合わせるのだから、楽しくやろう」というわけである。

個人主義化された生活を志向する傾向が強い郊外団地に住む中流の「豊かな」人びとは、「自分たちの地区には、皆で協同で解決をはからなければならない問題は見当たらない」とよく言うが、この人たちの地区にも、地域課題はまったくないということは考えられない。地域問題が複雑化し、何が問題なのかが見えにくくなってきている時代なのだから、自分たちの生活のなかに抱える地域課題を、住民自身が明確化・自覚化する試みから出発する活動が、もっとなされてよい。

(3) テーマ型と地域組織型との接合

後者の課題である、アソシエーション・タイプの集団と既成の地域集団と

の接合の問題では、非日常的な活動をする運動体型のテーマ型組織（アソシエーション・タイプの組織）と日常的な活動をする既成の地域住民組織との、連携部分をつくり出すことが必要となる。そのためには、まず、日常的な地域住民組織の構造を、上下に整序されている形から対等な形でのゆるやかなネットワーク・タイプのものにすることが必要であるが、行政のコミュニティ施策もこの過程に働きかけることが必要であろう。

住区住民協議会には、地区内の既成の地域集団を含めて協議会方式をとっているところもあるとはいえ、ほとんどの場合は、既成の地域集団とは別個なものとして住民協議会が組織されてきている。古い体質を残す既成の地域集団が、行政への市民参加の方途としてはもはや機能しなくなってきたからという理由があげられる。しかし、そればかりではなく、行政のコミュニティ施策が設定してきた〈コミュニティ〉の範域と住民にとっての内在的なコミュニティの範域とに、ズレがあるという構造的な原因も作用しているように思う。

(4) 地域コミュニティの範域

大都市行政のコミュニティ施策が対象として設定してきた〈コミュニティ〉の範域は、多くの場合、コミュニティ・センターの配置に合わせて、いくつかの小学校区が集まったブロック（行政サイドでいう地区）であった。このくらいの範域で住区住民協議会をつくり、あるいはボランタリーなアソシエーションを組織してきたところが多い。

しかし、地域住民の側から見れば、小地域は自分が住む町（ちょう）であり、せいぜい広がっても自治会連合の範域、あるいは大きくても小学校区くらいだというギャップがある。真野の例でも明らかなように、活力のある地域コミュニティ組織は、単位自治会を超えて、学区範囲くらいで行事ごとに実行委員会を組むなかから、さまざまな地域団体の役員相互のネットワークがつくられ、さまざまな実行委員会の重なり合いが小学校区くらいの範囲まで広がったところでつくられている。こうした真野の経験を見ると、大都市にあっては、日常生活圏としての地域コミュニティは、高齢者が歩いてゆける

範囲くらいでのものが必要なようである。小学校区くらいの範域であれば、住民の対面的な一次的接触が、日常において可能である。この意味で、小学校区くらいを単位とする地域コミュニティが適切と思われる。既成の地域住民組織を比較的重視してきた神戸市を見ていても、施策の単位は、当初の市全域から、区レベルへ、そして震災後はとくに防災「ふれあいのまちづくり協議会」という形で、小学校区へと、降りてきている。

　一方、農村部にあっては、地域コミュニティの単位は、住民にとっての日常生活圏としての集落であったり、農業生産面での水懸かりや神社の祭りといった面でいくつかの集落にまたがる地区が昔からの単位として意識されていたりと、個別性・歴史性が反映して多様である。ここでは、地域特性に合わせた、いろいろな単位があってもよいのだろうと思われる。

　いずれにしても、小学校区を超える、より広域の範域でつくられたテーマ型の集団のみをもって〈コミュニティ〉とみなしてしまうと、その〈コミュニティ〉は、地域住民の日常生活圏としての地域コミュニティと整合しない。震災という非常時での経験から言うと、広域的なNPOボランティアの市民団体はたくさんあっても、彼らも一戸一戸、一人ひとりの住民とのルートをもたなかったという限界があった。テーマ型の集団と日常的な活動をしている地域住民団体との接合が、やはり必要であった。非常時に限らず普段の状況においても、市民団体に限らず行政にとっても、住民個々人との間には行政の手が届かないギャップがあるわけで、そこを埋めるために、テーマ型と既成の地域組織型、両タイプの集団群が連携した地域コミュニティ組織が、小学校区範域くらいのところで必要になる。この意味で、コミュニティ行政はその単位設定を、現行よりももっと小さな範域に降ろしてゆく必要があるだろうし、住民の側も、そのコミュニティ活動を小学校区くらいにまで広げてゆく必要がある。

(5)　地域集団のゆるやかな連合

　行政が設定している〈コミュニティ〉と地域住民に内在的な日常生活圏と

してのコミュニティとのギャップを埋めることが、住民による内在的なコミュニティ形成であり、住民のこの内在的な活動を行政がいかに支援するかが、これからのコミュニティ施策にとってますます重要になってくる。

　行政が育ててきたボランタリーなアソシエーションの活動が、既成の地域住民組織に接合し、地域が一つの新しいコミュニティとなるためには、既成の住民組織の側で、諸地域集団がゆるやかに連合するシステムを小地域のなかにつくっていることが必要であることは、真野での経験が示している。そこで見られたメカニズムは、次のようであった。地域の内部が上下の関係に整序された自治会一元化構造をもつ地域共同体的な「支配的文化」を打ち破るために、自治会をはじめとする諸地域集団の運営の民主化と諸集団のなかでの自治会の相対化が、何よりも必要である。地域の諸集団の間に対等でゆるやかな連合のシステムをつくり出すことが目標に置かれるが、こうした仕組みを可能にする鍵は、地域行事や地域課題を解決するための活動（イベント）を実行委員会方式で積み上げて、活動を小学校区くらいの範域にまで広げ、最終的には諸集団の協議会方式をつくり上げることにある。個人個人として参加するアソシエーションではなく、既成の諸地域集団をベースにしたアソシエーションを、地域のなかにたくさんつくり出す方向といえる。こうしてできあがる協議会は、小地域に一元的なものである必要はない。地域課題の領域ごとに、協議会は複数あっていいと思われる。さらに、もう一つの要因として、若い世代に同世代仲間のネットワークをつくり出すことが、地域コミュニティが持続的に存続していく上で大事である。

　こうしたコミュニティ形成のし方は、大都市インナーシティの場合だけでなく、多くの地方都市や農村部においても同様の形が考えられる。地方都市や農村部では、既成の地域住民組織型の集団が卓越している地区の方が多い。こうした構造の地区の場合、テーマ型の集団をいくら育成してみても、もう一方で日常的な地域住民組織のサイドに真野で見られたような地域運営の仕組みが成立していないと、ボランタリーなテーマ型のアソシエーションの活動は、コミュニティのなかにうまく接合していかないといえる。

⑹　信頼される地域リーダーの役割

　真野での経験から見ると、新しい地域コミュニティ組織がつくられる、維持されるにあたってまず何よりも必要なのは、住民から信頼されているリーダーの存在である。とくに、自治会のリーダーの役割は大きい。地域課題の問題処理に際しての、リーダーの存在の重要性は、震災のときにも見られた。神戸・阪神間では、震災後の共同建替えを関係者のワークショップ方式で進め、成功してきた地区がたくさんある。その際、共同建替えの合意は、信頼されているリーダーが加わっていた場合の方が成立しやすかったという経験がある。

　共同建替えの場合、信頼されているリーダーの多くは自治会長であったが、それは、小地域全体に影響力のある地域の団体が自治会であるからにほかならない。行政の下請け的な性格や半自動的な加入という性格、さらには、保守政治の基盤になってきたという経緯が、従来から問題にされてきた自治会ではあるが、小地域の各戸から会費をとり、住民の地域課題を包括的にカバーできる自治的組織といえるのは、地域のなかでは自治会である。

　フォロアーである住民個人個人には、地域のことに関して「あの人が言うなら従ってみよう、動いてみよう」という、信頼している地域のリーダーがある。行政が言ってみてもダメで、小地域内部の誰かが言い出さないと、ギリギリのところでは住民は動かない部分がある。普段の日常生活では、フォロアーである住民は、自分の自己決定の一部をこうした信頼できる人に信託しているのである。そして、こうした信頼されるリーダーがいるのは、自治会であることが多い。さらに心強いことに、近年、世代交代で運営を民主化する自治会が、都市部以上に農村部でも、後述のように増えてきているように思われる。かつての地域共同体的な「支配的文化」が、弱まりつつあるといえる。

⑺　社会的弱者への目線

　もう一点、地域コミュニティ形成にとって大事だと思われることがある。

小地域のなかには住民の階層性があり、真野での経験にも見られるように、ややもすればコミュニティ形成の力関係から脱落する、社会的弱者の立場のものが生じる。コミュニティ形成では、これら社会的弱者に絶えず目線を置いたところでの活動が必要であることは、震災後の真野地区の経過を見たところでも明らかだといえる。

(8) 「しがらみ」のない自由な個人という前提

　行政のコミュニティ施策を理論づけることを期待され、また、施策を方向づけてきたのが、社会目標としての「新しいコミュニティ」を論じてきたコミュニティ論である。このコミュニティ論がその立論の前提に置いてきたのは、「市民」と呼ばれる個人である。地域のなかの人間関係やその歴史性の「しがらみ」がまったくない自由な個人、自立した市民を想定して立論してきたのが、これまでのコミュニティ論であり、主に大都市郊外の地域社会を見るなかから、理論を構築してきた。

　自由な個人という前提は、コミュニティ形成論についてもいえる。従来のコミュニティ形成の理論では、都市化が進み大衆社会状況になると、人びとは原子化され、原子化された人びとの孤独感がコミュニティ形成の運動に帰結する、という説明がなされる。もともと枠組みとして援用された集合行動の理論が、この前提の上に出発している。しかし真野を見ていると、既存の連帯的な集団を基礎にした運動体こそが、運動の形成と成功をもたらし、その持続的な成長をもたらしているといえる。この点を考えると、自由な個人に焦点をあてるのではなく、既存の連帯的な集団とその集団の組織的背景に規定された個人に着目した理論が、もっと展開されていいように思う。

　従来のコミュニティ論に方向づけられてきた都市のコミュニティ施策も、また、地域から自由な個人を前提に置いている。コミュニティ行政は、コミュニティを外在的に措定するところからスタートし、とくに大都市のコミュニティ施策は地域共同体的な「支配的文化」を嫌ったこともあって、「しがらみ」をもたない個人のボランタリーなアソシエーションを、新たなコ

ミュニティ組織として行政サイドから育成することに力点を置いてきた。この指とまれ方式のボランタリー・アソシエーションに重きを置くコミュニティ施策を、策定してきたのである。こうしたアソシエーションへの偏重は、コミュニティ施策を理論づけてきたコミュニティ論が、内在的なコミュニティ形成を解明しえてこなかったことに由来すると思われる。テーマ型のアソシエーション組織の活動が、既成の地域住民組織と「しっくり」いかないことがはっきりしてきた現在においてもなお、コミュニティ施策は、「市民」の名の下に、自由な個人を前提に置き続けている。

しかし、日常的な活動を担っている既成の地域集団を、コミュニティ施策のなかでもっと重視してよい。これはとくに、大都市インナーシティや地方都市、そして、農村部の場合に言えることのように思う。これらの地域のなかでは、住民たちは「地域の役職」という観念を明確にもっており、地域リーダーたちは、自分の仕事の世界と地域の役職を引き受ける世界とを両立させるなかで、生活をしている。行政は、住民のこの現実を重視し、コミュニティ施策のなかで、テーマ型と既成の地域組織型、両方の集団にアプローチする立場から、仕掛けをしていく必要がある。

(9) 「よりしろ」を背負った住民のコミュニティ

従来のコミュニティ論は自由な個人を前提に立論してきたが、地域生活のなかで、地域からまったく自由な個人は現実にはありえない。生身の個人は、それぞれ自分の「よりしろ」になる組織的背景を背負って、地域社会のなかで生活しているのが現実である。とくにリーダー層として活動する人たちは、自分が所属している地域住民組織の組織的な背景や地域の「支配的文化」から、まったく自由な個人ではない。たとえば、都市部での「まちづくり」に対して、かなり広域にわたる人びとが、自分の住む小地域からは「しがらみ」のない個人として参加し、フォーラムをつくりボランタリーに活動したとしても、フォーラムで出されたアイディアを自分の小地域レベルで実施する段になれば、既成の地域住民組織の「しがらみ」を背負った人として活動すること

になる。また、リーダー層とはいえない住民も、自分の住む小地域のなかで、まったく自由な個人ではありえない。

こうした「よりしろ」を背負った住民たちが構成する地域のなかで、フォロアー層は普段、これら信頼できるリーダーたちに、自分たちの自己決定を信託しているのである。だからこそ、小地域のなかにある「支配的文化」を打ち破り、民主的な運営と意思決定ができる組織運営が必要となる。大都市インナーシティだけでなく、多くの地方都市、農村部には、多分に共同体的要素を引きずる自治会があり、しかも、自治会のもつ影響力は大きいのが実態である。こうした既成の地域住民組織のなかからスタートし、地域を新しいコミュニティへと再編していくことが、ますます重要になるであろう。

幸いなことに、現時点での世代交代が、小地域のなかにある「支配的文化」を打ち破ることを可能にしつつあるように思われる。真野で見た事例ばかりでなく、たとえば、現在私が調査を続けている栃木県内の農村部のある集落では、集落のコミュニティ・センター(集落集会所)を建替えるときの寄付金を、「みんなが使うコミュニティ・センターだから」ということで、旧来からの各戸見立て割比率での額ではなく全戸一律にするという事態が生じている。地域を担うようになった50歳前後の世帯主たちが中心になった建設委員会が、合意・決定をし、住民から信頼されている60歳代の人物が、70歳前後の反対派世帯主を説得して回っている。50歳前後の世代は、戦後の民主的な教育を受けてきた世代であり、新しい価値観での地域運営を志向していることを見てとれる。まさにいま、こうした世代交代が各地で起こりつつある時期に、さしかかっているように思う。行政はこうした世代交代のプロセスに働きかけることによって、コミュニティ施策をさらにもう一歩進めることができるのではないかと思う。

〔注〕
1) 渡戸一郎 1998, 倉沢進 1998, 玉野和志 1998。

# 参考文献

## 第1章

浦野正樹編 1996:「特集:都市コミュニティの再認識」(『すまいろん』1996年冬号: 4-37, 住宅総合研究財団).

金子勇 1993:『都市高齢社会と地域福祉』, ミネルヴァ書房.

倉沢進 1977:「都市的生活様式論序説」(磯村英一編『現代都市の社会学』, 鹿島出版会).

倉沢進 1984:「都市社会学の基礎概念」(鈴木広・倉沢進編『都市社会学』, アカデミア出版会).

倉田和四生 1995:「阪神大震災とコミュニティ活動」(『関西学院大学社会学部紀要』73:1-12).

倉田和四生 1996a:「震災と地域住民の対応」(『地域開発』No.337:45-56).

倉田和四生 1996b:「防災福祉コミュニティの構想と展開-1 阪神大震災の教訓」(神戸市消防局『雪』1996.8:13-20).

倉田和四生 1997:「阪神・淡路大震災とコミュニティ活動」(阪神・淡路大震災研究会『阪神・淡路大震災における危機管理のあり方』, 原子力安全システム研究所ワークショップ).

今野裕昭 1995:「大都市インナーエリアのコミュニティと震災対応」(『白鴎大学論集』10-1:225-255).

今野裕昭 1999a:「震災対応とコミュニティの変容」(岩崎信彦ほか編『阪神・淡路大震災の社会学 第1巻』, 昭和堂).

今野裕昭 1999b:「まちづくり成熟地区における生活再建への道」(岩崎信彦ほか編『阪神・淡路大震災の社会学 第3巻』, 昭和堂).

酒井道雄編 1995:『阪神発・阪神大震災以後』(岩波新書), 岩波書店.

塩崎賢明ほか 1995:「検証・阪神大震災」(『住民と自治』1995年3月号:64-72).

鈴木栄太郎 1957:『都市社会学原理』(『鈴木栄太郎著作集』第4巻, 未来社, 1969).

大震災と地方自治研究会編 1996:『大震災と地方自治』, 自治体研究社.

高橋勇悦ほか編 1977:『地域社会学』(テキストブック社会学5), 有斐閣.

高橋勇悦 1980:「地域社会の社会構造」(蓮見音彦・奥田道大編著『地域社会論』, 有斐閣).

中野卓編 1964:『地域生活の社会学』(現代社会学講座Ⅱ)，有斐閣.
蓮見音彦・奥田道大編 1980:『地域社会論』，有斐閣.
蓮見音彦 1990:『苦悩する農村』，有信堂高文社.
長谷川公一 1985:「社会運動の政治社会学―資源動員論の意義と課題―」(『思想』1985年11号：126-157).
阪神復興支援NPO編 1995:『真野まちづくりと震災からの復興』，自治体研究社.
広原盛明 1996:『震災・神戸都市計画の検証』，自治体研究社.
藤原書店編集部 1995:『震災の思想』，藤原書店.
真野地区復興・まちづくり事務所編 1997:『震災の記憶と復興への歩み』，NPO (有)真野っこ.
森岡清志 1984:「生活構造と生活様式」(鈴木広・倉沢進編『都市社会学』，アカデミア出版会).
森崎輝行 1995:「コミュニティがまちを救う」(嶋田勝次先生退官記念論集出版委員会編『建築・都市・人間』，神戸大学工学部建築計画研究室).
安田三郎 1964:「都市の社会学」(福武直編『社会学研究案内』，有斐閣).
山内昶 1994:『経済人類学への招待』(ちくま新書)，筑摩書房.
横田尚俊 1999:「阪神・淡路大震災とコミュニティの〈再認識〉」(岩崎信彦ほか編『阪神・淡路大震災の社会学 第3巻』，昭和堂).
Sahlins, M.D. 1965：On the Sociology of Pimitive Exchange, in *The Rerevance of Models for Social Anthropology*, ed. by M.Banton, Tavistock Publications (Sahlins 1972: *Stone Age Economics*, Aldine Publishing Co. に再録. 山内昶訳『石器時代の経済学』，法政大学出版局，1984).
Sahlins, M.D. 1968: *Tribsman*, Prentice-Hall Inc.(青木保訳『部族民』(現代文化人類学5)，鹿島出版会，1972).
Service, E.R. 1966: *The Hunters*, Prentice-Hall Inc.(蒲生正男訳『狩猟民』(現代文化人類学2)，鹿島出版会，1972).
Wirth, L. 1938：Urbanism as a Way of Life, *American Journal of Sociology* 44 (July): 3-24 (「生活様式としてのアーバニズム」鈴木広訳編『都市化の社会学』，誠信書房，1965).

第2章
有賀喜左衛門 1968:『村の生活組織』(有賀喜左衛門著作集Ⅴ)，未来社.
飯島伸子編 1993:『環境社会学』，有斐閣.
磯村英一 1959:『都市社会学研究』，有斐閣.
岩崎信彦ほか編 1989:『町内会の研究』，御茶の水書房.
近江哲男 1958:「都市の地域集団」(『社会科学討究』3-1：181-230).

近江哲男 1963:「市民意識調査の方法と問題点」(『都市問題』54-7:20-29).
近江哲男 1984:『都市と地域社会』, 早稲田大学出版部.
大森彌 1982:「コミュニティ論の基本課題―交錯する二つのイメージ」(奥田道大ほか『コミュニティの社会設計』, 有斐閣).
大谷信介 1995:『現代都市住民のパーソナル・ネットワーク―北米都市理論の日本的読解―』, ミネルヴァ書房.
奥田道大 1971:「コミュニティ形成の論理と住民意識」(磯村英一ほか編『都市形成の論理と住民』, 東京大学出版会).
奥田道大 1983:『都市コミュニティの理論』, 東京大学出版会.
奥田道大 1988:「コミュニティ施策の新展開―東京都I区の事例を中心として」(『地域開発』No.286:1-13).
奥田道大・田嶋洋子編著 1991:『池袋のアジア系外国人』, めこん.
奥田道大 1993b:『都市型社会のコミュニティ』, 勁草書房.
金子勇 1989:『新コミュニティの社会理論』, アカデミア出版会.
金子勇 1993:『都市高齢社会と地域福祉』, ミネルヴァ書房.
倉沢進 1968:『日本の都市社会』, 福村出版.
倉沢進 1971:「市民意識の開発と方法」(『都市問題』62-7:16-27).
倉沢進編 1990:『大都市の共同生活―マンション・団地の社会学』, 日本評論社.
倉沢進・秋元律郎編著 1990:『町内会と地域集団』, ミネルヴァ書房.
今野裕昭 1992:「契約講の変容過程に関する一考察―宮城県桃生郡鳴瀬町大塚の事例」(塚本哲人編著『現代農村における'いえ'と'むら'』, 未来社).
今野裕昭 1994:「大都市衰退地区東京京島の'まちづくり'―行政主導から住民主体へ」(『白鴎大学論集』9-1:25-56).
鈴木栄太郎 1940:『日本農村社会学原理』(『鈴木栄太郎著作集』第1, 2巻, 未来社, 1968).
鈴木栄太郎 1957:『都市社会学原理』(『鈴木栄太郎著作集』第4巻, 未来社, 1969).
鈴木広編著 1978:『コミュニティ・モラールと社会移動の研究』, アカデミア出版会.
鈴木広 1984:「都市社会学の問題意識」(鈴木広・倉沢進編著『都市社会学』, アカデミア出版会).
鈴木広 1986:『都市化の研究』, 恒星社厚生閣.
高橋勇悦 1980:「地域社会の社会構造」(蓮見音彦・奥田道大編著『地域社会論』, 有斐閣).
高橋勇悦 1984:『都市化社会の生活様式』, 学文社.
東京市政調査会 1995:「特集 都市における人間関係―パーソナル・ネットワーク論の視点から」(『都市問題』86-9).
鳥越皓之 1985:『家と村の社会学』, 世界思想社.

鳥越皓之 1994:『地域自治会の研究』, ミネルヴァ書房.
中田実 1991:「新たな地域共同への展望」(遠藤惣一ほか編『現代日本の構造変動』, 世界思想社).
中田実 1993:『地域共同管理の社会学』, 東信堂.
中村八朗 1971:「町内会・自治会におけるコミュニティ形成の役割」(『新生活特信』116号,『都市コミュニティの社会学』, 有斐閣, 所収).
中村八朗 1973:『都市コミュニティの社会学』, 有斐閣.
西澤晃彦 1996:「'地域'という神話―都市社会学者は何を見ないのか」(『社会学評論』47-1:47-62).
野沢慎司 1992:「インナーエリアとコミュニティの変容」(高橋勇悦編『大都市社会のリストラクチャリング―東京のインナーシティ問題』, 日本評論社).
蓮見音彦 1970:『現代農村の社会理論』, 時潮社.
蓮見音彦・奥田道大編 1980:『地域社会論』, 有斐閣.
蓮見音彦 1990a:『苦悩する農村』, 有信堂高文社.
蓮見音彦編著 1990b:『都市政策と地域形成―神戸市を対象に』, 東京大学出版会.
蓮見音彦編著 1993:『都市政策と市民社会―福山市を対象に』, 東京大学出版会.
布施鉄治編著 1992:『倉敷・水島／日本資本主義の展開と都市社会』全3巻, 東信堂.
文貞實 1999:「被災コミュニティと在日韓国・朝鮮人の復興戦略」(岩崎信彦ほか編『阪神・淡路大震災の社会学 第3巻』, 昭和堂).
森岡清志編著 2000:『都市社会のパーソナルネットワーク』, 東京大学出版会.
麦倉哲・文貞實・浦野正樹 1999:「エスニック・コミュニティの被災状況と救援活動」(岩崎信彦ほか編『阪神・淡路大震災の社会学 第2巻』, 昭和堂).
吉原直樹 1989:『戦後改革と地域住民組織―占領期の都市町内会』, ミネルヴァ書房.
渡戸一郎 1990:「都市ボランタリズムとコミュニティ」(『広域行政と府県』〈地方自治叢書 3〉, 日本地方自治学会).
Axelrod, M. 1956: Urban Structure and Social Participation, *American Sociological Review* 21 (February): 13-18 (「都市構造と集団参加」鈴木広訳編『都市化の社会学』, 誠信書房, 1965).
Boissevain, J. 1974: *Freinds of Friends ; Networks, Manipulators and Coalitions*, Basil Blackwell and Mott Ltd. (岩上真珠・池岡義孝訳『友達の友達』, 未来社, 1986).
Gans, H. 1962: *The Urban Villagers*, Free Press.
Kaufuman, H.F. 1959: Toward an Interactional Conception of Community, *Social Forces* 38 (October): 9-17.
Lynd, Robert S. and Helen M. 1929: *Middle-Town; A Study in Contemporary American Culture*, Harcourt, Brace (中村八朗訳『ミドゥルタウン』, 青木書店, 1990).

MacIver, R.M. 1917：*Community*, Macmillan and Co.Ltd.(中久郎・松本通晴ほか訳『コミュニティ』、ミネルヴァ書房, 1975).

MacIver, R.M. and C.H. Page 1950：Society ; *An Introductory Analysis*, Macmillan and Co. Ltd.(部分訳,「コミュニティと地域社会感情」松原治郎編『現代のエスプリ―コミュニティ』No.68, 至文堂, 1973).

Reiss, A.J. Jr. 1959：The Sociological Study of Communities, *Rural Sociology* 24 (June)：118-130.

Show and Mackey 1942：*Juvenile Deliquency and Urban Areas*, The University of Chicago Press.

Stein, R. 1960：*Eclipse of Community*, Princeton University Press.

Sutton, W.A. Jr. and J. Kolaja 1960：Elements of Community Action, *Social Froces* 38 (May)：325-331.

Sutton, W.A. Jr. and J. Kolaja 1960：The Concept of Community, *Rural Sociology* 25 (June)：197-203.

Thomas and Zunaniecki 1927：*The Polish Peasant in Europe and America*, Dover(桜井厚抄訳『生活史の社会学』、御茶の水書房, 1983).

Toennies, F. 1887：*Gemeinschaft und Gesellschaft*(杉之原寿一訳『ゲマインシャフトとゲゼルシャフト』、岩波書店, 1948).

Useem, B. 1980：Solidarity Model, Breakdown Model,and the Boston Anti-busing Movement, *American Sociological Review* 45 (June)：1212-1241.

Warner, W.L. and P.S. Lunt 1941：*The Social Life of a Modern Community* (Yankee City Series Vol.1), Yale University Press.

Wellman, B. 1979：The Community Qusetion ; The Intimate Networks of East Yorkers, *American Journal of Sociology* 84 (March)：1201-1231.

Wellman, B. and B. Leighton 1979：Networks,Neighborhoods and communiteies ; Approaches to the study of the Community Question, *Urban Affairs Quarterly* 15 (March)：363-390.

Young, M. and P.Willmott 1957：*Family and Kinship in East London*, Routledge & Kegan Paul.

第3章

奥田道大 1980：「住民運動と地域組織」(蓮見音彦・奥田道大編著『地域社会論』、有斐閣).

奥田道大 1983：『都市コミュニティの理論』、東京大学出版会.

奥田道大 1985：『大都市の再生―都市社会学の現代的視点―』、有斐閣.

奥田道大 1988：「コミュニティ施策の新展開―東京都Ｉ区の事例を中心として」

(『地域開発』No. 286：1-13).
奥田道大 1993a：『都市と地域の文脈を求めて——21世紀システムとしての都市社会学——』, 有信堂高文社.
奥田道大 1993b：『都市型社会のコミュニティ』, 勁草書房.
奥田道大編著 1997：『都市エスニシティの社会学』, ミネルヴァ書房.
渡戸一郎 1990：「都市ボランタリズムとコミュニティ」(日本地方自治学会編『広域行政と府県』〈地方自治叢書3〉, 敬文堂).
Smelser, N. J. 1962：Theory of Collective Behavior, The Macmillan Company(会田彰・木原孝訳『集合行動の理論』, 誠信書房, 1973).

第4章

奥田道大 1987：「戦後日本の都市社会と地域社会」(『社会学評論』38-2：181-199).
京島地区まちづくり協議会 1980：『京島地区まちづくりニュース』No. 1 (昭和55年8月).
神戸市 1991：「神戸市インナーシティ総合整備基本計画(抄)」(『都市政策』63：141-169).
神戸市民間再開発課 1989：『真野地区のまちづくり』.
尻池南部地区自治連合協議会『尻池南部地区だより』111～118号, 1983～84年.
園部雅久 1992：「変貌する下町」(倉沢進・町村敬志編『都市社会学のフロンティア』1, 日本評論社).
高橋勇悦編 1992：『大都市社会のリストラクチャリング』, 日本評論社.
竹中英紀 1992：「インナーエリアにおける社会移動と地域形成」(高橋勇悦編『大都市社会のリストラクチャリング』, 日本評論社).
東京都墨田区 1979：『墨田区中小製造業基本実態調査』.
東京都墨田区 1984：『京島地区工業の実態分析と振興策』.
東京都墨田区 1989：『墨田区まちづくり概要』.
成田孝三 1980：「欧米のインナーシティ問題」(『住宅』29：7：21-27, 日本住宅協会).
成田孝三 1987：『大都市衰退地区の再生』, 大明堂.
成田孝三 1991：「インナーシティ論の今日」(『都市政策』63：3-14).
蓮見音彦ほか編 1990：『都市政策と地域形成——神戸市を対象に——』, 東京大学出版会.
日笠端 1994：「市街地の更新とまちづくり」(『都市問題』85-9：3-13).
広原盛明 1996：『震災・神戸都市計画の検証』, 自治体研究社.
毛利芳蔵 1981b：「住民こそが主人公——私たちの町づくり——」(上)(『月刊部落問題』57：9-14, 兵庫部落問題研究所).
毛利芳蔵 1984c：「まちづくりと住民」(『行政管理』No. 338：6-15, 東京都職員研修

所).

第5章
　　浅井活太 1980:「市街地内定住型まちづくりにむけて」(『住宅』29-7:65-72, 日本住宅協会).
　　井岡勉 1973:「地域福祉の方法と展望」(住谷磬・右田紀久恵『現代の地域福祉』, 法律文化社).
　　石崎宜雄 1985:『地方自治の実践―沢内・神戸―』, 北の街社.
　　延藤安弘 1980:「地区計画制度に期待する―神戸市真野地区のまちづくりに関わって―」(『住宅』29-8:44-57, 日本住宅協会).
　　延藤安弘・宮西悠司 1981:「内発的まちづくりによる地区再生過程」(吉岡健次・崎山耕作編『大都市の衰退と再生』, 東京大学出版会).
　　延藤安弘 1990:『まちづくり読本』, 昌文社.
　　近江哲男 1969:「町内会をめぐる諸問題」(『都市問題』60-6:53-64).
　　奥田道大 1964:「旧中間層を主体とする都市町内会」(『社会学評論』55:9-14).
　　加茂利男 1988:『都市の政治学』, 自治体研究社.
　　倉田和四生 1982:「町づくり運動のダイナミック・プロセス」(『関西学院大学社会学部紀要』45:7-27).
　　神戸市企画局 1969:『神戸市のコミュニティに関する総合実態調査研究』.
　　神戸市企画局 1972:『真野地区生活環境基礎調査報告書』.
　　神戸市市民局 1981:『第10回神戸市民全世帯アンケート報告書』.
　　神戸市市民局 1984:『第12回神戸市民全世帯アンケート報告書』.
　　神戸市政調査会 1970a:「苅藻地区の住民は語る」(『市政の窓』No.4:54-66, 1970年1月).
　　神戸市政調査会 1970b:「陽の当らぬ住区・住民にしあわせを」(『市政の窓』No.5:74-92, 1970年5月).
　　神戸市都市計画局 1973:「長田区の住民組織」(『コミュニティカルテ 長田区』).
　　神戸市都市計画局 1978:『環境カルテ(市民版)』.
　　神戸市都市計画局 1982:『神戸市地区計画及びまちづくり協定等に関する条例』.
　　神戸市都市計画局 1983:『住みよいまちをめざして, みんなの力でルールづくりを』.
　　神戸市都市問題研究所編 1980:『地域住民組織の実態分析』, 勁草書房.
　　神戸市都市問題研究所 1980:「神戸市真野地区における住民活動」(『都市政策』21:93-109).
　　神戸新聞学芸部 1979a:「地域ぐるみで健康まもろう―神戸市長田区'町づくり学校'」(神戸新聞学芸部編『生きがいをつくる』, 全国社会福祉協議会)
　　神戸新聞学芸部 1979b:「寝たきり老人に入浴サービス」(神戸新聞学芸部編『生きが

いをつくる』,全国社会福祉協議会).
今野裕昭 1986:「都市の住民運動と住民組織―神戸市長田区真野地区のまちづくり運動―」(『東北大学教育学部研究年報』34:51-106).
今野裕昭 1990:「四半世紀の住民主導型まちづくり」(『建築雑誌』1990年10月号:66-67).
坂下達雄 1971:「たくましく,創造豊かな町づくり―苅藻の公害追放運動―」(『月刊福祉』54-2:34-40).
坂下達雄 1985:「福祉教育と住民学習」(右田紀久恵・牧里毎治編『地域福祉講座6 組織化活動の方法』,中央法規出版).
沢田清方 1980:「在宅福祉の構築」(『地域福祉研究』No.8:32-39).
中村八朗 1962:「都市的発展と町内会―都下日野町の場合―」(『地域社会と都市化』,国際基督教大学社会科学研究所).
広川恵一 1979:「老人の健康を守る地域医療―訪問診療と巡回風呂のとりくみ―」(『議会と自治体』No.252:90-95,1979年10月,日本共産党中央委員会).
広原盛明 1971:「住民主体のまちづくり運動論」(『ジュリスト』臨時増刊 No.492:271-282).
牧里毎治 1981:「公害反対運動から町づくりへ―神戸市真野(苅藻)地区の場合―」(高橋重宏・宮崎俊策・安藤丈弘編著『ソシャール・ワークを考える』,川島書店).
宮西悠司 1981:「真野まちづくり構想―神戸市長田区真野地区―」(『住民活動』27:17-23,新生活運動協会).
毛利芳蔵 1973:「関西新空港反対運動の立場から」(『月刊地域闘争』4-12:31-34,ロシナンテ社).
毛利芳蔵 1975:「住工混合地域の住民運動―郊外・生活環境施設を中心に―」(『東北都市学会会報』1975:9-16).
毛利芳蔵 1975:「かるも'まち'づくり学校」(『月刊地域闘争』6-7:22-27,ロシナンテ社).
毛利芳蔵 1978a:「街づくりへの期待」(『都市計画』100号:64-68,日本都市計画学会).
毛利芳蔵 1978b:「苅藻地区の住民運動」(『地域福祉研究』No.6:5-17).
毛利芳蔵 1980a:「住民主体型のまちづくりの基本計画」(『月刊地域闘争』11-3:20-24,ロシナンテ社).
毛利芳蔵 1980b:「下町にふるさとをとりもどす」(『福祉のひろば』1980年夏季号:100-102).
毛利芳蔵 1980c:「地域ぐるみで緑化推進」(『建設月報』No.375:50-52,建設省広報室).

毛利芳蔵 1981a：「われらが町づくり運動の心を語る」（『住民と自治』214：20-23）．
毛利芳蔵 1981b：「住民こそが主人公―私たちの町づくり―」（上；下）（『月刊部落問題』57：9-14；59：43-46, 兵庫部落問題研究所）．
毛利芳蔵 1982：「スープのさめない町づくり―神戸市・尻池南部地区―」（『まちづくり』, ぎょうせい）．
毛利芳蔵 1984a：「まちづくりは国づくり―住民こそが主人公, つくろう住民のまち―」（『住民活動』41：32-35, 新生活運動協会）．
毛利芳蔵 1984b：「まちづくりに国の支援を」（『建築と社会』65-5：52, 日本建築協会）．
毛利芳蔵 1984c：「まちづくりと住民」（『行政管理』No. 338：6-15, 東京都職員研修所）．

第6章
石東直子 1998：「真野ふれあい住宅入居前協同居住の学習等のワークショップ・半年間の記録」（『論集きんもくせい』2：3-15, 市民まちづくり支援ネットワーク事務局）．
乾亨・大森靖子 1998：「網目状の人のつながりをつくる―神戸市長田区真野地区にみる'安心'まちづくり」（立命館大学震災復興研究プロジェクト編『震災復興の政策科学』, 有斐閣）．
今野裕昭 1995：「大都市インナーエリアのコミュニティと震災対応―神戸市長田区真野地区の事例―」（『白鴎大学論集』10-1：225-255）．
今野裕昭 1997：「小地域の震災危機管理と地域住民組織―神戸市真野と野田北部・鷹取東を事例として―」（阪神・淡路大震災研究会『阪神・淡路大震災における危機管理のあり方』, 原子力安全システム研究所）．
今野裕昭 1998：「災害ボランティアに関する社会学的考察―阪神大震災の災害ボランティアを素材に―」（『宇都宮大学教育学部紀要』48：71-90）．
西堀喜久夫 1995：「震災の危機を乗り越える力」（阪神復興支援NPO編『真野まちづくりと震災からの復興』, 自治体研究社）．
広原盛明 1996：「震災ユートピア計画から復興リアリズム行政へ」（『月刊部落問題』235：5-10, 兵庫部落問題研究所）．

第7章
乾亨・大森靖子 1998：「網目状の人のつながりをつくる―神戸市長田区真野地区にみる'安心'まちづくり」（立命館大学震災復興研究プロジェクト編『震災復興の政策科学』, 有斐閣）．
加藤由美 1998：『NPOと, 女性のエンパワーメント―神戸のボランティア組織にお

ける女性の状況と可能性を事例として―』(修士論文,北海道大学).
佐藤友一 1997:『神戸市長田区真野地区のまちづくり運動における住民参加についての考察』(修士論文,京都大学).
鈴木広 1986:『都市化の研究』,恒星社厚生閣.
園部雅久 1992:「東京下町の社会的再編成」(高橋勇悦編『大都市社会のリストラクチャリング―東京のインナーシティ問題』,日本評論社).
竹中英紀 1992:「インナーエリアにおける社会移動と地域形成」(高橋勇悦編『大都市社会のリストラクチャリング』,日本評論社).
安河内恵子 1992:「関係のなかに生きる都市人」(森岡清志・松本康編『都市社会学のフロンティア』2,日本評論社).
渡邊洋二 1979:「大都市の近隣関係と社会階層」(山岡栄市教授古稀記念論文集編集委員会編『地域社会学の諸問題』,晃洋書房).
Axelrod, M. 1956: Urban Structure and Social Participation, *American Sociological Review* 21 (February): 13-18(「都市構造と集団参加」鈴木広訳編『都市化の社会学』,誠信書房,1965).
Bell, W. and M.T. Force 1956a: Urban Neighborhood Types and Participation in Formal Associations, *American Sociological Review* 21 (February): 25-34.
Bell, W. and M.T. Force 1956b: Social Structure and Participation in Different Types of Formal Associations, *Social Forces* 34 (May): 345-350.
Bell, W. and M.D. Boat 1957: Urban Neighborhoods and Informal Social Relations, *American Jouranl of Sociology* 62 (January): 391-398.
Kasarda, J.D. and M.Janowitz 1974: Community Attachment in Mass Society, *American Sociological Review* 39 (June): 328-339.
Sampson, R.J. 1988: Local Friendship Ties and Community Attachment in Mass Society; A Multilevel Systemic Model, *American Sociological Review* 53 (October): 766-779.

## 第8章

延藤安弘・宮西悠司 1981:「内発的まちづくりによる地区再生過程」(吉岡健次・崎山耕作編『大都市の衰退と再生』,東京大学出版会).
神戸都市問題研究所 1981:『インナーシティ再生のための政策ビジョン』(都市研究報告第5号),神戸都市問題研究所.
神戸市長屋街区再生研究会 1989:『神戸市真野地区長屋街区再生事業計画調査報告書』,神戸市都市計画局.
中村正明 1997:「地区計画はまちづくりの基盤をつくる―神戸市真野地区」(『造景』No.8:28-37,建築資料研究社).

廣戸敏夫 1991：「真野まちづくりとコミュニティ住環境整備事業」(『都市政策』63：61-74).
宮西悠司 1988：「真野地区コミュニティ・センターの検討」(『地域開発』1988・7：76-80).

第9章
鵜飼孝造 1988：「運動形成の構造的要因と心理的要因」(『社会学評論』39-1：2-16).
大畑裕嗣 1985：「近隣交際ネットワークと運動参加」(『社会学評論』35-4：406-419).
奥田道大 1971：「コミュニティ形成の論理と住民意識」(磯村英一ほか編『都市形成の論理と住民』, 東京大学出版会).
奥田道大 1983：『都市コミュニティの理論』, 東京大学出版会.
越智昇 1986：「都市における自発的市民運動」(『社会学評論』37-3：272-292).
庄司興吉 1980：「住民運動の社会学」(青井和夫・庄司興吉編『家族と地域の社会学』, 東京大学出版会).
庄司興吉編著 1986：『住民意識の可能性――「国際化」時代のまちづくりと日本人の社会意識――』, 梓出版社).
中村八朗 1973：『都市コミュニティの社会学』, 有斐閣.
菱山謙二・岡本行雄 1981：「筑波学園都市住民の意識調査研究――コミュニティ意識の研究――」(上；下)(『都市問題』72-9：75-92；72-10：82-94).
似田貝香門 1976：「住民運動研究の問題意識と分析課題」(松原治郎・似田貝香門編著『住民運動の論理』, 学陽書房).

第10章
今野裕昭 1994：「大都市衰退地区東京京島のまちづくり」(『白鴎大学論集』9-1：25-56).
名和田是彦 1998：『コミュニティの法理論』, 創文社.

第11章
延藤安弘・宮西悠司 1981：「内発的まちづくりによる地区再生過程」(吉岡健次・崎山耕作編『大都市の衰退と再生』, 東京大学出版会).
嘉田由紀子 1991：「生活構造――'水の社会化'過程をめぐって」(遠藤惣一・光吉利之・中田実編『現代日本の構造変動――1970年以降――』, 世界思想社.
大都市生活構造研究会編 1996：「コミュニティづくりとNPOに関する研究」(同研究会編『地域コミュニティとNPOに関する研究』).
名和田是彦 1998：『コミュニティの法理論』, 創文社.
似田貝香門 1975：「地域問題と住民運動」(『現代と思想』19：202-229).

ビタミンブック刊行委員会編 1996:「ドリームハイツでの長期ビジョンづくり」(同刊行委員会編『市民参加のビタミンブック―市民参加実践事例集』).

宮島喬 1993:「定住マイノリティのアイデンティティと権利―ヨーロッパの視点から―」(中野秀一郎・今津孝二郎編『エスニシティの社会学』, 世界思想社).

むすび

倉沢進 1998:「社会目標としてのコミュニティの今日的課題」(『都市問題』89-6:3-13).

玉野和志 1998:「コミュニティ行政と住民自治」(『都市問題』89-6:41-52).

渡戸一郎 1998:「90年代後期東京におけるコミュニティ施策の転換」(『都市問題』89-6:15-27).

# 事項索引

## 【ア】

| | |
|---|---|
| アジア系外国人 | 57 |
| アソシエーション | 22 |
| 新しいコミュニティ | 40 |

## 【イ】

| | |
|---|---|
| 「いえ」「むら」理論 | 26 |
| 意思決定の手続き | 125 |
| 異質的コミュニティ | 24 |
| 一次的な絆 | 14, 18, 30, 31 |
| 稲作作業機械化一貫体系 | 28 |
| 移民労働者 | 68, 81 |
| インナーシティ | 65 |
| ——型コミュニティ | 52 |
| ——総合整備基本計画 | 69, 84 |
| ——問題 | 66, 68, 258 |
| インフォーマル | 31, 147, 148, 171, 174 |

## 【エ】

| | |
|---|---|
| AGIL図式 | 87 |
| 営農集団 | 264 |
| エスニック・コミュニティ | 25, 35 |
| NPO | 279 |

## 【オ】

| | |
|---|---|
| オイルショック | 67, 95 |
| 大阪市都島区毛馬大東地区 | 66 |

## 【カ】

| | |
|---|---|
| 街区懇談会 | 243 |
| 街区小委員会 | 126, 138, 144 |
| 階層 | 11, 146, 155, 282 |
| 開放教室 | 246 |
| 家業の安楽死 | 75, 79, 195, 207 |
| 学習 | 109 |
| 過疎 | 28, 258 |
| 家族経営 | 173 |
| 家族周期 | 206 |
| 家族労働力 | 74 |
| 過密 | 27, 82, 257 |
| 苅藻 | 85 |
| かるもゼンソク | 97 |
| 苅藻保育所住民協議会 | 124 |
| 加齢 | 208 |
| 環境カルテ | 90 |
| 関東大震災 | 71 |

## 【キ】

| | |
|---|---|
| 基礎集団 | 22 |
| 機能集団 | 22, 261 |
| 協議会方式 | 55, 143, 262, 263, 278, 280 |
| 京島まちづくりセンター | 246 |
| 行政主導 | 238 |
| 共同社会 | 22 |
| 共同性 | 11, 13, 24, 54, 175, 265 |
| 共同建替え | 183 |
| 「共」の領域 | 54, 57, 209, 245, 253, 265 |
| 居住歴 | 174 |
| 均衡的互酬性 | 15 |
| 近隣関係 | 31, 138, 171, 173 |
| 近隣交際ネットワーク | 212, 216, 233 |
| 近隣地区 | 19, 46 |

## 【ク】

| | |
|---|---|
| 区画整理 | 71 |
| 草の根レベルでの自治 | 59 |
| クリーク | 176, 180 |

## 【ケ】

| | |
|---|---|
| ケミカルシューズの産地 | 184 |
| 兼業化 | 26, 28 |
| 限定的コミュニティ | 23, 24, 35, 47 |
| 建蔽率 | 191, 208 |
| 減歩 | 191 |
| 権力構造 | 11 |

## 【コ】

| | |
|---|---|
| 合意 | 114, 209, 253, 260 |
| 公園管理委員会 | 124 |
| 公害 | 27, 72, 82, 184, 257 |
| ——追放運動 | 72, 97, 248 |
| ——防止協定 | 103, 138 |
| 郊外型コミュニティ | 51 |
| 工業地域 | 89 |
| 後継者共栄会 | 250, 251 |
| 工場等制限法 | 72 |
| 構造分析 | 10, 26 |
| 高度成長期 | 27, 70, 240, 257 |
| 神戸市震災復興緊急整備条例 | 150 |
| 神戸市婦人団体協議会 | 115 |
| 「公」の領域 | 58, 209, 245, 265 |
| 功利主義的な交換 | 14 |
| 高齢化 | 68, 92, 187, 258 |
| 個我 | 41, 52, 139, 213 |
| コーポラティブ住宅 | 195, 198 |
| コミュニティ（定義） | 22 |
| コミュニティ | 41, 52, 139, 213 |
| ——解放論 | 30 |
| ——施策 | 35, 38, 275 |
| ——推進地区 | 35 |
| ——喪失論 | 29 |
| ——存続論 | 30 |
| ——単位の設定 | 254, 278 |
| ——の構成要素 | 47 |
| コレクティブ住宅 | 171 |
| ゴム工場 | 71 |
| コンサルタント | 109, 246 |

## 【サ】

| | |
|---|---|
| 災害弱者 | 154 |
| 災害対策本部 | 7, 152 |
| 作為阻止型 | 54 |
| 作為要求型 | 54 |
| サバービア | 51 |
| 産業空洞型インナーシティ | 66, 72, 258 |
| 産業構造の転換 | 68, 258 |

## 【シ】

| | |
|---|---|
| 自営業者 | 100, 233, 259 |
| ジェントリフィケーション | 81, 157 |
| シカゴ学派 | 12, 26, 29 |
| 自家処理能力 | 12 |
| 資源動員論 | 13, 31, 211 |
| 自己決定の信託 | 281, 284 |
| 自主管理 | 252, 254 |
| 自主グループ | 271 |
| システムとしてのコミュニティ | 23 |
| 施設整備主義 | 275 |
| 自然都市 | 19 |
| 自然村 | 21, 26 |
| 下町 | 87 |
| ——社会の地域秩序 | 259 |
| ——住民のエートス | 178, 259 |
| 自治 | 33, 36, 38, 244, 254, 255, 276 |
| 自治会の機能 | 134 |
| 自治会の相対化 | 143, 249, 280 |
| 自治的コミュニティ | 276 |
| 失業 | 68, 81, 82, 258 |
| 実行委員会方式 | 143, 159, 262, 263, 280 |
| 私的生活領域 | 58 |
| 支配的文化 | 39, 59, 261, 284 |

| 地場産業の衰退 | 72, 77, 82, 258 |
|---|---|
| シビルミニマム | 140 |
| 市民 | 32, 282 |
| 市民意識 | 40 |
| 市民参加 | 56, 278 |
| 事務局制 | 147, 244 |
| 社会運動論 | 25, 43 |
| 社会化 | 14, 265 |
| 社会関係的要因 | 212 |
| 社会関係量 | 172, 174 |
| 社会構造 | 11 |
| 社会的共同消費手段 | 27 |
| 借家層 | 218 |
| 住環境整備モデル事業 | 144, 151 |
| 住区住民協議会 | 55, 275, 278 |
| 住工協調街区 | 113 |
| 集合行動 | 23, 56, 282 |
| 住工混在 | 71, 91, 100, 257 |
| 住宅街区 | 113 |
| 集団参加 | 12, 213 |
| 集団埋没的要素 | 141 |
| 自由な個人 | 282, 283 |
| 修復型の再開発 | 65, 242 |
| 修復型まちづくり | 113, 253, 271 |
| 住民運動 | 27, 53, 54, 57, 85 |
| 住民参加 | 36, 137, 242 |
| 住民主体 | 238 |
| 住民大会 | 97, 121 |
| 準工業地域 | 89 |
| 順応型コミュニティ | 52, 55 |
| 上昇移動 | 75, 259 |
| 小集団 | 54 |
| 少数民族 | 68, 81, 258 |
| 小地域社会 | 20 |
| ――の再生産過程 | 262 |
| 小地域福祉推進モデル地区 | 118 |
| 情報の共有 | 209, 273 |
| 職住近接 | 74, 82, 243 |
| 諸団体のゆるやかな連合 | 147, 159, 248, 261, 273, 280 |
| 所有関係の錯綜 | 82, 113, 208, 257 |
| 尻池南部地区自治連合協議会 | 91, 119 |
| 親交的コミュニティ | 275 |
| 人口の減少 | 66, 77, 258 |
| 人口の呼び戻し | 82, 240, 243 |
| 震災ユートピア | 155 |
| 新中間層 | 54, 60, 233, 260 |

【ス】

| スープの冷めないまち | 164 |
|---|---|
| 墨田区一寺言問地区 | 66 |
| 墨田区京島地区 | 66, 174 |
| 墨田まちづくり公社 | 243 |
| スラム | 68, 72, 75, 81, 90, 258 |

【セ】

| 生活環境改善への意欲 | 222 |
|---|---|
| 生活環境保全 | 276 |
| 生活構造 | 12, 13, 171 |
| 生活組織 | 10, 18 |
| 生活地自治 | 36, 265 |
| 生活防衛 | 140 |
| 生活保護世帯 | 188 |
| 生活様式 | 13 |
| 正常人口の正常生活 | 17 |
| 青年団活動 | 250 |
| 世界都市化 | 68 |
| 世代交代 | 147, 161, 180, 262, 284 |
| 世田谷区太子堂地区 | 66 |
| 専門処理システム | 14 |

【ソ】

| 総合的互酬性 | 15 |
|---|---|
| 相互扶助システム | 12, 13 |

村落的生活様式　　　　　　　　12, 13

【タ】

第一次ベビーブーム世代　　　　55, 260
対抗的相補関係　　　　　　　54, 84, 265
大衆社会　　　　　　　　　21, 29, 282
第二社会地区　　　　　　　　　　　26
脱工業化　　　　　　　　　　　68, 76
建物用途の制限　　　　　　　　　243
団体間の序列　　　　　　　　　　176
団地　　　　　　　　　　　　33, 268

【チ】

地域帰属意識　　　　　　　　40, 214
地域行事　　　　　　　　　　159, 241
地域共同管理　　　　　　　　　　 36
地域共同体　　　　　　　　　 41, 139
地域公認の団体　　　　34, 57, 159, 175,
　　　　　　　　177, 180, 263, 267, 271
地域コミュニティ　　　　　　20, 22, 46
地域社会学　　　　　　　　　　　 10
地域社会論　　　　　　　　　　　 10
地域主義　　　　　　　　　　　　 35
地域性　　　　　　　　　　 22, 24, 44
地域組織型のコミュニティ集団　　　267
地域の役職　　　　　　　　　178, 283
地域の友人関係　　　　　　　215, 233
地域の力量　　　　　　161, 167, 247, 254
地域評議会　　　　　　　　　　　246
地域福祉センター　　　　　　　　158
地区計画　　　　　　　36, 83, 110, 242
地方の時代　　　　　　　　　　　 35
チャリティ寒餅つき　　　　　130, 143
中間集団　　　　　　　　　　35, 266
町会長会議　　　　　　　　　　　152
町会の許容度　　　　　　　　　　249
超高齢化　　　　　　　　　　150, 163

町内会一元化体制　　34, 55, 245, 250, 261
町内会＝日本文化型論　　　　　　　33
直接民主制の理念　　　　　　　　134

【ツ】

つけ買い　　　　　　　　　　78, 186

【テ】

定住圏　　　　　　　　　　　　　 19
低所得層　　　　　　　68, 112, 172, 258
低成長期　　　　　　　　　70, 239, 258
テーマ型のコミュニティ集団　　　　267
伝統的アノミー　　　　　　　 41, 139
伝統的な地域文化　　　　　　　　179

【ト】

統合された全体　　　　　　　　　 23
同志会　　　　　　　　　　130, 148, 250
同質的コミュニティ　　　　　　　 24
同世代仲間　　　　　　　　　262, 280
都市化　　　　　　　　　　　27, 31
都市計画　　　　　　　　　　　　 83
都市コミュニティ　　　　　　　20, 46
都市的生活様式　　　　　　　12, 13, 265
都市の総合的研究　　　　　　　　 25
都市ボランタリズム　　　　　　　 39
都心業務地区　　　　　　　　　　 65
ドーナツ化現象　　　　　　　　67, 77
共働き　　　　　　　　　　　93, 100
豊中市庄内南地区　　　　　　　　 66

【ナ】

内発的な主体性　　　　　　　　　237
内発的まちづくり　　　　　　 54, 265

【ニ】

二戸一　　　　　　　　　　　　　229

| | |
|---|---|
| 二次三次下請 | 71, 74 |
| ニュータウン | 33 |
| 人間関係の省略 | 31 |

【ネ】

| | |
|---|---|
| 寝たきり老人の入浴サービス | 106 |
| ネットワーク論 | 31 |
| 年中行事 | 28 |
| 年齢の序列 | 177 |

【ノ】

| | |
|---|---|
| 能動型コミュニティ | 53, 55 |

【ハ】

| | |
|---|---|
| パーソナル・ネットワーク | 32, 34 |
| パートナーシップ | 57 |
| 半自動的な加入形態 | 261 |

【ヒ】

| | |
|---|---|
| 一人暮し老人世帯 | 187 |
| 一人暮し老人の給食サービス | 106 |
| 一人暮し老人の友愛訪問 | 106, 152 |
| 表出的機能 | 134 |

【フ】

| | |
|---|---|
| フォーマル | 31, 148, 171, 174 |
| フォーラム | 55, 260, 271 |
| フォロアー | 223, 281 |
| 部会制 | 118, 123, 124, 146 |
| 福祉コミュニティ | 14 |
| 福祉の精神 | 189 |
| 復興まちづくり | 151 |
| 不燃化誘導事業 | 246 |
| ブルーカラー | 75, 100, 233, 259 |
| ふれあいのまちづくり協議会 | 158 |
| ブレンド・コミュニティ | 57 |
| 文化住宅 | 197 |

【ホ】

| | |
|---|---|
| 包括的コミュニティ | 22 |
| 防災のまちづくり | 243 |
| 防犯実践会 | 91, 118 |
| 母子家庭 | 188 |
| ボランタリー・アソシエーション | 32, 39, 57, 260 |
| ボランティア | 106, 107, 130, 154, 162 |
| ホーリスティック・アプローチ | 22 |
| ホワイトカラー化 | 75, 79, 181, 259 |

【マ】

| | |
|---|---|
| まちづくり運動 | 57, 237 |
| 町づくり学校 | 107 |
| まちづくり協定 | 83, 243 |
| まちづくり検討会議 | 109, 110 |
| まちづくり構想 | 110, 144, 242 |
| まちづくり懇談会 | 109 |
| まちづくり条例 | 83, 91, 144 |
| まちづくり推進会（協議会） | 66, 91, 110, 146, 189, 243 |
| まちづくりのルール | 113, 146, 243, 253 |
| まちづくり用地 | 153, 252 |
| マッチ製造工場 | 71 |
| 真野校区緑化推進協議会 | 124 |
| 真野自治連合会 | 91 |
| 真野地区 | 66, 91 |
| 真野地区復興・まちづくり事務所 | 153 |
| 真野婦人会 | 97, 247 |
| 真野まちづくりフェスティバル | 144 |
| 真野モデル | 84 |
| 丸山地区 | 60, 91 |

【ミ】

| | |
|---|---|
| 御菅地区 | 66, 91 |
| 見立て割 | 284 |

密集市街地住環境整備促進事業　151
民主的な組織運営　87, 100, 123, 262, 280
民生委員協議会　106

【ム】

棟割長屋　71, 82, 257
ムラ仕事　28

【メ】

名望家支配　249, 251
名望有力者型リーダー　139

【モ】

木造密集市街地　65
持ち家層　218
モデルコミュニティ　35

【ユ】

有限責任型リーダー　139

【ヨ】

用具的機能　134
用途鈍化　109
横浜市ドリームハイツ　268

「呼び込む」　176
よりしろ　176, 177, 283

【ラ】

ライフライン　6, 151

【リ】

リーダー　100, 175, 223, 262, 281
利他主義の原理　14
緑化推進モデル地区　103
隣保　124, 138, 171, 228

【レ】

零細な町工場　70, 72, 257
連合子ども会　119
連帯　25, 29, 30, 31

【ロ】

老朽狭小住宅　82, 258
路地裏長屋　188, 190, 222

【ワ】

ワークショップ　156, 281
「私」の領域　209, 245, 265

## 人名索引

### 【ア行】

| | |
|---|---|
| アクセルロッド, M. | 30, 174 |
| 有賀喜左衛門 | 10, 18 |
| 磯村英一 | 32 |
| ウィルモット, P. | 30 |
| ウェルマン, B. | 18, 29, 30 |
| ウエンデル・ベル | 174 |
| ウォーナー, W. L. | 22 |
| 大谷信介 | 37 |
| 大畑裕嗣 | 211 |
| 近江哲男 | 33, 40, 134 |
| 奥田道大 | 24, 40, 51, 139, 212 |

### 【カ行】

| | |
|---|---|
| カウフマン, H. F. | 23 |
| カサーダ, J. D. | 174 |
| 嘉田由紀子 | 266 |
| 加藤由美 | 179 |
| 金子勇 | 48 |
| ガンス, H. | 30 |
| 倉沢進 | 12, 32, 45 |
| 倉田和四生 | 6, 87 |
| コラヤ, J. | 23 |

### 【サ行】

| | |
|---|---|
| サットン, W. A. Jr. | 23 |
| 庄司興吉 | 214 |
| 鈴木栄太郎 | 17 |
| 鈴木広 | 23, 32, 47 |
| ステイン, R. | 29 |
| スメルサー, N. J. | 56 |
| 園部雅久 | 73, 174 |

### 【タ行】

| | |
|---|---|
| 高橋勇悦 | 11, 75 |
| 竹中英紀 | 82 |
| テンニエス, F. | 29 |
| 鳥越皓之 | 37 |

### 【ナ行】

| | |
|---|---|
| 中田実 | 35 |
| 中野卓 | 10 |
| 中村八朗 | 22, 86, 100, 134 |
| 成田孝三 | 69 |
| 名和田是彦 | 246 |
| 西澤晃彦 | 25 |
| 似田貝香門 | 266 |
| 野沢慎司 | 31 |

### 【ハ行】

| | |
|---|---|
| 蓮見音彦 | 10, 32 |
| パーソンズ, T. | 87 |
| 菱山謙二 | 213 |
| 広原盛明 | 66, 82, 83 |
| フィッシャー, C. S. | 34 |
| 布施鉄治 | 32 |
| ボアセベン, J. | 30 |

### 【マ行】

| | |
|---|---|
| 牧里毎治 | 132 |
| マッキーバー, R. M. | 22 |
| 宮西悠司 | 265 |
| 森岡清志 | 37 |

### 【ヤ行】

| | |
|---|---|
| 安河内紀子 | 174 |

ヤング, M.　　　　　　　　30

　　　　　【ラ行】

リンド夫妻　　　　　　　22
レイス, A. J. Jr.　　　　　23

　　　　　　　　　　　　　　　　【ワ行】

　　　　　　　　ワース, L.　　　　　　　　12, 29
　　　　　　　　渡戸一郎　　　　　　　　38, 59
　　　　　　　　渡邊洋二　　　　　　　　175

**著者紹介**

今野 裕昭（こんの ひろあき）
1949年、横浜生まれ
1979年、ハワイ大学大学院人類学科修士課程修了
1980年、東北大学大学院教育学研究科博士後期課程中途退学
現在、宇都宮大学教育学部教授。博士（社会学）

**主要著書**

『東南アジア都市化の研究』（共著、アカデミア出版会、1987年）、『「米生産調整」政策の展開と農村社会』（共著、御茶の水書房、1988年）、『東南アジアの社会学』（共著、世界思想社、1989年）、『現代農村における「いえ」と「むら」』（共著、未来社、1992年）、『現代日本の生活問題』（共著、中央法規出版、1993年）、『被災と救援の社会学』（共著、昭和堂、1999年）、『復興・防災まちづくりの社会学』（共著、昭和堂、1999年）、『アジアの大都市 [2] ジャカルタ』（共著、日本評論社、1999年）、『アジア社会の構造変動と新中間層の形成』（共著、こうち書房、2000年）

現代社会学叢書

Community Formation in Inner City Area:
Community Planning of Mano People in Kobe

インナーシティのコミュニティ形成──神戸市真野住民のまちづくり── ＊定価はカバーに表示してあります

2001年10月10日　初　版第1刷発行　　〔検印省略〕

著者 ©今野裕昭／発行者　下田勝司　　印刷・製本／中央精版印刷

東京都文京区向丘1-20-6　郵便振替00110-6-37828　　発　行　所
〒113-0023　TEL (03)3818-5521　FAX (03)3818-5514　株式会社 東 信 堂
E-mail : tk203444@fsinet.or.jp
Published by TOSHINDO PUBLISHING CO., LTD.
1-20-6, Mukougaoka, Bunkyo-ku, Tokyo, 113-0023, Japan

ISBN4-88713-407-X　C3336　¥5400E　© H. Konno, 2001

━━━━━━━━━ 東信堂 ━━━━━━━━━

【現代社会学叢書】

**開発と地域変動** ―開発と内発的発展の相克― 北島 滋 三二〇〇円

**新潟水俣病問題** ―加害と被害の社会学 飯島伸子・舩橋晴俊編 三八〇〇円

**在日華僑のアイデンティティの変容** ―華僑の多元的共生 過 放 四四〇〇円

**事例分析への挑戦** ―個人・現象への事例媒介的アプローチの試み 北原龍二 三八〇〇円

**健康保険と医師会** ―社会保険創始期における医師と医療 水野節夫 四六〇〇円

**海外帰国子女のアイデンティティ** ―生活経験と通文化的人間形成 南 保輔 三八〇〇円

**有賀喜左衛門研究** ―社会学の思想・理論・方法 北川隆吉編 三六〇〇円

**現代大都市社会論** ―分極化する都市？ 園部雅久 三二〇〇円

**インナーシティのコミュニティ形成** ―神戸市真野住民のまちづくり 今野裕昭 五四〇〇円

**ブラジル日系新宗教の展開** ―異文化布教の課題と実践 渡辺雅子 八二〇〇円

**イスラエルの政治文化とシチズンシップ** 奥山真知 続刊

**福祉政策の理論と実際** 〔現代社会学研究入門シリーズ〕 福祉社会学研究会編 三重野卓編 三〇〇〇円

**地域共同管理の社会学** 中田 実 四六六〇円

**戦後日本の地域社会変動と地域社会類型** ―都道府県・市町村を単位とする統計分析を通して 小内 透 七九六一円

**ホームレス ウーマン** ―知ってますか、わたしたちのこと E・リーボウ 吉川徹・蒜里香訳 三二〇〇円

**タリーズ コーナー** ―黒人下層階級のエスノグラフィ E・リーボウ 吉川 徹監訳 二三〇〇円

**盲人はつくられる** ―大人の社会化の研究 R・A・スコット 三橋修監訳・解説 金 治憲訳 二八〇〇円

〒113-0023 東京都文京区向丘1-20-6　☎03(3818)5521　FAX 03(3818)5514／振替 00110-6-37828
※税別価格で表示してあります。

東信堂

[シリーズ 世界の社会学・日本の社会学 全50巻]

|  |  |  |  |
|---|---|---|---|
| タルコット・パーソンズ | —近代主義者 最後の | 中野秀一郎 | 一八〇〇円 |
| ゲオルク・ジンメル | —現代分化社会における個人と社会 | 居安 正 | 一八〇〇円 |
| ジョージ・H・ミード | —社会的自我論の展開 | 船津 衛 | 一八〇〇円 |
| 奥井復太郎 | —都市社会学と生活論の創始者 | 藤田弘夫 | 一八〇〇円 |
| 新明正道 | —綜合社会学の探究 | 山本鎭雄 著 | 一八〇〇円 |
| アラン・トゥーレーヌ | —現代社会のゆくえと新しい社会運動 | 杉山光信 著 | 一八〇〇円 |
| アルフレッド・シュッツ | —主観的時間と社会的空間 | 森 元孝 | 一八〇〇円 |
| エミール・デュルケム | —社会の道徳的再建と社会学 | 中島道男 | 一八〇〇円 |
| レイモン・アロン | —危機の時代の透徹した警世思想家 | 岩城完之 | 一八〇〇円 |
| 米田庄太郎 | | 中 久郎 | 続刊 |
| 高田保馬 | | 北島 滋 | 続刊 |

| 書名 | 副題 | 編著 | 価格 |
|---|---|---|---|
| 白神山地と青秋林道 | —地域開発と環境保全の社会学 | 橋本健二 | 四三〇〇円 |
| 現代環境問題論 | —理論と方法の再定置のために | 井上孝夫 | 三三〇〇円 |
| 現代日本の階級構造 | —理論・方法・計量分析 | 井上孝夫 | 三二〇〇円 |
| [研究誌・学会誌] | | | |
| 社会と情報 1〜4 | |「社会と情報」編集委員会 編 | 二〇六〇円〜一八〇〇円 |
| 東京研究 3・4 | | 東京自治問題研究所 編 | 二三八〇円〜二三一〇円 |
| 日本労働社会学会年報 4〜11 | | 日本労働社会学会 編 | 三二九三円〜三三〇〇円 |
| 労働社会学研究 1・2 | | 社会学会 編 | 各一八〇〇円 |
| 社会政策研究 1 | |「社会政策研究」編集委員会 編 | 二〇〇〇円 |

〒113-0023 東京都文京区向丘1-20-6 ☎03(3818)5521 FAX 03(3818)5514／振替 00110-6-37828

※税別価格で表示してあります。

———— 東信堂 ————

|  |  |  |
|---|---|---|
| 教材 憲法・資料集 | 清田雄治編 | 二九〇〇円 |
| 東京裁判から戦後責任の思想へ（第四版） | 大沼保昭 | 三二〇〇円 |
| 〔新版〕単一民族社会の神話を超えて | 大沼保昭 | 三六九〇円 |
| 戦争と平和の法──フーゴー・グロティウス『戦争と平和の法』における戦争、平和、正義（補正版） | 大沼保昭編 | 一二〇〇〇円 |
| 「慰安婦」問題とアジア女性基金 | 和田春樹編 | 一九〇〇円 |
| なぐられる女たち──世界女性人権白書 | 有澤・小寺・米田訳 鈴木・米田訳 | 二八〇〇円 |
| 地球のうえの女性──男女平等のススメ | 小寺初世子 | 一九〇〇円 |
| 借主に対するウィンディキアエ入門 | S・I・アルトゥス 城戸由紀子訳 | 三六〇〇円 |
| 比較政治学 | H・J・ウィーアルダ 大木啓介訳 | 二九〇〇円 |
| ポスト冷戦のアメリカ政治外交──民主化の世界的潮流を解読する残された「超大国」のゆくえ | 阿南東也 | 四三〇〇円 |
| 世界の政治改革──激動する政治とその対応 | 藤本一美編 | 四六六〇円 |
| 村山政権とデモクラシーの危機 | 岡野加穂留・藤本一美編 | 四二〇〇円 |
| 巨大国家権力の分散と統合──現代アメリカの政治制度 | 三好陽編 | 三八〇〇円 |
| プロブレマティーク国の政治学的分析 | 今村浩編 | 二〇〇〇円 |
| クリティーク国際関係学 | 関下稔他編 | 二二〇〇円 |
| 太平洋島嶼諸国国際関係論 | 中永田秀司樹編 関下涼秀 | 三四九五円 |
| アメリカ極秘文書と信託統治の終焉──美しい誤解が生む成果 | 小林泉 | 三七〇〇円 |
| 国際化 | 小林泉 | 一六〇〇円 |
| 刑事法の法社会学入門〔第二版〕──マルクス、ヴェーバー、デュルケム | 大沼保昭編 J・インヴァリアティ 松村・宮澤・土井訳 | 四四六六円 |
| 軍縮問題入門 | 黒沢満編 | 二三〇〇円 |
| PKO法理論序説 | 柘山堯司 | 三八〇〇円 |

〒113-0023 東京都文京区向丘1-20-6 ☎03(3818)5521 FAX 03(3818)5514 振替 00110-6-37828
※税別価格で表示してあります。

== 東信堂 ==

|  |  |  |
|---|---|---|
| 国際法新講〔上〕 | 田畑茂二郎 | 二九〇〇円 |
| 国際法新講〔下〕 | 田畑茂二郎 | 二七〇〇円 |
| 国際社会の新しい流れの中で—国際法学徒の軌跡 | 田畑茂二郎 | 二三〇〇円 |
| 現代国際法の課題 | 田畑茂二郎 | 三二〇〇円 |
| ベーシック条約集〔第2版〕 | 田畑茂二郎 | 二二〇〇円 |
| 判例国際法 | 編集代表 松井芳郎・田畑茂二郎・坂本正幸・香西茂 | 三五〇〇円 |
| プラクティス国際法—市民のための国際法入門 | 編 松井芳正郎幸樹・本田茂之 | 一九〇〇円 |
| 国際法から世界を見る | 松井芳郎編 | 二八〇〇円 |
| 資料で読み解く国際法 | 大沼保昭編 | 五八〇〇円 |
| 国際人権規約先例集 (1)(2) | 編集代表 Tバーゲンソル・宮崎繁樹 小寺初世子訳 | 二八〇〇円 / 二(2)(1)七六七〇円 |
| 国際人権法入門 | 竹本正幸 | 四八〇〇円 |
| 国際人道法の再確認と発展 | 竹本正幸監訳 人道法国際研究所 | 二五〇〇円 |
| 海上武力紛争法 サンレモ・マニュアル 解説書 | 太寿堂鼎先生還歴記念 | 五八〇〇円 |
| 国際法の新展開 | 高林秀雄先生還歴記念 | 六七九六円 |
| 海洋法の新秩序 | 編集代表 香林茂之・手茂 | 四五〇〇円 |
| 国連海洋法条約の成果と課題 | 編集代表 香林秀・手雄茂 | 五八〇〇円 |
| 領土帰属の国際法〔現代国際法叢書〕 | 太壽堂鼎 | 四五〇〇円 |
| 国際法における承認—その法的機能及び効果の再検討〔現代国際法叢書〕 | 王志安 | 五二〇〇円 |
| 国際社会と法 | 高野雄一 | 四三〇〇円 |
| 集団安保と自衛権〔現代国際法叢書〕 | 高野雄一 | 四八〇〇円 |
| 国際経済条約・法令集〔第二版〕 | 編 小原喜雄・室程之・手治夫 | 改訂中・近刊 |
| 国際機構条約・資料集〔第二版〕 | 編 山手治之・香西仁介 | 改訂中・近刊 |
| 国際人権条約・宣言集〔第三版〕 | 松井芳郎・薬師寺公夫・竹本編 | 改訂中・近刊 |

〒113-0023 東京都文京区向丘1-20-6 ☎03(3818)5521 FAX 03(3818)5514 振替 00110-6-37828
※税別価格で表示してあります。

― 世界美術双書 ―

〔監修〕中森義宗・永井信一・小林忠・青柳正規

気鋭の執筆者が最も得意とする分野に全力投球する書き下ろしシリーズ。一人一冊を基本に、現在の研究傾向を反映する精細なジャンル分けによる執筆で、西欧・東洋・日本の重要分野を網羅し、全60巻以上を予定。一般読者・学生を主対象とするが、最新の研究成果を取り入れ、廉価かつ良質な啓蒙書をめざしている。

★印 既刊(2001年5月)  未刊のタイトルは仮題を含む

| | | | |
|---|---|---|---|
| ★パルテノンとギリシア陶器 | 関 隆志 | ローマのバロック美術 | 浦上雅司 |
| ギリシア絵画史 | 羽田康一 | ドイツの絵画 | 大原まゆみ |
| ケルトの美術 | 小菅奎申・盛節子 | フランス近代美術 | 大森達次 |
| フォンテンブロー派 | 岩井瑞枝 | 国際ゴシック様式の美術 | 小佐野重利 |
| ★バルビゾン派 | 井出洋一郎 | ルネサンスの遠近法 | 諸川春樹 |
| ルイ14世時代のフランス美術 | 大野芳材 | ネーデルラント絵画史 | 高橋達史 |
| 中世の光（教会） | 高野禎子 | アメリカの美術 | 伊藤俊治 |
| ドラクロアとフランスロマン主義 | 高橋明也 | イタリアの天井画 | 越川倫明 |
| ジャポニスム | 馬渕明子 | イコン―時と永遠の造形 | 鐸木道剛 |
| 印象派 | 宮崎克己 | 教皇たちのルネサンス | 末永 航 |
| イタリアルネサンスの彫刻史Ⅰ | 遠山公一 | ★セザンヌとその時代 | 浅野春男 |
| イタリアルネサンスの彫刻史Ⅱ | 上村清雄 | ゴッホ | 有川治男 |
| バロック以降の近代建築 | 丸山 純 | ヴェネティアのガラス | 北澤洋子 |
| 写真芸術論 | 村山康男 | ★象徴主義―モダニズムへの警鐘 | 中村隆夫 |
| 画家の歴史―古代から現代まで | 森田義之 | ★キリスト教シンボル図典 | 中森義宗 |
| 仏教の図像学 | 田中公明 | 朝鮮の美術 | （未定） |
| インド仏教美術の流れ | 秋山光文 | ★中国の版画 | 小林宏光 |
| ヒンドゥー教美術 | 石黒 淳 | 中国のガラス史―宋代まで | 谷一 尚 |
| ★中国の仏教美術 | 久野美樹 | | |
| 中国の絵画 | 宮崎法子 | | |
| 風流と造形―王朝の美術 | 佐野みどり | 室町水墨画 | 山下裕二 |
| 日本美術の中世 | 島尾 新 | 風俗画 | 奥平俊六 |
| 近代の美術 | 佐藤道信 | 浮世絵 | 大久保純一 |
| 仏画 | 泉 武夫 | ★日本の南画 | 武田光一 |
| 日本の障壁画 | 黒田泰三 | 物語絵画 | 千野香織 |
| 絵巻物 | 池田 忍 | 安永天明期の京都画壇 | 冷泉為人 |
| 日本の染織 | 丸山伸彦 | 狩野派 | 榊原 悟 |
| 日本の陶磁―その文様の流れ | 荒川正明 | 琳派 | 岡野智子 |
| 浄土教の美術 | 須藤弘敏 | 禅宗の美術 | 横田忠司 |
| 天平彫刻 | 稲木吉一 | 長崎・横浜の美術 | 近藤秀実・横田洋一 |
| 平安木彫像の成立 | 長岡龍作 | 鎌倉彫刻―成立と展開 | 山本 勉 |
| 飛鳥・白鳳の彫刻 | 鈴木喜博 | 藤原時代の彫刻 | 松浦正昭 |
| 浮世絵の構造―浮世絵の鑑賞 | 藤原 紫 | 江戸の絵画 | 安村敏信 |
| 歌舞伎と浮世絵 | 藤原 茜 | 画家のふるさと | 小林 忠 |